– TV드라마 수난사 60년 –

그래도 드라마는 만들어진다

저 자 와
협의하여
인지 생략

방송문화진흥총서 191

– TV드라마 수난사 60년 –
그래도 드라마는 만들어진다

지은이 | 오명환
펴낸이 | 一庚 장소님
펴낸곳 | 답게
초판 인쇄 | 2019년 1월 15일
초판 발행 | 2019년 1월 20일
등 록 | 1990년 2월 28일, 제 21-140호
주 소 | 04994 서울시 광진구 면목로 29(2층)
전 화 | (편집) 02)469-0464, 02)462-0464
         (영업) 02)463-0464, 02)498-0464
팩 스 | 02)498-0463
홈페이지 | www.dapgae.co.kr
e-mail | dapgae@gmail.com, dapgae@korea.com
ISBN 978-89-7574-301-6
ⓒ 2019, 오명환

나답게·우리답게·책답게

이 책은 MBC재단 방송문화진흥회 지원을 받아 출간되었습니다.

방송문화진흥총서 191

- TV드라마 수난사 60년 -

그래도 드라마는 만들어진다

지은이 **오명환**

도서 출판 답게

'드라마 수난'에 뜬금없는 것은 하나도 없다.

- 책 제목대로 드라마가 겪은 뜻밖의 수난을 통해 본 한국방송 60년 사다. 1956년 TV드라마 효시격인 HLKZ(종로방송국)의 〈사형수〉와 〈천국의 문〉 방송 이후, 오늘 날까지 드라마 방송에 얽힌 '사건사고'를 집성했다. 그것은 드라마 화면 밖의 숨겨진 네거티브 스토리다.

- 1972년부터 편성업무를 보면서 드라마 평가차원에서 관련 아이템과 이슈를 선별하여 메모하고 지속적으로 축적했다. 각종 신문기사를 비롯, 드라마 모니터링, 제작후기 노트, 관련자 직간접 취재와 증언에서 인터넷 검색도 겸했다.

- 드라마 제작, 방송에 대한 관여도가 높은 만큼 시청자(독자)의 욕구는 다면적으로 드러났다. 감성적 욕구(픽션)에 그치지 않고 지적 욕구(팩트)를 양면으로 수렴하려 한다. 사실의 정보공개에서 우러난 대중적 관심과 흥미가 극대화되기 때문일 것이다.

- 여기서 '수난'이라 함은 드라마 방송에 수반된 여러 형태의 유고(有故)와 예기치 못한 트러블을 뜻한다. 초창기 드라마 환경과 제도의 불비에서 비롯된 제작 자체의 어려움, 빈약한 주제와 소재의 한계, 그리고 정부의 관리 대상 등 외적 요소를 들 수 있겠다. 내적인 수난은 다채널 경

쟁구도에 의한 편수 난립과 불륜 폭력 시비, 도중 교체와 폐지, 외압외풍의 시련, 각종 송사에서 최근 IT시대와 수상기 변화에 따른 몸체의 파편화까지를 포함한다.

수난 '사'의 범주는 역사(史)뿐만 아니라 사건(事), 징벌(司), 콘텐츠 폐지(死), 교훈(師) 등 다원적 의미를 포함한다.

– 드라마는 타 콘텐츠의 생산구조에 비해 훨씬 내밀한 다단성(기획, 제작), 복합성(스탭, 캐스트), 가변성(광고, 유통, 판매)을 갖는다. 게다가 장르와 형태가 전혀 다른 창작 주체들의 정신노동과 육체노동, 감정노동에 기술노동이 혼재해 있고 시청자 반응평가가 중간 변수로 작용하는 '한국적' 취약성을 안고 있다. 그 시장에서 '기회의 평등, 과정의 공정, 결과의 정의'는 기대하기 어렵다. 논리보다는 감성, 표준보다 변화, 질서보다 역동성이 지배하는 약육강식의 세계이기 때문이다.

– 수난은 '의외와 돌연'의 형태로 나타나지만 전후 과정을 따져보면 모두 '필연과 개연'의 결과다. 모두 자업자득이요 또한 결자해지를 요한다. 드라마 유고에 뜬금없는 것은 하나도 없다. 6하 원칙에 대입해보면 결코 일과성 해프닝이나 '가십거리'로 지날 칠 일이 아니다. 그 내홍 속에서 드라마의 본질, 미디어 정책과 제도, 사회문화적 특성과 규범, 수용자 의식 등을 귀납적으로 예증하고 있기 때문이다.

– 수난의 범주를 약 30종으로 분류했다. 소개의 한계에도 불구하고 그 스펙트럼은 일반적인 통념보다 훨씬 깊고 넓다. 한 결로 '그때는 맞고 지금은 아니다'라고 우겨댈 수도 없다. 현행 제작구조 하에서는 같은 사건과 패턴의 반복성, 부단성, 돌발성은 여전히 잠재해 있다. 수난

이 배태한 악폐와 적폐는 내성이 강한 드라마의 종양이다. 더불어 고난만큼 드라마 체질과 대응력을 강화한다. 수난이 갖는 역설이다.

- 21세기 디지털 시청자에게 20세기 틀 속의 아날로그 얘기를 하는 꼴이 됐다. 수난의 리뷰는 역사가 아닌 산발적 과거사에 그칠지 모르겠다. 그러나 정형의 균열이자 틈새의 파열로서 그 기승전결은 과거완료형으로 끝나지 않고 오늘과 내일에 맞닿아 있다. 수난의 치유를 통해 위기를 극복하고 거듭날 수 있는 계기로서 그 전말을 새겨볼 가치는 충분하다. 무릇 수난사의 행간마다에는 의미 반, 교훈 반으로 엉켜있고 우리 드라마 방송의 자화상을 거울처럼 드러내 주고 있다.

- 예단컨대 수난은 그치지 않을 것이다. 그것은 우리 삶의 일단을 점유해 온 '나쁜 뉴스와 아픈 상처'처럼 드라마 이력서의 한 구석에 편입되어 갈 것이다. 따라서 본 저술은 드라마 저널리즘의 차원에서 향후 방송사, 제작자, 시청자가 상생할 수 있는 다양한 성찰과 보다 실증적 반면교사가 될 것을 희망한다.

끝으로 출간을 지원해주신 방송문화진흥회에 거듭 고마운 뜻을 전한다.

-2019년 원단에

오 명 환

| 목차 |

3장
조기 종영-외압, 교체, 저 시청률이 부른 수난

4장
최악의 수난, 자원의 소멸-죽음 또는 자살

〈서론〉

TV드라마 60년 수난사 개관

'드라마'로 쓰고 '인생'이라 읽는다.

쉽게 말해 인간의 삶이 드라마다. 헌데 이놈의 삶이 항상 편하고 아늑한 봄날만 있는 게 아니다. 여하한 삶이든 춥고 어렵고 힘든 대목이 도사린다. 드라마도 갖가지 역경을 맞고 고생을 겪는다. 눈물도 흘리고 신음과 한숨을 토하기도 한다.

'흔들리지 않고 피는 꽃이 어디 있으랴...'

드라마 60년을 뜯어보면 숱한 고난과 수난을 동반하고 있다. 그것은 다만 대중에 숨겨지거나 스쳐 지나간 뒤 잊혀 질 뿐이다. 드라마의 진면목은 인생의 그것처럼 영광의 순간보다 시련의 나날을 통해 다각적으로 단련된다. 갖가지 수난은 의외의 사건사고로 치부되지만 그 전후 맥락을 따져보면 우리 방송의 민낯이 고스란히 드러난다. 하나라도 우연은 없다. 모두 잘못된 우리 방송 제도와 환경, 뒤틀린 사회구조와 가치관이 낳은 부메랑이다. 하여 드라마 수난사는 곧 방송사며 사회사가 된다.

드라마 수난, 몇 가지 범례

- TBC의 법정야화 〈바이엘 극장〉(1964)은 NG없는 논스톱 녹화로 당시는 편집 불가능한 시스템이었다. 드라마 서두에서 권순영 변호사의 해설이 여덟 번이나 NG가 나자 권 씨는 파김치가 돼버렸다. 후반부에 들자 이번엔 허술한 세트기둥이 무너져버렸다. 탤런트 김성옥과 강부자는 그러거나 말거나 연기를 계속해야 했다. 별수 없던 노릇이었다.

- KBS 고전시리즈 〈장화홍련전〉(1972)이 나가고 있었다. 모처에서 '당장 내려라..'라는 엄명이 떨어졌다. 제작진은 자매의 계모를 세상에 둘도 없는 착한 여자로 둔갑시킨 뒤 서둘러 끝내버렸다. 모처 고관의 어머니는 계모였다.

- '요새 남반부에서 볼만한 드라마는 〈돼지〉 뿐 이디요..'
1972년, 남북회담에서 북측 대표가 던진 말이 화근이었다. TBC 인기 드라마 〈돼지〉는 이 한마디로 하루아침에 날라 가버렸다. 북한이 칭송한 드라마를 내는 것은 '이적행위'로 간주한 시절이었다.

- '학교 종이 땡땡땡 어서 모이자~ 선생님이 돈 봉투 기다리신다'
1979년 TBC 특집극 〈해오라기〉에서 패러디로 부른 '돈 봉투' 가사 때문에 교육계가 벌집이 됐다. 재경 초등학교 선생님들이 부글부글 끓었고 대한교육연합회는 방송사의 사전 대본 심의 문제를 들어 강력 항의했다.

- '절간의 중이 고기 맛을 알면 빈대도 남아나지 않는다더니...'의 대사는 큰 스님들을 격노케 했다. KBS사극 〈사모곡〉(1987)은 조계종의 강력 사과요구에 연출자가 해외로 피신하고 타부서로 발령이 나는 곡절을 겪었다.

이상은 '말 한마디' 때문에 하루 밤 새에 드라마의 명운이 바뀐 예다.

1980년대는 물론, 문민정부가 들어선 1993년까지도 시국(時局)소재는 여전히 뜨거운 감자였다. 방송의 민주화가 곧 소재의 민주화로 직결된 것은 아니었다. 서민 애환을 그리되 가난한 사람의 비애나 체제 비판은 안 되었다. 이유인즉 계층 간 위화감을 조성하고 북한에서 선전, 선동에 이용될 여지가 많아서라고 했다.

- 1982년, MBC 이병훈 PD는 황석영 원작의 〈장길산〉을 야심 차게 기획했다. 대본(윤대성)도 8회분까지 완결했고 히로인 묘옥 역에 원미경을 정해 놓았다. 그러나 무참히 꺾여버렸다. '방송에 부적절한 소재'...안기부에서 통보한 간단한 이유였다. 피어나지도 못한 채 객사한 것이다.

- 1987년, MBC 고석만 PD는 본격 〈기업인〉 시리즈를 내걸고 제1화로 정주영(최불암)을 내세운 '현대'편 제작했다. 시사회 후 공기가 심상치 않았다. 정경유착, 재벌찬양, 대기업 미화... 방송민주화 바람을 타고 껄끄러운 뒷소리가 요란했다. 삼성, 대우, 효성, 럭키 등 순번 계획도 무산되었다. 회사는 예포를 맞고 꼬리를 내려버렸다.

- 1989년 MBC 〈신용비어천가〉는 회사 반대와 소재의 위험성을 무릅쓴 현길
  언 소설을 당시 국회의원 보좌관 유시민이 각색한 단막극이었다. 이승만, 박
  정희, 전두환을 합성한 이정환 장군(김무생)이 어언 권력자로 부상하자 언론
  들이 다투어 조선왕조의 태조로 찬양하며 영웅을 만든다. 문제는 장군의 계
  급장이었다. 계급장 구입은 군의 허가를 받아야 가능했다. 모조품 사용은 군
  법에 걸린다. 김승수 PD는 구속을 각오하고 계급장을 만들어 썼다. 방송이
  나가자 육본에서 두 사람이 찾아왔다. 김 PD는 대본과 작품관리를 후배(이장
  수)에 넘기고 자리를 피했다.

- 1986년 KBS의 김충길 PD가 애써 기획한 8부작 〈지리산〉은 '위험한 소재'
  로 묻혀버렸다. 일제 말부터 5.16까지 현대사 격랑 속에 분단, 좌우대립, 빨
  치산과 남부군의 족적을 다룬 대작이었다. 이 기획안이 통과되고 1989년
  봄 방송을 타기까지는 3년이 걸렸다.

- 1992년, 〈MBC베스트셀러극장〉에 이승우의 중편 〈수렵시대〉를 올리면서
  20여 일을 소비한 이은규 PD는 황당했다. 사회의 모순과 부조리를 비판한
  원작이 '방송 부적합한 소재'로 재껴진 것이다. 다급해진 이 PD는 단막극 공
  모에 낙선한 〈추억수배〉를 대안으로 꺼냈다. 영화아카데미를 갓 졸업한 연
  출 지망생(최진원,27)이 쓴 극본으로, 수배된 학생과 두 형사 그리고 동네 사
  람들의 3각 갈등을 엮은 내용이었다. 새내기 감우성의 열연으로 뜻밖의 결
  실을 거두었다.

- 〈전설의 고향〉의 백미는 단연 구미호(九尾狐)다. 백년호, 천년호 이름으로

둔갑도 한다. 세상을 홀리는 요물이자 절세미인이다. 하여 구미호는 '미모, 화제, 출세'를 일거에 담보하는 인증 역이었다. 흑백TV 시절 한혜숙이 제1호로 성공하자 선우은숙, 정윤희, 유지인, 김미숙이 뒤를 이었다. 차화연, 장미희, 고소영, 박상아, 노현희, 송윤아, 김지영, 박시연, 한은정, 박미연이 연달아했다. 2009년 마지막 전혜빈까지 30년 간 열다섯 명이 넘었다. 그런데 지금은 전혀 아니다. 광고 모델 이미지에 어긋날 뿐 아니라 개성과 미모를 뽐 낼 수 있는 캐릭터가 워낙 다양해진 탓이다. 한마디로 '구미호가 기가 막혀'다.

- 1982년 가을, MBC는 김수현의 〈눈물이 보일까봐〉를 새 주말극에 배치했다. 소시민들의 따뜻한 정을 그린 내용이다. 사장(이웅희)은 느닷없이 제목에 제동을 걸었다. '눈물..'이 문제였다. 눈물이라는 부정적인 이미지가 새 5공화국의 분위기를 망칠까 봐 미리 걱정한 것이다. 제목은 어정쩡한 〈어제 그리고 내일〉로 바뀌었다. '천하의 김수현'도 초장부터 기(氣)를 앗긴 탓인지 드라마는 비틀거리다가 5개월도 못 되어 시들어버렸다.

- '막장' 드라마는 막장에서 밤낮없이 일하는 광부들의 애환을 통해 내일의 희망을 기약하는 내용에 쓰일만한 이름이다. 정황은 엉뚱하게도 막말과 막된 짓으로 막나가는 인륜 파괴의 드라마 장르로 통칭되었다.
"막장은 폭력과 불륜이 난무하는 곳이 아니라 에너지 자원을 캐내는 숭고한 산업현장이자 진지한 삶의 터전입니다. 제발 막장이란 단어를 함부로 쓰지 말아 주십시오." 2008년, 석탄공사의 사장은 각 언론사에 이런 호소문을 보내기까지 했다. 막장채굴이라는 극한직업의 광부들을 생각하면 그들의 명예와 사기에 먹칠하고 있다는 항의는 당연한 것이었다.

- 2018년은 단막극 실종 10년을 맞는다. 〈TV문학관〉〈MBC베스트셀러극장〉
〈드라마게임〉〈드라마시티〉등 컬러 방송 출범과 함께 25년간 색다른 소재
의 실험장이자 새내기 작가와 연출가의 산실이었다. 그러나 '광고 30%도
안 팔리는 애물단지'에 가성비 최악이라는 경제적 이유로 잘려 나갔다.

■ 드라마 수난의 원인, 그리고 형태

드라마는 한마디로 '순평불립'(順平不立)이다. 순탄함과 평탄함으로는
드라마가 성립하기 어렵다는 뜻이다. 드라마는 원천적으로 화해보다는
갈등, 순리보다는 비리, 선보다는 악을 부각하고, 순풍보다 역풍, 원칙보
다는 탈법, 평화보다 투쟁을 훨씬 좋아한다. 이 태생적 DNA가 곧 수난
과 고초에 맞닿아 있다. 그 코드는 불(不, 빗나감), 악(惡, 나쁨), 반(反, 거스름), 비
(非, 어긋남) 역(逆, 벗어남), 범(犯, 저지름), 왜(歪, 뒤틀림), 항(抗, 버팀).. 등의 항렬이
다. 그래서 착한 사람보다는 악인, 범인, 투사, 탕자. 배신자들이 시동을
걸면서 드라마의 기승전결을 가름하는 중요한 변수로 작용한다.

드라마는 이러한 네거티브 접근과 전개에 따른 정반합에 의해 시청자
를 강하게 유혹하지 않으면 안 된다. 드라마의 감동과 교훈은 결코 순수
한 땅에서 수확되지 않으며 드라마틱한 몸체를 만들기 위해 보다 치열
하게 묘사하거나 원색적, 격정적인 표현으로 기운다. 이 과정이 지나치
거나 빗나가면 수난을 자초한다. 방송사 조직, 작가와 연출자는 1차적인
수난의 제공자며 또한 수습자로 자리한다.

그 시기별로 본 다섯 가지 수난 형태를 본다.

첫째, 정부의 통제관리 하의 수난이다. 60년대~70년대 이르는 초창기에서 많이 발생했다. 방송윤리와 공공성 저촉, 드라마 편수의 난립, 부적절한 소재와 저속한 표현은 곧 징벌적 행정조치로 이어졌다. 특히 불륜과 퇴폐 소재를 비롯, 무분별한 남녀 행각의 묘사 등은 지탄의 대상이었다.

두 번째 유형은 시장경쟁에서 비롯된 상대적인 시련이다. 조기종영, 도중하차, 그리고 표절, 제작거부 등 개인의 일탈, 조직 간 갈등으로 빚어진 중간 탈락이나 교체의 치명상을 입는 경우다. 드라마 성장기에 들면서 산업적인 측면에서 비롯된 자체 내홍이었다.

셋째는 사고사, 병사, 자살 등 관련자의 죽음은 드라마 자원의 안타까운 소멸이다. 원천적이고 소급불능의 손실을 자초한다.

넷째는 법적인 고초다. 쌍방 타협을 공유하지 못하면 드라마는 각종 고소, 고발로 얼룩지고 송사와 법정으로 끌려간다. 사실왜곡 여부, 명예훼손, 배상청구와 방송중지 가처분 신청 등 피곤한 행로가 초래된다.

최근엔 디지털 시대와 IT 시장구조의 변화를 맞아 드라마 형식과 본질이 송두리째 바뀌는 진통을 겪고 있다. 예컨대 안방극장에서 포켓장치(모바일)로 변하면서 드라마는 쪼개지고 오그라지고 있는 중이다.

■ 시대별로 본 드라마의 수난

시대별로 보면 60년대에는 연기자 기근, 작가 기근, 소재 기근, 즉 3대 기근현상의 극복이 드라마 과제였다. 유사 드라마 범람, 비현실적 소재와 흥미 본위에 따른 스폰서 영합주의가 비판의 대상으로 떠올랐다.

70년대는 드라마의 3대 악(저속, 불륜, 퇴폐) 추방이 과제였다. 일일극의 범람에 따른 3사의 상업주의가 집중 성토되었고 이에 상응한 정부의 목적극(반공극, 새마을극, 위인극 등)의 의무방송이 대안으로 강제되었다. 졸속제작, 겹치기 출연, 질질 끄는 내용에 비판이 집중했다.

80년대는 폭력, 범죄 드라마가 왕성해짐에 따라 그 단죄가 결국 수사극 폐지로 이어진다. 특정 직업에 대한 편파적 묘사, 특정지역 격하 표현에 당사자의 반응이 첨예화되었다. 사실(史實)과 사실(事實)에 대한 고증과 해석을 둘러싸고 특정 집단의 목소리도 거칠어졌다.

90년대는 제도권의 외압, 외풍에 의한 드라마 시련이 가속되었다. SBS의 개국은 또 다른 경쟁양태를 가열했다. 표절, 모방 시비도 끊이지 않았다. 1992년 5월, 신생 SBS와 KBS2는 저녁 9시 대에 드라마의 집중 편성으로 경쟁 시간대까지 확장했다.

2000년대의 드라마 생태계는 한마디로 '이해득실의 충돌과 가처분'의 장(場)이 된 듯하다. 표절시비와 저작권 문제, 계약위반, 명예실추에 따른 손배청구, 새 형태로 등장한 PPL(간접광고) 논란이 그것이다. 공익정신과 공영논리가 실종되고 그 자리에 이해(利害)와 시장의 논리가 대신하고 있는 중이다.

■ 온라인 탄 항의, 즉각 동시다발로

드라마가 돌연 '변'를 당하거나 '화'를 자초하여 '정' 맞고 '혼' 나고 '탈'이 나는 것은 오늘도 예외가 없다. 드라마의 몸체는 매양 현실바탕.

현실반영, 현실소재를 강조하지만 영상화된 현실은 '존재의 차원'이 아닌 '의미의 차원'으로 탈바꿈한다. 드라마 수난을 뜯어보면 '존재와 의미'를 가리지 않고 돌출한다. 막강 골리앗(드라마)이 최근 수많은 다윗의 돌멩이(각종 고난)를 맞고 있는 셈이다.

그 수난의 여부와 강도는 국가와 사회가 전통적으로 갖는 관습적 인식과 가치관에 의한다. 더불어 드라마가 방송되는 시점에서 다시 평가와 해석이 가해진다. 그 해법은 시공간을 초월한 관행의 힘에 의해 수난을 초래하기도 하고 상대적인 반발에 의해 고난을 자초하기도 한다. 예컨대 불륜, 폭력, 퇴폐, 선정 그리고 표절, 간접광고, 저작권 침해 등은 전자에 속한다. 후자는 상황논리에 따른 외압적 관여와 특정 집단에 의한 악세스(제소, 고발 등)를 뜻한다. 특정인, 특정집단은 향후 더욱 예민한 대립각을 세울 태세다.

시점이 갖는 사회 분위기와 국민적 정서도 면면히 통찰해야 한다. 드라마 발신자는 작품의 내적 결구뿐만 아니라 외연적 환경평가도 병행해야 명운을 보전할 수 있다. 최근 항의는 온라인을 타고 "즉각, 동시, 다발"로 온다. 초동반응이 여의치 못하면 거침없이 고발고소로 들어온다.

가처분(假處分)의 시작은 가혹한 처분(苛處分)이 되어 결국 가처분(可處分)을 당한다. 이 세 개의 그물은 앞으로 더욱 촘촘하고 깐깐해지는 길밖에 보이지 않는다. 함정과 수렁은 여기저기 도사린다. '소재에서 표현까지'는 무엇을 취하느냐보다 어떻게 피하고 접느냐가 요체가 된다.

■ '드라마는 생방송', 태동기의 첫 수난

돼지비계를 태운 연기로 안개 낀 장면을 냈다. 그래서 스튜디오에 파리가 득실댔다. 백열구 조명과 카메라 과열로 실내는 40도를 치달았다. 한 구석에 얼음덩이를 놓고 대형 선풍기로 냉각효과를 냈다.... 이런 에피소드는 호랑이 담배 피우던 옛 얘기다.

TV드라마는 당초 생방송으로 시작되었다. 정작 첫 수난은 생방송의 함정이었다. 요즘처럼 사전 촬영이나 사후 편집이 아닌 그냥 한 편의 연극의 생중계였다. VR660기가 도입된 1960년대 중반까지, 드라마 녹화는 라이브 방송처럼 일사천리로 진행되었다. 중간에 NG가 나면 처음부터 다시 시작해야 했다. 긴장과 압박 속에서 완벽한 대사암기와 동작의 숙지를 전제했다. 그래서 연기자는 흔들거리는 세트를 교묘히 붙잡고 즉흥 연기를 계속해야 했다. 〈드라마=생방〉이라는 DNA는 60년이 지난 오늘날에도 여전히 '내림의 수난'으로 자리한다.

철야작업과 심야녹화는 다반사였다. 1969년 MBC사극 〈수양산맥〉은 아예 '철야산맥'으로, 〈박마리아〉는 '밤마리아'로 불렸다. 이 고난은 반세기가 지난 오늘날 여전히 자리하고 있다. 2017년 12월, tvN의 〈화유기〉 2회 방송 중, 등에 와이어를 단 사람의 영상이 제거되지 못한 채 전파를 타면서 방송이 중단되었다. 본방 직전까지 CG(컴퓨터그래픽) 편집이 지연된 탓이었다. 이는 시간 내 완제품을 못 낸 이른바 '원초적인 생방송'의 프레임을 벗어나지 못한 탓이다.

'방송 72시간 전 완제품 도착'이라는 조례는 무색하다. 본방송 1시간 전까지도 현장에서 편집제작 중이다. 아슬아슬 10분 전에 걸리기도 하고 전반부 방송 중 후반부 편집 작업도 다반사다. 하여 한국 드라마는 여전히 준(準) 생방 중이다.

제1장

불륜, 폭력, 모독
-드라마의 죄와 벌

불륜, 폭력, 모독 -드라마의 죄와 벌

1-1 혹독한 대가, 특정인, 특정직업, 특정지역 모독

〈특정인, 특정집단, 특정직업, 특정지역〉을 다룰 때는 신중해야 한다. 대저 '사실(事實)이 아님'에 저촉되면 드라마는 엄청 고생한다. 때를 막론하고 사실(fact) 여부를 가리는 문제에는 의외의 수난이 도사린다. 특정인을 비하하거나 폄하해도 안 된다. 특정성을 깊이 살피고 다시 좌고우면해야 한다. 이런 소재는 극의 현장감을 실어 내고 국면의 현실감도 높여주는 만큼 또한 뇌관처럼 조심스럽다. 드라마는 이들의 위상을 격상하기보다 대부분 격하된 묘사에 치중하기 쉬워 시한폭탄을 안은 셈이다. 흑백TV 시절, 출신도(道) 별 상투적인 인물 유형에 말썽이 따랐다.

- 천안댁, 예산댁, 서산댁...식모(파출부)는 으레 충청도인가.
  잡일이나 잡범 역은 왜 전라도 출신에게만 시키는가.
  고집불통 노랑이나 구두쇠는 어쩌다가 이북 출신이 단골인가.

- '사람은 서울로, 말은 제주도로' '충청도는 멍청도' '전라도 하와이' '경상도 문둥이' 등 특정지역을 비하하는 풍조는 아직 가시지 않고 있다.

문제는 '지역민은 거칠고 격이 떨어진다'는 편견이다. '깡패'는 죄다 지역 출신이다. 드라마는 배역의 출신별 다양성을 위해 지방색과 사투리를 선호하지만 이들은 여전히 사회적으로 무시받는 직업을 갖거나, 무지해 보이는 인간으로 그려진다.

- 1990년 KBS의 일일극 〈울밑에선 봉선화야〉(박정란 극본, 김재순 연출)은 1920년대 전남 순천을 배경으로 '지지리도 가난하고 불행한 4남매 가족사'를 다뤘는데 해당 지역의 반응은 싸늘했다. 당시 지역감정과 피해의식의 앙금이 채 가시지 않았는데 '왜 하필 전라도냐'는 것이다.
'사람은 어느 곳에 살아가느냐 보다 어느 시대에 어떠한 심성을 가지고 사느냐가 더욱 소중하다..' 제작진의 철학과 설득은 1년간 꿋꿋했다. 마지막 촬영 겸 순천시민 위안의 행사엔 시민 17만 중 약 8만이 몰려나와 환호했다.

- 1992년 5월, MBC의 〈사랑이 뭐길래〉에서 '집배원들의 태만으로 배달사고가 잦아…'가 나가자 무섭게 당국(체신부)의 항의가 날아왔다.

- '넌 왜 맨 날 삼천포로 빠지냐..' 1992년 MBC 〈한지붕 세가족〉에서 등장한 이 대사에 삼천포 사람들은 불이 났다. 차판금이 딸의 못된 버릇을 꼬집으면서 뱉은 말이다. '잘나가다 빠져버린 곳이 왜 삼천포인가' 이건 속담이나 관행어 문제가 아니라 그 지역과 지역 인을 할퀴는 말이었다.

- 〈모래시계〉(1995)에서 김대중 전 대통령은 화를 냈다. 주인공을 괴롭히는 악질 조폭간부 이종도(정성모)를 전라도 출신으로 설정했기 때문이다. 2010년

전라남도는 방송작가협회에 "사투리는 지역의 넋이 밴 정서·문화이자 뼈와 살인데도 요즘 영화, 드라마에서 전라도 사투리가 비하 수단으로 악용되고 있다"며 공문까지 보냈다.

- SBS 아침드라마 〈나도 엄마야〉(2018.6)는 산통이 시작된 대리모가 친정 엄마와 함께 '충주'라고 크게 적힌 택시에 탄다. 하지만 아무리 달려도 산부인과는 없고 겨우 찾은 몇 군데에서는 '아이를 받지 않는다'며 거절한다. '충주' 택시 기사는 '빨리 가달라'는 요구에 느린 말투로 '아, 가고 있잖유. 그렇게 급하시면 어제 오시지 그랬슈~' 라고 답한다. 산모는 결국 택시 안에서 아이를 낳는다. 해당 시청자들은 '충주가 애 낳을 곳 하나 없는 시골이냐..'며 불쾌감을 드러내며 '충주 시장과 충주 산부인과 의사들은 드라마를 고소해야 한다, 저런 충청도 비하가 어디 있느냐'고 분개했다.(중앙일보 2018. 6. 27.)

- 장애인을 빗대면 큰 사달이 난다. '병신 육갑하네' 등은 장애우를 아프게 하는 말이다. 요사이 드라마에서는 거의 쓰지 않는다.
  '박근혜 병신년'도 문제는 될 수 있다. 일견 2016(丙申年)의 박 정부 혐오증을 에두른 유머로 들리지만 '병신'은 장애우의 모독을, '년'은 여성 폄훼를 포함하고 있어 센스있는 언어의 유희로만은 들리지 않는다.

오늘날 특정 직업에 대한 악세스의 양상은 집단 이기주의적 과잉반응을 보이고 있다. 공무원, 법조인, 군인, 의사, 종교인, 경찰, 교사, 언론인 등 엘리트 직군의 항의는 폭발력이 크다. 간호사, 집배원, 택시운전자, 미래설계사도 예외가 아니다. 그들의 품위나 언행을 폄하하면 드라마는 다친다. 어느 직업, 직종을 막론하고 지뢰밭이다. 그래서 '드라마 해 먹기 힘들다..'는 푸념도 들린다. 전문직 드라마를 들자면 직종에 대한 정확한 연구가 선행되어야 한다. 어설프면 왜곡, 모독죄로 역풍을 맞는다.

- 1994년, MBC의 〈사랑을 그대 품안에〉에 백화점 협회는 대뜸 항의했다. 백화점 임직원 간의 불륜행각, 거래선 납품을 둘러싼 금품수수, 직원들 간의 암투 등을 묘사하여 백화점 직원들의 의욕과 사기 저하의 원인을 제공한 죄다. 2007년 1월, 서울시 의사회는 MBC의 일일극 〈나쁜여자 착한여자〉에 대해 방송금지 가처분 신청을 냈다. 이유는 대한민국 의사가 모두 불륜을 저지르는 것처럼 묘사하고 있어 의사의 명예를 지키고 시청자의 정신적 피해를 줄이기 위함이라고 밝혔다.

간호사 협회는 드라마에 매우 민감히 반응했다.

-1977년, TBC 일일극 〈외동딸〉은 대한간호협회의 반론에 당황했다. 산부인과 신생아실에서 발생한 뒤바뀐 영아 문제를 간호사의 실수 때문으로 설정했기 때문이다. '..도저히 있을 수 없는 일'로써 간호사를 일방 오도했다는 것이다. 1991년 7월, MBC 아침드라마 〈또 하나의 행복〉에서는 후배 간호사가 선배를 호칭한 '언니'를 지적, 실제 '○○ 간호사님'이라 부른다며 정정을 요구했다. MBC 미니시리즈 〈겨울 나그네〉는 간호사가 의사의 커피 심부름을 한 장면을 두고 역시 '아니다.' 라는 훈계를 받았다. 간호사는 밤낮 수다쟁이, 반말투성이, 종일 근무 등 간호사 직업 형태를 전혀 무시한 MBC 〈종합병원〉(1994)은 협회의 항의를 받았다. 또한 간호사가 원장과 그 가족의 비서 노릇을 하고 보조원들과 밤낮 불화를 일삼는 등 직업을 비하 모독한 SBS의 〈이 남자가 사는 법〉에 항의했다.

2017년 여름, MBC의 〈병원선〉은 섬마을에서 의료 활동을 펼치는 모습을 그렸으나 간호사를 묘사하는 방식에 문제가 제기됐다. 미니스커트와 가슴 허리 라인이 드러나는 간호복을 입고, 응급환자는 피하고, 느긋이 커피나 마시면서 환자 흉보기를 일삼고, 의사 밑에서 일하는 하급 인물로 그린다며 도대체 간호사를 뭐로 생각하나, 가파른 3교대와 환자 폭언에 시달리는 3D의 현실을 제대로 파악하고나 만들라는 소리였다. '의료 드라마 아닌 휴먼 드라마를 만들다 보니.' 제작진의 변명은 구차하게 들렸다.

- tvN의 〈김비서가 왜 그럴까〉(2018)는 부회장(박서준)과 비서(박민영)의 로맨스를 다루면서 '비서'라는 특정 직업군을 긴장시켰다. 대기업 비서들은 "드라마처럼 몸에 딱 붙는 펜슬 스커트를 입지도 않고, 상사의 넥타이를 고쳐 매주지도 않는다"며 "여비서를 성적 대상화하는 구시대적인 편견을 조장한다면 SNS을 통해 시청거부 운동을 하겠다고 경고했다.(경향신문 2018. 7. 20.)

- 1978년 TBC의 〈셋방살이〉는 때아닌 택시 운전기사들의 항의를 받고 줄거리를 고쳤다. 운전사(정해창)로 나온 인물이 사장 집에 불려 가 화장실을 보수하는 장면이 불쾌한 불씨가 되었다.

KBS 〈하얀꽃〉(1974)에서 '제까짓 면도사 주제에..'의 대사 한마디로 면도사, 미용사들의 집단 민원을 받았다. 1975년, MBC의 청소년 계도 드라마인 〈제3교실〉에선 버스 안내양을 허드레 여자로 묘사하고 DJ(디스크쟈키)를 바람둥이로 격하한 것이 단초가 되어 각각 집단 항의를 받았다.

– 1980년 8월 MBC 주간극 〈홍 변호사〉는 법과 인간관계를 재조명하는 한국 판 '패리 메이슨'을 자처하고 출발했으나 22화를 내고 끝났다. 라디오 〈법창 야화〉를 밑거름 삼아 '법은 멀고 주먹은 가까운, 강자는 피해 가고 약자는 당하는' 법 현실을 진단하고 사각지대인 민권문제를 고발하는 등 의욕을 보였다. 그러나 변호사 측은 항상 인간적이고 따뜻하게 부각된 반면 검사 측은 매번 냉혹하고 야멸찬 집단으로 각인되었다. 검사 측의 직능적 고유성과 특성이 편향되어 전달된 것이다. 드라마의 이분법적 갈등구도에 의해 검사는 인간성마저 거세된 일방적인 '악역' 전담으로 투영되었다.

– 1991년 MBC 미니시리즈 〈행복어 사전〉(신호균 연출)에 잡지사 기자들이 미간을 찌푸렸다. '거친 말투에 맨 날 연애질 하고 술타령만 하는..' 잡지사 기자(최수종)의 언행 때문이었다.

– '국악도의 명예를 실추시키고 있다. 즉각 방송을 중단하고 공개사과 하라' 1990년 9월, MBC 미니시리즈 〈춤추는 가얏고〉는 서울대를 비롯한 15개 대학 국악과 학생들의 강력한 항의를 받았다. 배경엔 특정학교(서울대)와 특정인(가야금의 명인, 咸洞庭月, 75세)을 비하한 점, 가야금을 기생(妓生) 놀음에 연결시키는 설정, 가야금 전공 학생이 돈을 받는 장면, 수준 낮은 연주 내용 등 국악을 퇴폐적이고 향락적으로 표현하여 국악인 전체의 이미지를 왜곡한 점을 이유로 들었다.

'명예훼손 대 표현의 자유' 논쟁으로 비화된 수난은 급기야 방송사 집단 항의 방문을 초래했고 드라마는 원천적인 작품의 허구성을 내세워 등장인물이 실제와 무관하다는 것을 자막으로 수차례 고지했다. 이 문제는 마침내 9월22일자 한 일간지의 사설에 상륙했다.

'...이 사회의 가장 우수한 집단 중 하나인 대학생들이, 예술창작에서의 표현의 자유에 대해 이렇게 협량(狹量)하게 군다는 사실이 자꾸만 마음에 걸린다. 그렇잖아도 우리사회는 집단이기주의에 의한 과잉방어에 걸려 소재선택의 자유가 거의 위축당해 있는 형편인데 더 경직되고 자유롭지 못한 사회가 되는 것이 아닐까 싶어 암담한 느낌까지 든다.

대한민국 제일의 명문대학을 소재로 작가가 상상력을 발휘하는 자유에 관대할 수 있어야, 명문의 명문다움과 트인 인재들의 모임이라는 인정을 받지 않을까. 찰스 황태자는 학창시절 연극에서 거지 역을 한 적이 있었다. 그러나 '大영국의 왕위 계승자가 거지 역을 하다니..'하고 반대하는 사람이 있었다는 얘기는 없었다. 작품 상상 속의 모델이 되었다고 해서 그 피사체가 권위를 손상당하지는 않는다. 그것에 대응하는 태도에 따라 격을 떨어뜨리는 경우가 오히려 있을 뿐이다...(중략)

'권번(券番)의 예(藝)'로 천시되던 민족의 정서를 예술로 재평가하여 학문으로까지 정착할 수 있었던 큰일을 한 것이 바로 대학의 국악과이고 그 연구자들이다. 때문에 대학 국악과의 공은 더욱 크고 업적은 빛난다.

국악도가 연회장에서 가야금 연주를 하고 사례비를 받는 장면에 대해 항의한다는 발상은 좀 이해하기 어렵다. 모든 연희자는 출연료에 의해 능력의 등급이 매겨진다. 음대생이 알바로 살롱에서 연주하는 것은 흠이 안 되고 연회장서 가야금 타는 것은 수치스런 일이라고 생각하는 것은 잘못된 고정관념이다. 기생이 예(藝)도 하고 수청도 들었다는 옛날 사람들의 생각에 사로잡힌 사람들이 많을지는 모른다. 이 드라마 장면이 그런 걸 연상시키는 바가 없지 않았기 때문에 저항을 느꼈을지도 모른다. 그러나 오늘날의 누구도 대학의 국악도를 그렇게 생각하지 않는다. 그렇게 생각하지 않을 수 있도록 당당하고 고급한 수준의 국악예술계가 이미 형성되고 있다. 지난날의 관습에 스스로 사로잡혀 새삼 위축된다면 밖에서 보는 국악에 대한 잘못된 시각을 바로잡기 어렵다. 이런 일에 가장 자유로운 영혼을 지닌 젊은이들조차 협소한 도량의 태도를 지닌 듯한 사례를 남겼다는 일이 유감스럽다..'(서울신문 논설위원 송정숙)

- 1991년 3월, KBS의 〈야망의 세월〉을 보고 관련 공무원들이 발끈했다. 오로지 이명박(유인촌)을 부각하면서 상대적으로 공직자를 폄훼한 것이 빌미가 되었다. 건설부 전현직 공무원 모임체인 '건설진흥회'는 극 중 등장하는 정부기관, 사업명칭은 모두 실명이고 자료화면도 사실이어서 드라마 전체가 실화로 비치고 있는 점을 주시했다. 경부고속도로 공사비 결정과정에서 건설부 안에 가깝게 결정되었는데도 극에서는 대한건설이 주장한 대로 낙찰된 점, 소양강 댐 공사기법 역시 건설부 자체적으로 결정한 것을 드라마는 일본회사 등 외국기술 도입으로 묘사한 대목을 들었다. 또한 이러저런 중요한 정책과정에서 장관과 국장을 무능하고 비굴하게 표현한 점, 그리고 공직자를 원색적으로 비하하는 대사가 도를 넘어 당시 공직자의 명예가 크게 실추되었다는 점을 들어 KBS에 공개사과를 요구했다.

- 1979년, TBC의 3부 특집극 〈해오라기〉(이상현 극본, 심현우 연출)는 최초로 공해문제를 들고 나섰는데 방송 직후 P신발 업체로부터 격렬한 항의를 받았다. 고무제품을 취급한 한 여직공이 그 독성으로 '임신 불능'이라는 공해병

환자로 전락하는 부분이 발단이었다. P회사는 드라마 제작을 위해 공장 촬영까지 협조했으나 결과는 '배신'으로 돌아왔다. P사의 법적 대응이 심각해지자 TBC는 드라마 재방송 편성을 취소하고 P사의 여공들의 근면한 모습을 담은 다큐멘터리 〈인간만세〉를 통해 이 후유증을 보상했다.

- 1988년, 정치깡패로 알려진 유지광이 사망하자 그의 장례식에 일본 야쿠자들이 고급차를 타고 참석한 사실이 크게 보도되었다. 아울러 그가 썼다고 한 '대명'이라는 소설이 시중에 나오고 영화도 만들어졌다. 1989년 KBS는 〈무풍지대〉(이환경 극본, 이영국 연출)의 이름하에 미니시리즈로 만들었다. 제작 중 가장 시달린 문제는 관련 인물들의 협박이었다. 유지광을 비롯, 이정재, 시라소니, 임화수, 이석재, 이화룡 등 1950년대 당시 거물들이 등장했다. 조직 간 쟁투에 대부분의 극 중 인물을 실명으로 하다 보니 자기 쪽에 조금만 불리한 게 표현되면 촬영장을 폭파하겠다, PD와 작가 가족들을 몰살시키겠다는 으름장을 놓았다. 현장엔 항상 감시인들을 배치했고 한때는 가족들을 친척집에 피신시킨 일도 있었다.

- 1993년 가을, 칠삭둥이 한명회의 극적인 삶을 다룰 〈한명회〉(신봉승 극본, 김재형 연출)는 편당 2천9백만 원의 제작비에 100회 예정으로 주역에 이덕화를 캐스팅한 뒤 야외 촬영에 들어갔다. KBS 국정감사에서 국회 문공위의 야당은 두 가지 이유로 '제작 중지'를 요청했다.

민주당의 주장은 '지난 대선 때에 이덕화가 김대중 총재의 다리 저는 걸음 모습을 군중 앞에서 흉내는 등 1천만 장애인을 우롱하는 행위를 저질렀다' 면서 이런 연예인을 출연금지 조치는커녕 2억 원의 출연료를 주면서 해야 하느냐는 추궁이었다. 또 하나는 다수의 야당의원들이 '개혁시대에 걸맞지 않다'는 주장이었다. '전두환 정권의 광주 총바람이나 조선 초기 한명회의 칼바람은 매한가지다. 〈한명회〉의 방영은 개혁과 바르게 살자는 시대적 분위기에 걸맞지 않다' '한명회를 역사발전에 기여한 자랑스런 선조로 보기 어렵다' 'KBS가 방영을 고집할 경우 시청 거부운동까지 갈지 모른다'고 주장했다. 답변에 나선 KBS 사장(홍두표)은 '이덕화는 모스크바 영화제에서 남우주연상까지 탄 최고 배우이며 캐스팅은 일선 PD와 작가의 권한'이라고 설명했으나 결국 '제작진과 협의해 다각도로 검토하겠다'고 약속했다.

- 1996년, 육군 장병들의 생활을 그린 KBS의 〈신고합니다〉는 두 회분에서 상당한 내용이 잘려나갔다. 철원 주재 한 부대를 고정촬영 장소로 제공하였음에도 '복장불량, 경례불량, 태도불량' 등 장병 행동수칙에 어긋난 언행으로 군을 지나치게 희화화했다는 이유다.

- "대통령이 되면 첫눈 오는 날 공수부대를 동원해 멧돼지를 잡게 할 것…"

2007년, 전직 장관 출신인 유시민의 발언이 나가자, 공수 출신들은 발끈했다. "공수부대원의 애국 충정을 한낱 멧돼지나 잡는 사냥꾼으로 비하 모독한 망언"으로 즉각 사과를 요청한 특전동지회는 "27만 회원들은 이 명예훼손에 대해 공개 사과하지 않을 경우 모든 수단과 방법을 동원해서 끝까지 책임 추궁할 것…"을 밝혔다.

"이부망천"(서울 살다 이혼하면 부천 가고, 망하면 인천 간다는 뜻), 2018년 6월 지방선거를 앞두고 발언한 정 모 의원은 인천시민에 고발당했다.

만약 이런 국면들이 드라마에서 연출되었다면 다만 드라마란 이유로 그 집단의 즉각 항의에서 자유로울 수 있었을까?

1-2 국가 간 외교 마찰로 몸살 난 드라마

▶ 잠자던 소가 벌떡 일어나 웃을 일이었다.

혹여 자초할 일본과의 외교마찰이 두려워 드라마 방송을 1년이나 보류한 사건이다. 1979년 5월, KBS는 '방송 불가 판정'을 받은 특집극 〈희망〉(박수복 원작, 이유황 연출)을 제작 후 1년 만에 내보냈다.

불가 사유인즉 1965년에 맺은 한.일 협정의 조약 때문이었다. 그러니까 원폭 피해자들의 비참한 문제와 후유증을 다루지 않는다는 이른바 '피폭자 문제 불문'이라는 조항을 위반하지 않기 위해서다.

일제 강제징용으로 히로시마에 끌려갔던 한 조선 청년이 원폭 피해를 당한 후 만신창이가 되어 귀국한다. 한 어촌의 무지렁이 작부를 만나 척박한 삶을 일구면서 절망을 희망의 로맨스로 풀어간 내용이었다. 사전 심의에서 방송 불가는 물론 담당 PD는 징계위원회에 회부되었다. 그런데 완성도와 연출력이 탁월하여 심사위원들 사이에 논란이 벌어졌고 우선 국제 방송시장에 출품하자는 쪽으로 의견이 모아졌다. 지금도 유명한 독일 공영 방송사가 주관하는 '후트라'상 페스티벌 드라마 부문에 수상이 결정되었다. 당시로서 국내 최초의 경사였다. 한 날에 전화위복이 된 드라마는 국제 수상작 명의로 당당히 KBS의 전파를 탔고 연출자 징계도

해제되었다. 반세기 전에 일본과 맺은 '피폭문제 불문' 조항을 지금 생각해보면 '납득 불가'지만 가령 '위안부 문제 불문'이 포함되었다면 두 번의 코미디가 될 판이었다.

▶1992년 4월에 방송한 MBC미니시리즈

〈분노의 왕국〉(문영남 극본, 이관희 연출)은 조선조 마지막 왕인 순종의 혼외자손이 비참한 삶을 살다가 아키히토 일왕(日王)의 즉위 행사장에서 저격을 시도하다 실패한다. 이 저격 장면은 방송 다음 날 한·일 양국의 첨예한 외교마찰로 비화했다. 주한 일본대사와 공사는 즉각 외무부와 MBC를 방문하고 해명을 요구했다.

'...가상의 세계에서 외국 원수나 통치권자를 암살하는 장면은 얼마든지 볼 수 있다. 더구나 두 나라는 침략자와 피해자의 특수 관계로서 역사상 두 번이나 일왕 암살사건이 존재했다. 픽션 차원에서 그런 장면 설정은 자연스러운 현상이고 국제관례에 크게 어긋나지 않는다...'

MBC의 이런 대응은 먹히지 않았다. 드라마 말미에 '실제가 아님..'을 고지한 사실도 통하지 않았다. 허구여부에 관계없이 암살시도 장면은 양국관계에 악영향은 물론 일본 국민감정에 엄청난 상처를 남기지 않을 수 없다는 것이다.

'한국 드라마, 폐하 저격 장면, 한국대사(柳健一) 유감 표명'의 제목 하에 일본 아사히(朝日)신문은 주일 한국대사관 앞에 연일 벌어진 항의집회와 난입사태를 5단 기사로 보도했다.(1992. 4. 10.)

MBC도 상대국 명예를 훼손시킬 의도는 없었으며, 외압에 의해 드라마 내용이 변질돼서는 안 되고, 창작과 표현의 자유는 존중되어야 한다고 맞섰다. 국내 주요 일간지는 '일본, 한국 TV에 항의'를 헤드라인으로 카토 관방장관이 표명한 '일본의 저격 장면 방송유감, 자숙요청' 내용을 크게 보도했다. 사태는 드라마를 넘어 국가차원의 공식항의로 비화했고 양국 간에 누적되어 온 미묘한 외교문제에 불이 붙기 시작했다. 석 달 전, 미야자와 일본 총리가 서울 방문 때도 데모대가 아키히토 왕의 허수아비 화형식을 가졌는데 이 장면은 일본에 적지 않은 충격을 주었다. 이후 위안부 문제까지 겹쳐 우익단체가 주도한 반한(反韓) 혐한(嫌韓) 여론이 고조되고 있었다.

15일 자 동아일보 사회면 머리기사는 일본 시위대가 한국영사관에 난입한 사실을 크게 다뤘다. 16일 자 주요 일간지의 사설은 일제히 이 문제를 취급했다. '치외법권 침범한 일 시위대'(조선일보), '국제법 어긴 일 시위대 난입'(동아일보), '일본서 연출되는 반한극'(서울신문), '일본 조야의 감정적 대응'(한국일보), 그리고 기획기사로 '민족감정의 명암'이란 표제 하에 양국 입장을 정리하고 전문가 의견을 실었다(경향신문). 두 나라 역사까지 소급하여 재조명한 좌담회도 열렸다(서울신문 주관). 한편 방송PD연합회(회장 이원군)은 일본의 기고만장함을 성토하고 방송의 사회적, 역사적 본분에 의연할 것을 촉구했다.

가상극에 등장한 국가원수의 저격이나 국왕의 암살 장면…

이를 둘러싼 논쟁은 〈신중검토 대 창작자유〉으로 양분되어 한 동안 분분했다. 양국 간에 서린 특수 감정의 휘발성이 의외로 강력하다는 사실을 드라마를 통해 재삼 실감한 계기도 되었다.

▶ **TBC의 〈돼지〉라는 드라마가 제법 인기를 끌고 있었다.**

'돼지'는 시골 대갓집에서 일하는 우직한 머슴(김순철)의 이름이었다. 해방과 동란을 거치면서 온갖 고생을 마다 않고 주인가족을 위해 몸 바쳐 일하는 '돼지'의 모습은 소박한 인간미로 감동을 주었다. 50회 기획이 갑자기 26회로 동강이 났다. 1972년 초, 남북회담이 판문점에 열렸다. 거기 나온 북측대표가 여담으로 가볍게 던진 한마디가 발단이었다.

"요새 남반부 텔레비극 가운데 볼 만한 것은 '돼지' 뿐이디요..!"

그날로 드라마는 사달이 났다. 북측이 호감을 느끼고 관심을 표하는 드라마라니...! 북한이 격찬해주는 드라마는 있을 수 없는 시절이었다.

냉전시대엔 여하한 합리적인 이유도 통하지 않았다. 거꾸로 보면 TV 드라마의 막강한 사회적 영향력을 자인하는 계기였다.

▶ **"한국방송공사의 2TV 창작단을 가차 없이 처단,**

그 존재 자체를 하늘로 날려버리겠다..."

1997년 11월16일, 북한은 KBS의 미니시리즈 〈진달래꽃 필 때까지〉의 제작 중단을 요구하는 위협적인 성명서를 발표했다. 공포 분위기가 부풀자, 경찰은 제작진의 안전과 연출자의 신변보호를 위해 경호채비를 갖추었다. 출근에서 귀가 등 하루하루 일과와 동선(動線)을 점검해야 했다. 드라마는 1995년 귀순한 북한 '만수대 무용단' 출신 신영희 씨가 1996년에 출간한 자서전으로, 같은 이름의 8부작으로 제작하여 1988년 1월부터 전파를 탔다. 국가와 사랑 중에서 하나를 선택해야 하는 '카사블랑카' 영화처럼, 기쁨조 출신인 그녀의 운명적 삶을 러브스토리에 반영한 내용이었다. 이념에 치우침 없이 '북한 바로 알기'를 통해 남북 동질성을 알린다는 뜻에서 기획한 이 작품은 '폭파와 살해 위협'으로 몸살을 앓았다. 북한의 반발은 기쁨조와 권력관계의 노출에 대한 두려움 때문이었다. 제작진 모두는 이름과 목숨을 걸고 프로그램에 임했다. 연출자는 '민족의 반역자'로 암살 대상이 되었고 가족들은 충격과 고통을 애꿎게 감내해야 했다. 당시 김정일 국방위원장도 이 드라마를 시청했을 것이다. 다행히 드라마 평가는 좋았지만 지금 생각하면 아찔한 기억이다... 홍성덕 KBS PD의 후일담이다.

▶ 어글리 차이나─드라마 시장 뒤통수 친 '사드 문제'

2016년 8월, 한·중 간 논란의 핵심이었던 '사드 배치'를 둘러싸고 중국은 일련의 반발 조치를 내놓았다. 날벼락같은 금한령(禁韓令)이었다.

금지의 형태는 진행 중인 한류스타의 출연과 제작금지, 공연취소와 행사불허, 촬영금지 스타의 명단공개 등으로 나타났다.

〈함부로 애틋하게〉의 수지, 김우빈의 북경 팬 미팅 이벤트는 취하되었다. 후난 위성TV는 지창욱 주연의 〈선풍소녀2〉의 방송중지를 통보했다. 걸 그룹 와썹, 빅뱅과 엑소의 중국 공연은 취소되었다. 탤런트 장동건, 이다해, 유아인의 현지 촬영은 불허되었다. 한 예능 프로그램에서 한류 가수 황치열의 얼굴은 모자이크로 처리되어 완전 삭제보다 더 흉한 모습을 드러냈다.

직격탄을 맞은 것은 〈사임당-빛의 일기〉(박은령 극본, 윤상호 연출)였다. 〈대장금〉 이후 12년 만에 귀환한 아시아 스타 이영애 주연으로 화제를 달궜다. 게다가 한·중·일 '3국 10월 동시방송'으로 합의된 특별기획이었다. 약속은 깨지고 기대는 무너졌다. SBS는 해를 넘겨 2017년 1월 말부터 전파에 태웠으나 당초 30부에서 28부로 마감했다.

뿐만 아니었다. 사드는 방한 관광객의 발길을 몽땅 묶어버렸다. 항공, 호텔, 쇼핑, 화장품, 음식업계가 연쇄적인 타격을 입었다. 그 영향은 2018년 평창 올림픽까지 미쳐 20만 예상의 중국 관광객은 2만에 머물렀다. 사드 배치의 후유증은 특단의 조치가 없는 한, 정권교체 후 관계회복까지 최소한 3~4년간 '중국 터널'에 갇히게 된다. 정경분리, 안보와 문화는 별개라는 주장은 공허했다. 실리를 중시하는 화상(華商)주의는 '만만디'가 아니다. 법규나 이치보다 인정과 체면을 중요시하는 그들의 꽌시 (인간關係, 상도와 신의) 속에 드라마가 휘둘릴 수도 있다. 거대시장 중국은 한류 드라마의 〈점화-견인-성황-투자-합작〉의 맥을 쥐어 왔고 향후에도 한류 루트의 성쇠를 가름할 태세다.

또한 한류는 중국의 정치, 역사, 안보의 풍향에 따라 '즉각 보복'의 표적에 위치했다. 동북공정, 고구려 문제, 백두산 영토주권문제, 강릉단오제 세계문화유산 유네스코 등록 시비 등은 완료형이 아니다.

중국은 명확한 공식 발표나 정확한 이유의 설명 없이 '사드 보복조치의 시그널'을 스스로 느끼게 만들었다. 이른바 중국 스타일이다.

'10년이 걸려도 반드시 보복을 해야 한다'(報讐十年不晚) '복수를 위해서는 천리도 지척이다'(報讐千里如咫尺)– 이것이 중국의 사고방식이다. "설마 대국이 치졸한 방법으로 복수하겠나…"의 생각은 접어야 한다. (중앙일보, 2016. 8. 13.)

1-3 종교 모독, 교리의 훼손은 초법적인 수난

   드라마의 전후 상황이 어떻든 종교를 폄하하는 언행은 삼가야 한다. 수녀복이나 성경을 찢는 것, 십자가를 밟는 것, 목탁을 깨는 것, 특정 교리를 비판하거나 교인을 조롱하는 발언은 탈 나기 쉽다. 그런 장면이 필요하면 한두 번쯤 더 생각해야 한다.

   "절간의 중이 고기 맛을 알면 빈대도 남아나지 않는다더니..."
   이 한마디는 일파만파였다. 1987년 KBS의 일일사극 〈사모곡〉(思慕曲, 임충 극본, 이윤선 연출)은 천민의 몸으로 신분탈피와 애절한 사랑을 꾀했던 이만강(길용우)의 이야기다. 실록에 따르면 그는 신분을 속이고 과거에 합격한 유일한 인물이다. 만강은 보옥을 연모하면서 밤마다 담을 넘어 밀회를 즐기다 그만 발각된다. 어른들의 호된 질책 대목에서 문제의 '절간이 중이 고기 맛을 알면...'의 대사가 실려 나왔다.
   큰 스님들이 격노했다. 조계종 사회부장 학봉 스님을 비롯한 집행부 일동은 'KBS가 불교의 명예를 손상했으니 책임자를 처벌하고 방송으로 사과하라'는 것이었다. 문제가 커지자, 독실한 불자인 임충 작가와 출연자 강부자 씨 일행이 조계종을 방문했다. 본인들도 불교신자이고 전혀 불교를 폄하할 의도가 없었으며 단지 옛 속언을 인용하여 비유적으로 쓴 것이라고 해명했다. 그러나 조계종은 오히려 처벌과 사과 요구를 방송사가 받아들이지 않으면 불교신자들이 집단으로 쳐들어가서 오물을 투척할 것이라고 강경히 맞섰다. 사태가 크게 번지자 TV본부장은 제작팀을 비롯, 드라마 PD들을 소집하여 조계종의 요구를 수용하고 사과 방송을 하자고 설득했다. 이즈음 조계종은 문화관광부 종무실을 통해 강한 압박을 가하고 있었다. '만일 사과방송 한다면 이는 표현의 자유를 침해하고 방송사도 간판을 내려야 한다.' '아니다. 간판을 안 내리기 위해 사과방송을 해야 한다' 의견은 첨예하게 갈렸다. 격론 끝에 사과 방송은 철회되었지만 연출자엔 갑자기 일본 NHK의 연수출장 명령이 떨어졌다. 출장에서 돌아오자 다시 타 부서로 전보 발령되었다.

'6.29 선언으로 권위주위가 무너지고 새로운 민주주의가 열리던 1987년에 이런 일이 있었으니 참으로 아이러니하다..' 연출자 이윤선PD의 씁쓸한 회고다. (한국 TV드라마 50년사, 2014, 669~671쪽)

기독교 교리에 어긋난 전통 무속신앙

1994년, KBS 미니시리즈 〈무당〉은 이 시대의 마지막 무당 '순녀'라는 인물을 내세웠다. 꽤 팔린 원작소설로서 무녀(巫女)의 삶을 사계절 풍광과 걸쭉한 지방 사투리에 실어 사라져 가는 우리 전통문화를 재현하려고 했다.

순녀 역의 이상아를 비롯, 당골네 김용림, 임창정, 서우림, 허진, 김성환 등을 배역했다. 동시녹음으로 전국 로케를 마치고 의욕적으로 출발한 드라마는 시작 전에 고약한 소리가 들렸다. 기독교 단체에서 KBS 사장에 압력을 넣고 있다는 소식이었다. 얘긴 즉 '때가 어느 땐데 공영방송이 무당 드라마를 하겠다는 건가'였다. 생각해보니 KBS 이사회의 구성원 절반 이상이 기독교인이었다. 한국기독교 연합회에서 담당 본부장에게 제목 수정을 요청했다. 나는 단호히 거절했다. 간부들과의 갈등이 증폭되었다. 1부가 나가자 전화가 불똥 같았고 2부가 나가자 출연자 김용림은 어차피 조기종영 소문이 파다하다며 정서불안증을 나타냈다.

그즈음 연합회는 전국 각 교회에 〈무당〉의 불시청 통보를 내리고 있었다. 기독교 신문과 방송에서 득달같이 인터뷰 요청을 해왔다. 나 역시 기독교인으로서 조직의 질서와 불가피성을 열심히 설파하면서 내용 수정을 시도했지만 이미 회사 안팎에서 '버린 자식'으로 몰매를 맞고 있었다. 작가는 더 이상 고쳐 쓸 수 없다고 사라져 버리고 예상대로 드라마는 바닥을 헤매고 있었다. 지병인 당뇨가 악화된 7월 한여름, 16회를 끝으로 드라마는 핫바지에 방귀 새듯 슬그머니 꼬리를 내리고 말았다. 이 여파로 오랫동안 후속 작품도 없어지고 나는 무능한 PD로 완전히 전락하고 말았다... KBS 엄기백 PD의 20년 전 회고담이다.

유림(儒林)과 불교신자들 건든 드라마 제목과 이름들

- 2010년, 성균관 유림들이 분노가 치달으면서 KBS의 〈성균관스캔들〉에 방송중지 가처분 신청을 냈다. 조선시대 최고학부인 성균관은 유학의 심오한 이념을 연구하고 선비들의 낭랑한 글소리가 들리는 학문의 성전(聖殿)이다. 금녀의 지역 이곳을 핑크빛 남녀 '스캔들'로 조합하는 것은 전통의 훼손을 넘어 성전 모독에 해당한다. 제목과 내용이 갖는 역설 때문이었다.

- 2013년 KBS 주말극 〈최고다, 이순신〉은 탤런트 아이유가 분한 극 중 여주인공(이순신) 이름이다. 방송 전부터 성웅 충무공에 대한 모독죄로 시끄러웠

다. '독도나 지켜라' '야! 100원 짜리야..'등 하필이면 '이순신'의 여주인공 이름에 붙여진 비하 발언이 문제가 되었다.

- 2013년 SBS 주말극 〈돈의 화신〉에서 주인공은 '이차돈'이다. 법보다 돈의 힘을 믿는 문제적 남자인 비리 검사(강지환)가 바로 이차돈이었다. 최초의 거룩한 불교 순교자를 하필 그런 역중인물의 이름으로 쓰다니... 제작진이 이차돈의 행적을 모를 리 없고, 불교계에서 불쾌하기 그지없는 노릇이었다.

드라마 사상 최초로 '이슬람교 모독죄'를 쓸 뻔

2017년 7월, MBC 〈죽어야 사는 남자〉(김선희 극본, 고동선 연출)는 중동의 한 가상 왕국을 배경으로 인물, 지역, 지명이 모두 허구로 벌어지는 일을 코믹하게 소묘했다. 한국인 장달구(최민수)가 좌충우돌하면서 왕국의 사이드 알리 백작으로 탄생하고 온갖 해프닝에 맞닥뜨린다.

방송 직후부터 이슬람 문화 왜곡이라는 구설에 올랐다. 비판의 요지는 주인공의 말과 행동이 무슬림을 우스꽝스럽게 그리고 있다는 것이다. MBC는 '이슬람 비하' 논란이 나오자 이틀 후 홈페이지에 한국어, 영어, 아랍어로 된 사과문을 게재했다.

월말경, 이집트인 페토 개드(28)씨 등 3명이 상암동 MBC 건물 앞에 섰다. 이날 집회에는 SNS를 통해 무슬림 50여 명이 참가 의사를 밝혔지만 실제로 나온 세 사람이었다. 이들은 혹여 이슬람 극단주의자들이 드라마를 본다면, 한국도 테러에서 안전할 수 없음을 상기하고 한국을 좋아하기 때문에 경고하려고 온 것이라고 밝혔다. 그는 "이슬람 문화의 왜곡도로 보아 MBC가 사과문 한 장으로는 부족할 만큼 심각한 문제"라며 책임지고 당장 드라마를 내려야 한다고 주장했다.

히잡을 쓴 여성들이 신체가 노출되는 비키니를 입고 있는 장면, 기도를 하다가 '신의 계시를 받아' 클럽에 가는 장면, 신성한 경전인 쿠란 옆에 발을 올려놓는 포스터 내용, 아침 식사를 하는 사이드 백작이 이슬람교에서 금기시하는 술을 마시는 신, 출처불명의 아랍어 발음과 철자표기 등을 심각한 오류로 지적했다. 요컨대 방송사가 드라마를 만들면서 단순 재미에만 급급했지, 기본적인 율법도 검토하지 않을 만큼 이슬람 문화에 무신경했다고 비난했다. MBC측은 "희화화 의도는 전혀 없었다"는 사과와 함께 지적받은 부분은 '다시 보기' 서비스에서 삭제하고, 앞으로 나올 장면에서도 모두 빼겠다고 밝혔다. (한국일보 2017. 7. 30.)

이 논란은 특정한 이슬람 단체에서 직접 나온 것이 아니라 국내 시청자들 가운데서도 나왔다는 점이 특이했다. 중동건설, 할랄인증 또는 할랄푸드 등 중동권 사업을 통해서 이슬람 문화를 조금이나마 아는 사람들의 지적을 다른 시청자들이 동조하면서 확산된 된 듯했다. 요컨대 드라마에서 최초로 일어난 이슬람교에 대한 희화화 논쟁을 서두에서 마무리한 셈이다.

1-4 드라마는 〈불륜, 퇴폐, 저속〉 3악(惡)의 온상

불륜은 "또 하나의 사랑의 양태"라는 공식에 결코 동의할 수 없음에도 TV드라마의 유고 사항 중 '최초' '최다' '최상'의 위치를 점하고 있다.

혼외정사, 혼전임신, 외도, 부정(不貞), 무분별한 남녀관계 등 부적절한 애정행각에 따른 부부파탄과 가정파괴는 모두 여기에 속한다. 인간사에서 불륜이 점하는 욕망의 원초성과 빈도를 상기해 볼 때, 드라마에 불륜 소재가 차지하는 비율은 쉬이 감소되지는 않을 것 같다.

'유부남 대 미혼녀'의 구도는 불륜의 모델극에 가까울 만큼 가장 많은 예다. 유부녀 대 미혼남, 기혼남 대 기혼녀의 설정이 다음을 잇는다.

'바람 난 드라마'는 불륜남과 내연녀, 꽃뱀 대 제비족, 앞집 아저씨와 뒷집 아줌마, 원조교제와 친구 남편 뺏기 등 보다 무분별한 관계의 교차 행태로 진화하고 있는 중이다. 여기에 현격한 나이차와 빈부차, 신분차가 개입되면 그 관계는 한층 더 복잡해진다. 불륜극은 TV드라마의 원죄 격에 해당한다. 〈엿보기 효과, 유사체험, 대리만족〉이 동시에 이뤄진 반면 TV가 가정매체라는 점, 그리고 가정윤리에 정면으로 위배되는 모순을 안는다. 아울러 불륜 행위를 조장한다는 교사죄에서 자유롭기도 어렵다.

- 세기의 불륜: 1926년 8월, 〈사의 찬미〉의 윤심덕과 유부남 김우진이 현해탄에서 동반 투신한 사연은 지금도 가슴을 울린다. 동경 음악대를 나온 최초의 소프라노와 와세다 대학을 졸업한 목포의 부잣집 아들의 '사랑해서 안 될 사랑'은 결국 비극적인 정사(情死)로 마감하여 애달픈 세기의 불륜이 되었다.

- 춤바람 불륜: 광복 후 첫 사건은 1954년, 서울신문에 연재된 정비석 원작의 〈자유부인〉에서 드러났다. 대학교수의 정숙한 아내 오선영과 남편 제자와의 사랑, 그리고 젊은 타이피스트에 딴마음을 품은 교수의 행각은 용납 불가였다. 당시 밀려든 서양문화의 풍조를 감안해도 춤바람 난 교수 부인의 애정행각은 격을 깨뜨린 것이었다. 부부윤리와 사회도덕을 둘러싸고 작가와 법대 교수(황산덕) 간에 벌어진 일련의 공방전은 '픽션과 현실'의 질곡을 환기시키기에 충분했다.

- 체루 불륜: 1968년, 문희 신영균 전계현이 출연한 영화 〈미워도 다시 한번〉은 외도가 짜낸 연민과 눈물의 바다였다. 자녀까지 끼어 네 사람의 물러설 수 없는 멜로 통속성을 보인 이 작품은 남진의 주제가까지 더하여 오랫동안 심금을 울렸다. 당시 파독 광부와 간호사, 월남파병, 북한 김신조 일파의 청와대 습격사건 등이 연달아 암울하고도 답답한 현실에 울고 싶은 대중에 뺨을 때려 준 작품이었다.

▶ 첫 드라마 불륜

1969년, MBC 일일극 〈개구리남편〉(김동현 극본, 표재순 연출)은 회사 과장(최불암)과 신입사원(주연)의 빗나간 사랑을 그렸다. 당시 여론의 뭇매와 영부인(육영수)의 격분을 샀다는 일화를 남긴다. 드라마 100회 만에 서둘러 에둘러 끝내는 것으로 마감했다.

"댁의 남편이 개구리처럼 물에서 살고 뭍에서도 사는 것은 모두 부인의 책임예요" 마지막 장면에서 여자는 부인(김혜자)에게 이렇게 충고한다. 의외로 당돌하고 뻔뻔한 대사였다. 이 드라마는 안방에 최초로 '불륜의 대중화'를 당겨 낸 작품이다.

– 이윽고 1971년 KBS 일일극인 한운사 극본의 〈꿈나무〉가 도마에 올랐다.
공영방송에서 고교생 동거를 다루어 큰 물의를 일으켰다. 영화배우 하명중
과 2천 명 후보에서 뽑힌 한혜숙의 첫 주연이자 주제가로 인기를 모았음에
도 서둘러 조영했다.

▶ 여대생 원조교제

1975년, 민방의 일일극인 MBC 〈안녕〉과 TBC 〈아빠〉가 78회, 27회
만에 각각 도중하차했다. 여류작가 김수현과 나연숙의 자존심 대결, 양
정화–박근형, 염복순–김성원 커플이 맞선 두 작품은 한 결로 여대생과
기혼남의 사랑을 취급하다가 당국의 날벼락을 맞은 것이다. '원조교제'
라는 새로운 소재는 당시 유신이념과 사회정화 정책에 반하는 무개념 저
질 드라마로 낙인찍혀 추방됐다. 일테면 퇴폐의 멍에를 쓴 매도된 불륜
이었다.

▶ 복수 불륜

1978년, MBC의 이효춘의 〈청춘의 덫〉(김수현 극본, 박철 연출)은 여인의
헌신을 배신한 남자, 이에 여자의 증오와 집요한 복수를 다루었는데 혼
전 동거와 임신 문제로 시끄러웠다. 이 작품은 20여 년 후 1999년, 같은
작가의 집필로 SBS에서 방송되었는데 혼전 임신은 전혀 관심 밖이었다.

▶ 불륜 살인

1987년 MBC 첫 미니시리즈 〈불새〉(최인호 원작, 김한영 연출)는 살인으로

비화된 불륜의 말로를 그렸다. 불우한 환경에서 자라난 영후라는 청년이 재벌 2세인 민섭의 학대에 분노하여 복수를 결심, 민섭의 누이 미란과 약혼녀인 현주와 정을 통하며 퇴폐적인 애정행각에 벌이다가, 결국 미란의 엽총에 잔혹하게 사살된다는 이야기다.

방송위는 2회 방송 후 일찌감치 경고 조치를 내렸다.

▶ 불륜의 사회학

1988년 MBC 〈모래성〉(김수현 극본, 곽영범 연출)은 40대 남편(박근형)과 30대 노처녀(김청)와 불륜으로 아내(김혜자)는 이혼을 결심한다. 중년의 정신적 방황과 이중성의 관점에서 불륜을 해부한 작품이었다. 직격탄 구성에 폭발력이 컸다. 불륜의 원인은 부부불화나 바람기 아닌 중년 남성이면 누구나 갖게 되는 과정으로 설정, 겉으로 단란한 가정도 어느 날 갑자기 '모래성'이 될 수 있다는 경고를 띄웠다. 또한 애정의 전개 방식과 '포를 떠서 죽이고 싶다' '에이즈나 걸려 죽어라' 등의 섬뜩한 대사가 방송윤리에 저촉되어 긴급 토론회가 소집됐다. 작가는 반문했다. '드라마에서 불륜을 다루지 않는다고 이 사회가 윤리적이고 깨끗한가' '극한 상황, 격렬한 장면에서 순화되지 않는 대사가 나오는 것은 자연스런 것이 아닌가'

윤리의 잣대나 심의 규정이 지금보다 엄격했던 때였다.

▶ 부자(父子) 불륜

1989년도 MBC 미니시리즈 〈상처〉(서영명 극본, 곽영범 연출)는 아들의 애인까지 범하는 아버지의 행각을 묘사했다. 이는 가족의 순결성을 훼손하고 가정질서를 해친다는 이유로 방송위로부터 공개사과 명령을 받았다.

▶ 불륜의 미학

'아름다운 불륜'은 존재할까. 1996년 등장한 황신혜, 유동근의 〈애인〉
은 '나도 저들처럼'의 신드롬을 낳을 만큼 동화적(童話的) 분위기였다. 불륜
방식의 행태가 밝고 아름다웠다. 통속성을 걷어낸 절제력이 돋보여 '불륜
의 미학'으로 격찬된 바 있다. '불륜은 아무리 잘 세탁해도, 잘 치장을 해
도 불륜이다. 불륜의 미학은 무슨 얼어 죽을..' 뒷소리도 만만치 않았다.
그러나 교묘한 극작술과 반전술을 내세워 비난의 혐의를 피해갔다.

▶ 불륜의 일상화

2003년 MBC, 변정수, 유호정의 〈앞집여자〉는 불륜의 일상화에 따른
남녀관계를 코믹한 한판의 술래잡기나 숨바꼭질에 비유했다. 나의 엉큼
한 분신을 대행해주는 탕남음녀들의 행각은 지탄할 수도 매도할 수도 없
었다. 마치 식단을 선택하는 일과성에 다름 아니다. "무거운 테마-가벼
운 터치"의 접근방법은 불륜의 시트콤을 연상케 하는 견본품이었다.

▶ 가족집단 불륜

SBS의 〈조강지처 클럽〉은 당초 60회에서 104회까지 일 년을 넘는 불
륜 소재 방송으로서(2007. 9.~2008. 10.) 최장 연장 기록을 남겼다. 이 작품은
집단불륜이자 가족불륜으로써 외도의 전염성, 불륜의 윤회설을 엮어냈
다. 부자간을 비롯한 남자 출연자 모두가 불륜남이 되자, 조강지처들이
맞바람 작전으로 맞선다. 불륜은 불륜으로서 되갚자는 앙갚음은 패러디
된다. 불륜의 심각성 아닌 희화화의 역발상이 인기의 촉매가 되었다.

▶ 불륜의 운명론

2007년, SBS의 〈내 남자의 여자〉는 미망녀(김희애)가 절친 동창생(배종옥)의 남편(김상중)과 노골적인 관계에 빠진다. 당찬 불륜이다. 혼외정사는 곧 교통사고 같은 것이란 '불륜의 운명론'이다.

"불륜을 매도하지도 미화하지도 않았다. 있는 그대로 그렸다. 우리 삶의 한 단면을 보았다고 생각해 달라. 나는 대단한 철학자가 아니다. 그냥 사람의 얘기다. 여자와 남자, 아내와 남편, 그런 여러 사람의 드라마다. 유부남에 젊은 여자가 생기는 것은 (교통)사고와 같다. 의도해서 오는 게 아니다" 이는 점증된 논란에 작심하고 대응한 김수현 작가의 인터뷰 내용이다. 애당초 부부의 윤리나 속박을 타파했다. 불륜은 환상도 선악의 문제도 아니다. 하여 불륜은 남녀 불문하고 행하는 것이 아니라 홍역처럼 어느 날 갑자기 당하는 것으로 이를 현명히 극복하는 것도 삶의 일부라는 주장이다.

▶ 엘리트 불륜

2012년 jtbc의 〈아내의 자격〉(정성주 극본, 안판석 연출)은 자녀교육에 몰두하던 평범한 주부(김희애)가 우연히 만난 치과의사(이성재)와 격정에 빠지는 과정을 그렸다. 당사자는 각각 자녀를 둔 상류 사회의 엘리트 남녀.

▶ 불륜 박람회

1984년에 시작한 KBS2의 단막극 〈드라마게임〉과 1999년부터 나온 〈사랑과 전쟁〉은 한마디로 불륜 소재를 집합한 '불륜 박람회'였다. 〈드라마게임〉의 소재는 으레 가정위기와 부부권태기, 갱년기와 사춘기의 불륜에서 추출하였고 드라마 말미엔 전문가들의 대담과 토론을 담아 '솔루션 드라마'를 자처했다.

2014년 여름까지 600여 화를 제작한 〈사랑과 전쟁〉은 불륜을 '전쟁' 차원에서 다뤘다. 시청자 사연과 제보, 보도기사, 이혼판례 등을 실화로 재구성한 뒤, 종반엔 역시 전문가의 조언을 통해 해결 방안을 제시했다. OECD 국가 중 이혼율 상위를 점하는 대한민국 부부의 실태를 드라마로 보여주겠다는 의도다. 두 드라마는 천태만상의 불륜을 담아 내 '불륜의 종합세트' 또는 '치정극 공장'으로 불렸다. 여기서 단골 이혼녀 역을 과점한 탤런트 이시은은 '국민 불륜녀'로 부상했다.

'간통죄 폐지'와 드라마 불륜 코드의 향방

2015년 2월 26일, 간통죄가 위헌으로 판결되어 62년 만에 폐지되었다. '2년 이하 징역'의 처벌 조항이 간통억제 효과를 보여주지 못했고 개개인의 성생활 영역에 국가가 개입하는 것은 성적(性的) 자기결정권을 저해하고 사생활의 비밀을 침해한다는 이유다. 여기서 성적 자유권은 성행위 여부와 상대방을 스스로 결정할 수 있는 권리로, 헌법에 보장된 인격권과 행복추구권에 포함된다. 2009년 위헌 판결된 '혼인빙자 간음죄'가 디딤돌이 되었다. 반대 목소리도 여전하다. 성윤리의 최소한 한 축을 허물어뜨려 우리 사회전반에 성도덕의 하향화를 초래하고 혼인책임과 가정생활의 소중함은 뒤로 한 채 오로지 사생활의 자유만 앞세워 수많은 가족 공동체를 파괴한다는 우려다. 그동안 간통 고소사례는 10만 건을 넘는다.

연예인들의 사건은 기억에도 새롭다.

- 1962년, '남의 남편을 사랑한 죄밖에 없다'고 항변한 33세의 조미령은 재미 동포 유부남에 빠졌다. 출세작 '춘향' 이미지는 완전히 날아갔다.

- 1962년, 당시의 최고 미남미녀 배우 김지미, 최무룡이 구속되었다. 첫아들 최민수를 막 출산한 아내 강효실의 고발은 결국 위자료 3백만원 선에서 일 단락되었다. 둘은 7년 남짓 후 '사랑하기 때문에 헤어진다'는 아리송한 말을 뒤로하고 다시 남남이 되었다.

- 1984년, 예쁜 정윤희가 건설사 사장 조 모씨와 불륜 현장에서 체포되어 유 치장으로 직행했다. 우여곡절 끝에 철장에서 나온 두 사람은 당당히 결혼해 조용히 살고 있다. 2001년, 〈허준〉의 예진아씨로 사랑을 받은 황수정이 필 로폰 투약과 유부남과의 내연사실까지 알려져 연예계를 떠났다. 2007년, 팝페라 가수와 외도한 탤런트 옥소리가 남편 박철에게 고소당했다. 그녀는 이에 간통법 위헌 재심 제청으로 맞서왔다.

- 세상에서 가장 비싼 간통비용은 골프 왕 타이거 우즈가 2010년 전처에 지 불한 5억 불(전 재산의 70%, 약 5천억)을 꼽는다. 우리는 3천만 원을 넘은 적이 없다. 형사처벌이 벌 값을 대신했기 때문이다. 이제부터는 다르다. 법적 장 치가 없어진 반면 경제책임인 징벌적 배상액이 높아진다. 처벌이 없어지면 상대적으로 위자료는 늘어난다.

〈불륜, 파탄, 이혼〉은 한 묶음 속에 있다. 모두 폭발력과 극성이 강한 요소다. 간통죄 폐지는 〈가정-사회-국가〉라는 인간 삶의 근본적인 공동체 틀을 훼손할 수 있다. 드라마는 기꺼이 그 훼손의 경우를 드러내야 한다. 드라마는 매양 금지된 것을 먹고살며 금단의 지역을 밟고 산다. 하지 말라는 것을 하지 않으면 성립되기 어렵다. 성적(性的) 자기 결정권이 존중된 만큼 드라마의 극적(劇的) 구성 결정권도 존중돼야 한다. 즉 법의 소멸이 드라마의 재미를 소멸하지는 못한다.

그간 불륜을 범한 자는 배우자에 이혼 요구를 할 수 없었다(유책주의). 이제는 사실상 화해불능과 혼인관계의 파탄을 인정하는 가능성이 높아졌다(파탄주의). 방귀 뀐 놈이 큰소리를 칠 수도 있다. 이혼 재판의 경우, 재산분할 비율에 불륜의 잘못이 얼마나 큰지를 고려하지 않기 때문이다. 그러나 간통죄 면죄부가 불륜의 용인과 권장을 뜻하지 않는다. 이제 바람 핀 배우자는 훨씬 많은 위자료를 물게 된다. 불륜 주제 드라마는 위자료 폭탄에 의한 '쩐(錢)의 전쟁터'로 변할 줄 모른다.

1-5 '범죄, 폭력, 흡연, 음주, 욕설'로 자초한 역풍

1979년 서울 면목동에서 한 어린이가 다리 위에서 떨어져 죽었다. 당시 TBC에서 방송한 '6백만 불 사나이'의 신통력을 모방하다가 변을 당한 것이다. 70년대에 인기를 모은 수퍼맨 시리즈는 '원더우먼' '헐크' '미녀삼총사' '소머스'였다. 그들의 초인적인 행위는 어린이들의 선망이 되었고 곧 모방행위로 내면화 했다. 비명에 간 어린이는 영화의 주인공처럼 다리에서 사뿐히 날 수 있을 것으로 착각했다. 미디어 교육이 빈약했던 당시, 이른바 TV 주인공의 '모방행위'는 사회문제로 비화했다.

1990년 10월, 노태우 정권은 '범죄와의 전쟁'을 선포했다. 범죄근절을 위한 강도 높은 정책이었다. 불똥은 'TV 수사극 폐지'로 튀었다.

'수사극을 보고 따라 했다.' 당시 검거된 범인들의 자백과 증언은 한결로 수사극의 학습효과를 들먹였다. 즉 범죄 수법, 범행 기법, 흉기 종류와 사용법, 위장 침입 등 범죄 요령을 수사 드라마에서 배웠다는 것이다. 수사극은 아연 폭력과 범죄의 원인 제공자로 그 죄를 몽땅 뒤집어썼다. 단순 모방뿐만 아니라 범행 후 은닉, 대응의 노하우까지 정보를 제공했다는 죄다. 보다 리얼한 드라마 구성을 위해 범행 장면과 잔혹한 행위의 묘사는 필연적 수순이다. 이것은 바로 범죄의 모방 또는 폭력의 교시로 지탄되었다. 수사극이 갖는 불가피한 역기능은 결국 부메랑이 되어 '일괄 폐지'에 빌미를 제공했다.

대통령의 '범죄와의 전쟁' 선언에 희생된 수사 드라마

KBS는 10년 끌어온 〈형사25시〉를 걷어냈고, MBC는 〈수사반장〉의 후신 격인 〈김형사 강형사〉를 삭제했다. 당국은 범죄의 모방, 청소년에 악영향, 폭력의 미화, 계층 간 위화감 조성 등 사회적 부작용을 들어 혹여 있을 반론이나 부활될 소지까지도 없앴다. 수사극은 드라마 초창기부터 시작된 인기 높은 장르였으나 25년여 만에 정책적 폐업으로 마감했다.

그러나 문제는 수사극 폐지가 범죄 감소로 직결되지 않은 데에 있었다. 3년 공백 후 1993년, 문민정부의 출범과 함께 KBS와 MBC는 조심스럽게 〈사건 25시〉〈경찰청 사람들〉을 각각 신설했다. 두 작품은 넌 픽션 형태를 띠었다. 실제사건 파일의 재현에 따른 혐의자의 공개수배 및 자수 권유와 신고 유도를 프로그램에 반영했다. TV를 통한 수사와 재현극을 병행하여 범인잡기에 나선 것은 매체를 이용한 드라마 실용성을 극대화하려는 의도였다. 〈사건 25시〉경우, 방송 10개월 만에 수배자 검거 28건, 자수 11건의 실적을 올렸다. 수사극은 이렇게 범인색출의 선봉 역을 자청하여 억류 3년 만에 면죄부를 받고 다시 살아났다.

TV드라마는 폭력, 섹스, 범죄의 온상인가

최근 TV에 나타난 폭력의 유형들은 끝이 보이지 않는다. TV드라마가 '폭력과 섹스의 온상'으로 낙인된 것은 가학성과 선정성에 따른 표현의 무절제성 때문이다. 가장 많은 예는 신체에 가해지는 물리적 폭력이다. 욕설, 위협 같은 언어적, 심리적 폭력과 성희롱, 성폭력도 만만치 않다. 폭력은 극단적 행위와 파열음으로 캐릭터를 행동화하여 억압된 잠재의식을 해소해 준다. 또한 순간공격으로 갈등을 타개하고 문제해결에 찰나적인 처방을 제공한다. 그래서 '폭력의 미학'으로 격상되기도 한다.

특히 "인과응보"사필귀정"자업자득'을 주제로 한 작품에서 폭력 코드는 오랫동안 환영을 받아왔다. 그렇게 보면 우리 자신도 이 세계에서 자유로울 수 없는 잠재 폭력자로 상황에 따라 언제든 폭력을 행사할 수 있다는 점이다.

한편 〈범죄, 폭력〉이 없는 드라마는 〈짠맛, 매운맛〉이 없는 음식과 같다는 말로 비유하여 그 '필요악'을 시사하고 있다. 그러나 어떠한 경우에도 폭력과 범죄가 미화되고 모방돼서는 안 된다. 우리 방송심의 기준은 '과도한 폭력을 다루어선 안 된다'고 명시하여 표현 형태와 빈도의 절제를 요구하고 있다.

〈무풍지대〉, 〈모래시계〉, 〈친구〉의 폭력수위와 징계처분

1989년, KBS의 〈무풍지대〉(이환경 극본, 이영국 연출)는 광복 이후 주먹들의 전원 집합을 통한 총체적 폭력 대결을 그린 작품이었다.

유지광, 이정재, 시라소니, 임화수, 이석재, 이화룡 등 50년대 서울을 할거한 폭력 파당의 충돌, 무수한 린치와 패싸움을 과도하게 내보내 수차례의 방송심의 징계처분을 받았다. '진정한 협객들의 의리가 통하고 진실이 통하는 길을 만들겠다' '젊은 조직과 인재를 흡수하여 천하통일을 하려면 오로지 힘이 필요하다' 등 폭력배를 미화한 대사로 방송위로부터 사과명령을 받았다.

2002년, SBS의 124부작 〈야인시대〉(이환경 극본, 장형일 연출)는 높은 시청률에도 불구하고 그 해 '최악의 드라마 2위'에 선정되는 불명예를 안았다. 대박 영화 '장군의 아들'의 TV버전인 이 드라마는 종로 주먹 김두한의 일대기를 담은 만큼 매회 폭력시비는 연달았다.

최고 드라마로 공인된 〈모래시계〉(1995년, SBS)는 전체 플롯의 힘을 열 가지가 넘는 폭력코드에 의존했다. 이 작품은 국가폭력, 제도폭력 등 폭력 주체의 다양성, 형태와 방법의 교묘함, 그리고 폭력의 전개와 말로의 역동성을 골고루 집합했다.

두 주인공인 태수(최민수)와 우석(박상원)의 우정은 고교시절 패거리 싸움에서 강화된다. 태수는 조직폭력의 핵이 되어 정치폭력과 청부폭력을 주도한다. 우석은 공권폭력에 쫓긴 데모 여대생 혜린(고현정)을 구한다. 이윽고 광주항쟁의 진압군으로서 집단폭력 행사에 가담한다. 태수는 체포되어 삼청교육대에 의한 국가폭력에 피해자가 된다.

이 작품은 흉기사용을 절제하고 주먹과 각목에 의한 고전적인 충돌 형태를 취했다. 그럼에도 불구하고 당국으로부터 끊임없는 '절제와 삭제'를 권유받았다.

2001년 3월, 관객 870만을 돌파한 곽경택 감독의 〈친구〉는 배경이 된 부산을 영화도시로 격상시켰다. 장동건, 유오성이 주연한 이 영화는 지독한 폭력으로 소위 '폭력의 우상화'를 내걸었다. 8년 후인 2009년, 〈친구─우리들의 전설〉의 이름으로 MBC 주말에 상륙했다. 같은 감독에 주연은 원빈과 김민준으로 바뀌었다.

그러나 작품은 만신창이가 되었다. 때 없이 폭력과 욕설, 살상이 난무했고 죽기 직전 마지막 호흡을 전화로 들려주는 장면 등이 여과 없이 등장했다. 흉기와 둔기가 등장한 장면은 모두 모자이크 처리하여 영상은 땜방으로 얼룩졌다. 방송사와 제작사는 성공한 영화를 드라마로 연결하여 그 후광효과를 기대했으나 착각이었다. 그것보다 영화에서나 용인된 폭력을 TV드라마로 재현하겠다는 발상은 당초 양 매체 차이조차 구분하지 못한 순진한 오류였다.

학교 폭력, 미투에 따른 성폭력, 데이트 폭력

1970년대 말 강남으로 전학한 고교생의 적응기를 그린 권상우 주연의 〈말죽거리 잔혹사〉(2004년)도 처음부터 교내폭력을 내세웠다.

우리 드라마도 비슷하다. 소위 '학교' 드라마를 자처한 내용은 한 결로 깊숙이 침투한 '폭력교실'을 피해가지 못했다.

학교 시리즈 5에 해당한 장나라의 〈학교 2013〉(KBS), 이민호의 〈상속자들〉(2013년 SBS), 고현정의 〈여왕의 교실〉(2013년 MBC), 특집극 〈못난이 송편〉(2012년 MBC), 그리고 김희선의 〈앵그리맘〉(2015년 MBC)은 모두 학교폭력을 다루고 있다.

학교는 폭력의 발단에 가장 취약한 공간, 그래서 미성년의 폭력행위를 일종의 성장통으로 보는 것이다. 인격과 가치관의 미숙 단계라는 전제하에 힘의 대결에 따른 교정과 교실은 항상 난투극으로 혼란스럽다.

학교는 경쟁의 첫 밭이다. 성적과 서열경쟁이 극심한 곳에서 폭력이 배태한다. 학교는 공부하는 곳으로만 묘사되지 않는다. 공부보다 딴짓하는 학생, 틀에서 삐져나간 돌출 행동에 더욱 주목한다. 그래서 학교는 가장 비폭력적인 집단이 폭력 유혹에 가장 쉽게 노출되는 극단적 모순의 장소로 설정되어 있다. 학교 드라마의 아이러니는 동서고금을 막론하고 폭력의 함수가 상수로 존재한다는 점이다.

하나의 폭력행위에는 가해자, 피해자를 둘러싼 인권문제와 사회 심리학까지 복잡한 인간 문제를 수반한다. 최근 '미투 운동'은 여성 폭력에 대한 사회적 시선을 바꾸면서 드라마에도 새로운 쟁점이 되고 있다.

2018년 3월, SBS의 〈리턴〉에서 남자가 여자의 머리를 유리컵으로 내리치는 장면, 마약에 중독된 여자가 화장실에서 포크로 자해하는 장면, 사체를 인적이 없는 곳에 매장하는 장면을 들어 방송심의위는 경고조치를 내렸다. tvN의 〈나의 아저씨〉에서는 이지은(이지안)이 장기용(이광일)에게 2분 남짓 폭행당하는 모습을 그려 소위 '데이트 폭력'을 부각했다. 별문제 아닌 것처럼 느껴졌던 데이트 폭행은 향후 제작진도 신경 써야 할 예민한 문제로 급부상했다. (일간스포츠 2018. 3. 27.)

담배, 술, 욕 그리고 드라마

드라마에 있어 5대 악의 구성 인자는 범죄, 폭력과 한 묶음 속에 있는 '흡연, 음주, 욕설'이다. 세 가지의 공통점은 모두 세 치 혀와 입을 통해 출몰하여 일시적 가해 또는 순간적 해소나 쾌락을 담보한다는 점이다. 더불어 연기의 보조물이자 상황의 전달자가 된다. 이 세 감초들은 일찌감치 '저주의 땅'으로 내몰렸다. 지독한 해악성, 중독성과 모방성에 따른 역기능 때문이다.

담배를 혼자 핀다-무료하다. 깊이 빤다-걱정이 깊다. 자주 문다-초조하다. 연기를 급히 뱉는다-불만이다. 꽁초를 집어던진다-화났다. 발로 부벼 뭉갠다-스트레스다.... 연기(煙氣)의 모양새는 연기(演技)가 되어 열 마디 대사를 대신한다. 그러나 2002년, KBS는 드라마에서 흡연 금지령을 내렸고 이후 드라마에서는 흡연 설정은 사라졌다. 영화의 흡연 장면이 TV로 건너오면 모자이크 처리로 지워야 한다. 정부는 2018년 7월부터 흡연카페도 금연구역으로 지정하고 연말부터는 유치원과 어린이 집 10미터 이내에서 흡연을 금하도록 했다.

술은 백 가지 표정을 창출한다.

깡 술은 횡포다. 홧술은 자학이다. 폭탄주는 강제다, 건배주는 단합이다. 해장술은 지난밤이다. 합환주는 맹세다. 하사주는 충성이다. 반주는 타협이다. 양주는 거래다. 포도주는 유혹이다. 맥주는 여유다. 소주는 푸념이다. 막걸리는 평등이다. 정종은 분위기다. 고량주는 안주다....

드라마에서 즐겨 취해온 술판 다섯 요소는 여전히 유효하다. 술의 종류, 상대, 장소, 계기 그리고 급진전된 분위기를 재구성한다. 드라마는 의외성과 극단성, 때로는 최음성과 일탈성의 교착상태를 여기서 취한다. 술 따라, 병 따라, 잔 따라 엇갈리는 백 가지 표정도 여기서 담보한다.

술 광고나 음주행위의 규제는 더욱 광범하고 엄격해졌다.

지상파 TV 라디오, DMB, IPTV, 인터넷 광고를 막론하고 오전 7시에서 밤 10시까지는 할 수 없다. 광고에서 임산부나 미성년자가 등장할 수 없다. 마시는 행위를 묘사한 장면도 안 된다. 어기면 1년 이하 징역 또는 1천만 원 이하 벌금이다. 경찰 통계는 살인의 37.9%, 강간 38.5%, 가정 폭력 35.5%가 음주와 직간접 연관 있다고 밝히고 있다.

'전쟁, 흉년, 전염병, 이 셋을 합쳐도 술이 끼치는 손해와 비교할 수 없다' 이는 꽤 오래된 인류학적 결론이다. 2007년 국가청소년위원회는 2006년 하반기에 방송된 3사 드라마 30편의 분석 결과, 드라마 1회당 음주장면이 1.3회 꼴로 등장, 또한 청소년 음주장면도 7편에 모두 13회나 등장했음을 지적했다. 위원회는 공영방송에서 청소년 음주장면과 음주를 조장하는 장면을 줄여야 한다고 촉구했다.

보건복지부는 2012년 이후 2년 만에 재추진하는 건강증진법의 하나로 〈대학, 공원, 병원. 해수욕장〉 등 공공장소에서 술을 팔거나 마시는 행위를 금지하는 입법을 상정했다. 이 네 곳에서 음주장면이 사라지면 드라마의 땅도 따라서 좁아졌다.

한편 '바른말 고운말'을 교시해야 할 TV에서 욕설은 초창기부터 제거의 대상이었다. 욕은 멘탈을 나타내는 비명이다. 술, 담배가 비언어적 메타포라면 욕은 직접언어로 출연자의 성격, 체질에서 신분까지 함축한다. 또한 걸쭉한 복합 언어로서 자학, 푸념, 친근감의 영역까지 아우른다.

한국의 욕은 무척 다양하다. 어원을 풀어보면 낯이 뜨거울 정도로 무지막지하다. 그러나 이런 관용은 컴컴한 영화관에서나 가능하다. TV에서 쫓겨난 것은 담배보다 훨씬 오래전이다.

〈담배, 술, 욕〉을 입에 담지 않는 드라마는 얼마나 얌전하고 순한가. '알코올, 니코친, 쌍소리' -이렇게 편리한 보조 장치와 전달 도구를 잃어버린 드라마는 표현의 범주, 표정의 범위가 한결 좁아졌다. 다름 아닌 텔레비전 드라마이기 때문이다.

1-6 근친상간과 동성애 드라마- '아직은 아니야'

근친상간과 동성애, 둘은 일본과 미국에서 건너 온 코드다.

"인간관계의 모든 언행이 드라마의 소재" 라는 달콤한 대중 영합주의에 자칫 함몰하기 쉬운 아이템이다.

버린 딸을 나중에 며느리로 맞게 되는 과정을 그린 2005년 SBS의 주말극 〈하늘이시여〉(임성한 극본, 이영희 연출)는 주인공의 의붓아들과 전남편을 통해서 낳은 딸이 결혼하게 된다는 설정이다.

2005년 MBC 주말극 〈사랑의 찬가〉는 10살 연상의 이모 수정(김민)과 조카 강혁(김지훈)의 사랑으로 논란에 휘말렸다. 홍두식(이주현)은 자신의 복수를 위해 두 남녀를 끌어들인다. 하나는 여동생 수정, 그리고 외조카 강혁으로 두 사람을 의도적으로 접근시켜 연인관계로 발전시킨다. 한 사내의 복수극에 조카와 여동생의 사랑을 이용한다는 막가파 식의 설정에 많은 시청자들의 항의가 이어졌다. 그런데 수정이 실은 '입양 여동생'인 만큼 혈연관계가 아님을 밝히면서 근친상간에 대한 도덕적 비난을 슬그머니 피해갔다.

2005년 SBS 주말극 〈그 여름의 태풍〉은 남매간의 사랑이다. 여주인공 수민(정다빈)은 청소년 시절을 미국 유학에서 보낸 제임스(이재황)와 연인 사이다. 친부(노주현)의 전처(이효춘)에서 낳은 수민, 후처(장미희)에서 낳은 자식 간의 출생비밀이 밝혀지면서 이미 남매간에 연정이 깊어진 인륜파괴를 에둘러 암시하고 있다.

2007년 KBS의 주말극 〈행복한 여자〉(박정란 극본, 김종창 연출)는 남자의 계부가 여자의 친부다. 여자 주인공을 버리고 새 장가를 든 아버지는 남자 주인공을 의붓아들로 두었는데, 이 의붓아들의 결혼 상대자가 자신이

버린 친딸이었다. 이런 드라마의 경우, 실제적이진 않더라도 법률상의 근친상간이 성립한다.

근친상간의 설정은 극적 장치와 반전을 유도하여 드라마의 흡인력을 자극하는 수단임은 분명하다. 꼬인 가족사로 인한 천륜의 갈등을 극대화할 수 있어서다. 시청률에 목숨을 건 제작자가 그 유혹을 뿌리치기는 쉽지는 않다. 이런 주제는 다양한 애정구조와 미디어 창을 통해 무시로 감성을 자극하고 있지만 혈연에 민감한 우리 민족성을 감안하면 아직까지 단순한 재밋거리로 받아들이기는 어렵다.

호모, 레즈비언, 게이, 트랜스젠더, 커밍아웃...

호모 또는 레즈비언의 애정행태를 묘사하는 것은 동성애에 대한 사회적 관점을 연성화하고 시청자의 학습효과를 부추긴다. 더불어 드라마 외연의 확장과 신(新)소재주의를 표방하기도 한다. 이런 엽기적인 애정관계는 어디까지나 공서양속과 인륜을 파괴하지 않는 범위 내에서 가능할 것이다.

'며느리가 시어머니 뺨 때리는' 장면이 공영TV에서 방송되어 화제가 된 적이 있다. 제작자의 주장은 드라마의 전개상 어머니가 며느리에게 맞을 짓을 했다는 것이다. 매우 탈 현실적인 설정이다. 이런 역설의 행동이 보편적 가치로 추인받기는 어렵다. 일반 시청자를 지배하는 전통적 정서도 엄연한 '현실'임을 상기할 필요가 있다.

금기를 깨는 것은 숨겨진 욕망을 자극할 수는 있다. 도덕적 외피와 상업논리의 상충을 통해 혼란이 촉발되는 것을 노린다. 그러나 그 충격여파를 흡수할 수 있는 사회적 여과장치와 설득력이 빈약하기 때문에 TV가 남발할 수 있는 소재는 아니다. 더욱이 내공이 부족한 작가들과 시청률 압력에 시달리는 PD들의 돌파구로 이용되는 것은 철저히 감시해야할 부분이다. 요즈음 이런 소재를 취하여 논쟁을 유도하는 것은 드라마계에 극단주의가 만연되고 있는 탓이다.

1960년 흑백영화 〈질투〉는 문정숙과 전계현의 의자매끼리 성애를 다루어 화제를 낳았다. 최초의 동성애 영상작품이었다.

1995년 9월, SBS의 수목극 〈째즈〉(조희 극본, 오종록 연출)는 동성애 코드의 첫 TV드라마로 비극적인 결말을 보였다. 재벌 아들 한재석은 두 남녀의 뜨거운 짝사랑을 받는다. 정혜영은 부잣집에 의도적으로 접근하고 친구 정성환은 동성애로 집착한다. 결국 정혜영은 한재석에 죽임을 당하고 정성환은 그를 보호하기 위해 자신이 살인범임을 자처한다. 두 사람은 수사 압박을 피하지 못해 마침내 동반자살한다. 90년대에 시도한 이 퀴어 드라마(게이 소재)는 매우 생소하고 충격적이었다. 그들의 행적은 죽음으로서 단죄되었고 정성환은 최초의 '동성애 순교자'가 되었다.

동성애 소재 드라마, 조용한 기획, 조심스런 제작

2010년 SBS의 〈인생은 아름다워〉(김수현 극본, 정을영 연출)는 논란 끝에 결국 동성애 장면을 삭제하고 방송했다. 고백 장면은 애절하다.

- 아들(송창의): '저는 동성애자예요.. 여자가 아닌 남자를 좋아해요. 더 이상 거 짓말로 살 수가 없어요, 죄송합니다. 아버지께 말씀드려주세요..'
- 어머니(김해숙): '혼자만으로 힘들었겠다. 네 의도가 어쨌든 나에게 먼저 얘기 해줘서 고맙다. 어떻게 해보자. 아버지하고 의논해 볼게.'
- 아버지(김영철): '이제 어떻게 살자는 게야? 다른 사람들 얘긴 줄 알고 살았 어. 내 집인 줄 몰랐어..'
- 어머니: '우리 걔랑 싸우지 맙시다. 셀 수 없이 죽고 싶었다는데. 그럼 됐어. 여보, 안 그래?'

'만일 댁의 가족 중에 동성애자가 있다면 어떻게 하시겠습니까?'

이 작품은 가족애의 범주에 동성애를 끼워 넣어 방관자 아닌 당사자 입장으로 끌어와 시청자에 이렇게 묻고 있다. 동성애자(의사 송창의와 사진작 가 이상우)의 궁극적 문제를 우리 아들과 식구의 문제로 환치하여 애달픈 몰입을 유도한 것이다.

1995년 MBC베스트극장 〈두 여자의 사랑〉은 이주영, 이승신이 나와 여자끼리 은밀한 사랑을 보였고 1997년 SBS 70분 드라마 〈숙희 정희〉 도 비슷한 설정이었다.

1999년 KBS2의 〈슬픈 유혹〉(노희경 극본, 표민수 연출)은 버젓한 '게이' 드 라마의 출시다. 청년 주진모와 중년 김갑수가 엿보인 키스신은 매우 반 역적이었다. 당시 '세기말에 돌출한 말세기 특집극'이라는 싸늘한 여론 도 일었다. '우리는 사랑이라 했는데 남들은 반역이라 하네..' '내가 남자 를 사랑한 게 아니라 사랑한 사람이 남자였을 뿐..' 이라는 주진모의 대 사가 묘한 여운을 남겼다. 새로운 드라마 장르로 동성애를 부각하려는 의도가 엿보였다.

2000년 MBC의 〈연인들의 점심식사〉는 죽음을 맞이한 남자끼리 사랑의 추억을 묘사한 내용이다. 2002년 KBS2의 드라마시티 〈금지된 사랑〉은 커리어 우먼끼리 동거하면서 '이상한 사이'로 발전하고 〈널 만나고 싶다〉는 선후배격인 이진우와 박민호가 '비정상적 관계'로 변하는 내용을 담았다. 2004년 MBC의 단막극 〈완벽한 룸메이트〉도 환상적인 퀴어 코드로 남자와 애인하고 싶은 한 남자의 행로를 그렸다.

본격 시비논쟁과 공론화―윤은혜 주연 '커피프린스 1호점'

2007년 MBC의 〈커피프린스 1호점〉(이선미 극본, 이윤정 연출)은 남자 행세를 하는 여자(윤은혜)와 정략결혼을 피하기 위해 동성애자를 위장한 남자(공유)의 달콤한 밀당을 그렸다. 실제는 '게이' 관계가 아닌 두 사람은 무늬만 그렇게 가장하고 행동했을 뿐이지 여전히 남과 여로서 이성애를 교차한다. 자신이 깨닫지 못한 극 중 남녀의 실체를 시청자는 이미 알고 보면서 '여성의 남성화(또는 중성화)'를 즐기는 재미와 여흥을 더했다. 동성애의 함정을 교묘히 피해가면서 오히려 윤은혜의 양성적(兩性的)인 매력에 가중치를 두었다. 이 작품은 호모섹슈얼의 관심을 증폭하는 계기가 되어 시청자 게시판을 뜨겁게 달궜다.

2008년 SBS의 사극, 〈바람의 화원〉(이은영 극본, 장태유 연출)은 절세 미녀와 남장(男裝) 여류화가의 사랑을 취급했다. 신윤복(문근영)과 기생(문채원)의 성적 심취는 일견 레즈비언 사랑이지만 이미 남성을 표방한 문근영은 여자 앞에서 자기 정체성의 혼란을 겪는다. 하여 어쩔 수 없는 플라토닉 러브가 된다. 동성애는 시대를 초월한 오묘한 인간애로 그 아름다운 신비감은 남녀경계마저 초월한다는 뜻을 전하고 있다.

2010년 MBC의 16부작 〈개인의 취향〉(이새인 극본, 손형식 연출) '가짜 게이' 이민호와 호기심 많은 여자 손예진이 벌인 엉뚱한 코믹 로맨스다. 여자는 게이를 탐험하고 싶고 남자는 자기 뜻을 이루기 위해 여자에 호응한다. 나중엔 진짜 게이 유승룡이 나타나 주인공에 구혼한다.

제목대로 동성애는 어디까지나 '개인의 취향'이라는 유쾌한 소동 속에 '게이의 생태학'을 무겁지도 가볍지도 않게 느긋이 전개했다.

2011년 KBS2의 〈클럽, 빌리스티의 딸들〉은 본색을 드러낸 작품이다.

50대 최란과 김혜옥, 30대 한고은과 오세정, 10대 여고생 전세연과 안지현 등 세대별 여섯 명 커플이 레즈비언만 출입하는 클럽에 모여 성소수자의 녹록지 않은 삶과 자기내면을 교차한다. 이 작품은 여성 대 여성을 넘어 사람 대 사람으로 발상을 확대하여 억압된 애정행태를 탐구했다. 본래 인간이란 끊임없는 자아 찾기와 더불어 사랑하고 사랑받고, 위로하고 위로받는 존재다. 세상 1500여 종의 동물도 기실은 의식적, 무의식적 동성애 본능을 타고나며 인간도 여기서 자유로울 수 없다는 메시지다.

동성애-아직은 어둡고 싸늘한 대중 반응

〈풍경 1〉

2000년 홍석천은 커밍아웃을 선언했다. 반응은 빛의 속도로 나타났다. 녹화 세 시간 전 패널 출연은 취소되었고 유아프로 〈뽀뽀뽀〉의 고정 출연에서 하차 통보 그리고 영화, 라디오의 모든 출연계약을 파기 당했다. 이후 약 10여 년에 걸쳐 그는 각 프로그램에서 기피대상이었다. 2013년 종편 jtbc의 본격적인 성 담론 토크 쇼인 〈마녀사냥〉에서 그는 물 만난 고기처럼 소수자를 대변하면서 울분을 쏟아냈다.

트랜스젠더 1호 격인 하리수는 '..애 낳을 수 있느냐' '화장실에서 어떤 자세냐' 등 극심한 악플에 시달렸다.

〈풍경 2〉

2012년 9월 6일, '최초의 트랜스젠더의 토크 쇼'를 내걸고 출범한 KBS2의 〈XY그녀〉는 첫 회를 내고 주저앉았다.

신동엽과 홍석천이 사회를 맡은 이 쇼는 '밝은 사회 어머니회'와 '참교육 어머니회' 등 24개 시민단체의 불같은 항의를 받았다. 소위 공영방송이 '한밤중에 성전환자들을 모아놓고 무슨 수작이냐'는 것이다.

교육. 종교계 역시 '무언가 소수자에 대한 긍정적 인식을 심어주고' '시청자에게 막연한 동경심을 조장한다. 특히 청소년 성의식을 왜곡한다' 는 항의였다. 성소수자들의 음성적 측면을 진솔하게 공개함으로써 편견을 없애고 인권을 회복하자는 것이 당초 기획의도였다. 그러나 인권에 대한 고민 없이 반짝 효과만을 위해 트랜스젠더의 용기를 이용한 무모한 짓으로 질타되어 역풍을 맞았다. 프로그램은 중지나 보류가 아닌 폐지로 치달았다. '초장박살'을 당한 셈이다.

〈풍경 3〉

2013년 9월, 영화감독 김조광수와 영화사 대표 김승환 커플의 결혼식장에서 한 기독교 근본주의자가 인분을 투척했다.

두 남자는 서대문구청에 혼인 신고서를 제출했으나 거부당했다. 헌법 36조1항 '혼인은 양성의 평등을 기초로 성립된다'는 조항에 위배 돼서다.

그들은 '모든 국민은 성별에 의해 모든 영역에서 차별을 받지 아니한다'는 헌법 11조를 들어 위헌심판을 청구한 상태다. 법이 문제일까 아니면 국민 정서와 사회 통념이 문제일까?

'동성애는 신이 허락하고 인간이 금지한 사랑이다'

이는 단순한 수사적 의미를 넘어 현대인의 다양한 성 정체성을 인정하고 다양한 시각과 묘사가 공존하는 드라마를 채근하는 소리다.

2007년, 한국인 의식조사 동성애는 '용인돼야 한다, 반대하지 않는다'는 응답이 18%로 나타났다. 그러나 당신의 '사위가 여자'라면, 아니 당신의 '며느리가 남자'라면..의 질문엔 우선 말문부터 막힌다.

2012년 2월, 인권포럼 주최 세미나 '성소수자 운동- TV와 어떻게 만날 것인가'에서는 '우리와 그들'로 나뉘는 이분법적 접근 혹은 흥미위주를 지양하는 것이 미디어의 첫 임무임을 강조했다.

2013년 4월, 사회적 편견을 없애고 성소수자의 인권보장을 위해 상정된 '차별금지법'은 기독교 보수계의 반대로 좌초된 바 있다.

2018년 7월 14일, 시청 광장서 벌어진 19회 '퀴어 퍼레이드'는 반대 시위와 충돌했다. 동성애는 원초적 죄악이자 역천(逆天)이며 변태와 음란, 에이즈 온상이라는 것이다. 그것은 공론화가 될 만큼 금기의 벽이 조금씩 허물어지고 있으나 미디어와 주위의 시선은 여전히 차갑고 따갑다.

동성애는 드라마의 진화, 또는 탈출구가 될 것인가. 아니면 여전히 단막극이나 특집극에서 서식하는 신소재로써 마이너리티 판타지에 그칠 것인가.

1-7 관급 드라마 또는 국책(國策) 드라마의 세월

옛날 흑백TV 시절에 〈새마을 드라마, 대공(對共) 드라마, 국난극복 드라마〉가 있었다. 지금 들으면 다소 생소한 관용어나 썰렁한 '국뽕' 드라마 같지만 드라마 반세기 역사에 그런 뚜렷한 자국이 있었다.

국가 핵심정책을 국민에 설득하고 효율적으로 전달하기 위해 방송사로 하여금 적극 제작토록 했던 계몽극이 이름하여 국책(國策) 드라마다.

시기는 1973년부터 1976년까지 약 4년에 걸친다. 모두 1972년 박정희 대통령의 종신제나 다름없는 유신 선포 이후에 강행되었다.

유신을 반대하는 민청학련 사건과 인혁당 사건이 연달고 다수가 억울하게 희생되었다. 1973년은 1차 석유파동으로 경제가 휘청했다. 1974년 TV수상기는 200만대로 보급률 30%를 돌파했다. 국민소득은 1975년에 겨우 2000달러를 넘어섰다. 정부는 새마을 운동을 정신 축으로 '잘살아 보세'를 구현하기 위해 국민홍보에 따른 체제유지와 사회통합이 절실했다. 관제 드라마는 이래서 탄생했다.

새마을 드라마 : KBS 〈꽃피는 팔도강산〉

이 드라마는 제1의 국정지표인 '조국 근대화'와 '새마을 운동'을 실체화한 작품으로 1974년 4월부터 다음 해 10월 초까지 방송된 일일극이다. 종합 뉴스에 이어 10시까지 20분간 방송, 1년 6개월(398회) 간 롱런했다. 모티브는 스타 시스템과 전국기행 코드를 가미하여 크게 히트한 영화 '팔도강산'(배석인 감독. 1967)에서 비롯되었다. 노부부 김희갑, 황정순을 비롯해 최은희, 김진규, 이민자, 박노식, 신영균, 장동휘 등 톱스타와 현인, 은방울자매, 이은관 등 인기가수들이 대거 출연했다.

영화 제작비는 총 1,800만 원, 1967년 2월 초 국도극장에서 개봉하여 32만의 관객을 동원했다. 제작은 공보부 산하 국립영화제작소였다.

1남 6녀를 둔 한약방의 노부부는 전국 각처에 흩어져 살고 있는 자식들을 만나 공장과 경제개발이 한창인 주요 산업현장을 시찰한다. 발전 현장에 따른 정권 홍보는 자연스럽게 이루어졌다.

'팔도강산'이 개봉한 1967년은 5월에 대통령 선거, 6월에 국회의원 선거를 앞두고 있었다. 야당인 신민당은 '정부 업적을 소개한 영화를 국민들에게 무료로 상영하고 있는 것은 선거법 위반'이라며 상영 중지를 요구했다. 공보부 장관은 '그 제작동기, 내용, 상영 등에 있어 양대 선거와는 전혀 무관하다'고 응수했다. 급기야 중선위 9명의 위원들이 직접 영화를 관람하고 '선거법에 저촉되지 않는다'는 해석을 내리는 일까지 벌어졌다.(1967. 4. 14. 중앙일보)

제2편인 해외 동포들을 소재로 한 '속 팔도강산'(1968)에 이어 '아름다운 팔도강산'(1971), '내일의 팔도강산'(1971), '우리의 팔도강산'(1972) 등 속편이 나왔다. 매번 감독은 바뀌었어도 주연은 줄곧 김희갑, 황정순이었다. 영화 시리즈가 큰 인기를 잇자, 7년 만에 드디어 〈꽃피는 팔도강산〉(윤혁민 극본, 김수동 연출)으로 TV까지 상륙했다.

KBS 역시 질세라 일류 배우들까지 총동원했다. 첫딸 최은희와 장민호 부부를 비롯, 도금봉 박노식, 김용림 황해, 태현실 박근형, 윤소정 문오장, 전양자 오지명, 한혜숙 민지환이 각각 커플로 나왔다.

..에헤야 대헤야! 우리강산 얼씨구, 잘살고 못 사는 게 팔자만은 아니더라...
마음먹기 달렸더라~ 줄줄이 팔도강산 좋구나, 좋다~!
당시 인기가수 최희준의 주제가도 히트했다.

KBS는 인력, 장비, 예산 등 전폭적인 지원을 했다. 정부협력(문공부장관 윤주용)과 왕PD격인 부사장(최창봉), 제작국장(정순일)이 거들었다. 녹화차량 우선 배정, 야외촬영 독점은 물론, 높은 출연료에 새마을 훈장 주선도 약속했다. 때마침 대한항공 유럽노선 개항(1975)은 세계로 뻗는 국력의 상징으로 최초의 해외로케도 했다. 한 주일의 종합 편을 주말에 일괄 재방송했다. 당시 승용차가 드물어 고속도로를 달리는 장면을 찍을 때면 오가는 차가 없어 애를 먹기도 했다. 그럴 때면 경찰이 나서서 차량을 막았다가 한꺼번에 풀어 도로가 승용차로 붐비는 모습을 화면에 담기도 했다. 또 노부부가 울산, 포항 등지의 산업시설을 시찰할 때 아들 내외와 관계자들이 "이게 다 박정희 대통령 각하의 영도력 덕분이 아니냐" 라고 말하는 등 노골적인 장면도 나와 "가장 성공적인 정부 홍보 드라마"로 꼽혔다.

대공(對共)수사극─드라마도 보고 간첩도 잡아라 !

'반공을 국시의 제일로 삼고 지금까지 구호에만 그친 반공태세를 강화한다..' 1961년 5월 16일 박정희 소장이 내놓은 혁명공약의 첫 구절이다. 반공(反共)은 그의 통치의 기본이념이었다.

1950년대 이승만 정권의 '우리는 강철같이 단결하여 공산 침략자를 쳐부수자'는 '우리의 맹세'의 반공정신을 일층 보강한 것이다.

이후 반공 드라마는 1961년 개국한 KBS-TV의 단골 메뉴가 되어왔다. 〈실화극장〉을 주축으로한 반공극은 '국민 드라마'가 되었다.

김강윤 서윤성 윤혁민 김동현 오재호 등 중견 극작가와 박재민 이정훈 이해욱 이남섭 등 당시 고참 연출자가 동원되었고 최무룡 김승호 이민자 박노식 장민호 박근형 문오장 최정훈 태현실 이치우 반효정 홍세미 등 톱 배우들이 줄줄이 나와 월요일 붙박이로 장기간 자리했다. 〈팔도강산〉처럼 출연을 함부로 거절할 수 없던 시절이었다.

1974년 광복절에 육영수 여사의 피격, 75년 베트남 종전, 민방위 창설 등 국내외 정세 변화에 따라 정부가 국가안보를 최우선의 과제로 삼게 되자 TV에서도 반공드라마가 더욱 적극성을 띠게 되었다. 74년 9월, KBS가 조총련과 만경봉호를 무대로 암약하는 간첩을 묘사한 〈조총련〉을 일일극으로 편성하여 장수드라마인 〈실화극장〉의 역할을 대신했고 〈노동당〉, 〈대동강〉이 그 뒤를 이었다.

한편 75년 6월 29일 첫 방송을 낸 〈전우〉가 시청자의 호응을 얻으면서 '전투 드라마'라는 새 포맷을 만들어 냈다.

대공 수사극은 '간첩 잡는 드라마'다. 공산 간첩의 만행과 불온세력의 실체를 폭로하여 색출을 유도하고 신고정신을 높이는 국민 캠페인도 겸했다. 그런 목적이 확실한 만큼 단순한 반공 드라마와 구분된다.

MBC는 1973년 10월에 대공 수사극 〈113수사본부〉를 신설하여 토요일에 편성했다. 기존의 일요 수사극 〈수사반장〉과 쌍벽을 이루어 83년까지 방송했다. 113은 간첩신고 전화번호였다.

소재와 자료는 당시 중앙정보부(국정원 전신) 대공 부서에서 제공했다.

탤런트 전운 오지명 백일섭 정욱 송재호 노영국 변희봉이 대공수사관으로 고정하고 여수사관 김영아, 권미희도 배치했다.

TBC는 1973년 주간 단위로 〈특명7호〉〈아!유치산〉〈탈출〉〈운명〉 등 반공 시리즈를 방송해오다가 1975년 10월 개편을 맞아 본격적인 대공 드라마 〈추적〉을 신설, 언론통폐합 직전 1980년 11월까지 방송했다. 이낙훈 장용 홍성우가 수사관으로 분하여 역시 간첩수사 실화를 엮었다.

'패밀리 아워' 설정과 국난극복, 민족정기 고취 드라마

'가족시청 시간대'(family viewing time)는 미국 각 방송사들이 합의하여 오후 7~9시대까지를 전 가족이 시청하기에 적합한 프로그램만 방송하도록 한 제도다. 미국 FCC(연방통신위원회)와 네트워크 책임자 간의 합의를 거쳐 특히 TV의 과다한 폭력, 섹스, 저속한 장면의 사회적 책임을 자각하는 데에서 생겨났다. 1975년에 NAB(전미방송협회)의 규정으로 채택되어 76년부터 시행되었다.

이것은 우리 TV정책에 '최상의 선진국 제도'로 즉각 도입되어 방송계도 세칭 '가족시간대'(오후 7시~9시30분)를 설정했다.

이 지침에 따라 각 방송사들은 밤 9시30분까지(월~금)의 2시간 30분간을 '패밀리 아워'로 정하고 가족들이 함께 시청할 수 있는 '건전한 프로그램'을 편성했다. 일반 드라마와 연예오락 방송은 심야로 밀려났다. TBC, MBC 양 민방의 하루 4편씩 난립한 일일극 과열이 지탄의 대상이 되어 강력조치를 당한 것이다. 정부는 1976년 4월 봄 개편에서 가족시간 대에 민족정기를 앙양하고 민족사관을 정립하는 내용, 또는 국난극복의 주인공을 묘사하는 드라마를 강권했다.

KBS는 75년도 일요사극은 〈삼국통일〉에 이어 76년 4월 〈황희정승〉을 방송했다. 77년 4월부터는 일요사극 〈맥〉을 신설하여 역사상 유명한 인물의 생애 2~4회 전후로 묘사했다. 장영실, 윤선도, 김구, 조만식, 윤동주, 동학 최형우, 독립투사 이동녕 등이 여기를 통해 나왔다. 신사임당, 이율곡, 조식, 원효대사 등 조선시대 인물도 올렸고 윤심덕, 방정환, 이상, 이중섭, 김대건, 남궁억, 우장춘 등 근대인물을 포함한 이 시리즈는 82년 가을까지 계속했다.

1976년 4월, MBC는 고려 말 화약 발명자 최무선을 내세워 민족의 우수성을 고양하는 45회 일일극 〈예성강〉을 첫 작품으로 냈다. 이어 효종 때 명장 이완 장군의 북벌활약을 통해 민족정기를 고취한 〈사미인곡〉, 조선후기 인삼 판매상 임상옥의 일대기와 상혼을 부각한 〈거상 임상옥〉,

제주 의협기생 이만덕의 상부상조 정신을 기린 〈정화〉, 임란 때 일본에 끌려간 도공들의 역경을 그린 〈타국〉을 차례로 방송했다.

　　TBC는 대원군 때 신병기 제조를 위해 청춘을 바친 군상을 묘사한 '풍운백년' 시리즈 제1화로 〈횃불〉을 비롯, 개화기 두 집안을 중심으로 시대적인 고뇌를 그린 〈젊은 그들〉 등을 방송했다. 이 '정책사극'은 역사에 내재된 민족의식을 국민통합과 결속이라는 이데올로기로 연결한 것이다. 그 시절, 정부는 드라마의 힘을 빌려 국민계도와 안보정신, 역사의식을 높이는 1석3조의 효과를 노렸다. 관치(官治)시대의 '드라마 사용법'에 의한 3대 관제(官制) 드라마는 한동안 위세를 떨쳤다. 모두 40여 년 전의 일이다.

제2장

드라마 수난사는
곧 인간사

드라마 수난사는 곧 인간사

2-1 전두환 닮은 죄, 박정희 닮은 덕, 엇갈린 8인 8색

전두환, 이순자 부부는 재임 7년 간 드라마에 모진 시련을 안겨주었다.

전두환을 판박이로 닮은 탤런트 박용식은 5공화국 출범 이후 TV화면에서 완전히 퇴출됐다. 그의 두상과 얼굴이 대통령과 너무 흡사한 것이 탈이었다. 말하자면 '선천성 유사 죄'에 해당한 것이다.

'순자야 문 열어라..' 정다운 이름 '순자'도 역 중 인물의 이름에서 완전히 사라졌다. 영부인의 이름을 함부로 쓰게 되면 '후천성 불경 죄'다.

'닮은 죄인'은 기가 막혔지만 어느 누구에게도 하소연할 수 없었다. 그는 장사꾼으로 전전하며 생계를 꾸리다가 전 대통령의 퇴임 후 1988년에서야 '희대의 면죄부'를 받고 복귀했다. 전두환은 그를 불러 '본의 아닌 불가피성'을 위로하고 금일봉을 하사했다는 소식이다. 이후 전 대통령 역의 1순위 캐스팅은 그의 차지가 되었다.

– 이와 정반대로 박정희 대통령을 닮은 덕을 고스란히 본 세 사람이 있었다. MBC의 '공화국 시리즈'(1공화국~5공화국)에서 차례로 등장한 이진수, 이창환, 독고영재다. 그들은 각종 뉴스와 영상자료를 통해 나름대로 박대통령의 언행과 화법을 관찰하고 동일화 연기에 전심했다. 연극배우인 이진수는 박

통의 썬그라스 연기에 진수를 보였고, 두 번째 이창환은 연기생활 17년 만에 박정희로 거듭나 무명에서 벗어났다. 1995년 SBS 〈코리아게이트〉의 독고영재는 부드러운 카리스마로 무늬를 달리했다.

– 최불암은 어디 가나 경찰관의 거수경례를 받았다. 도로에서, 지방에서도 최불암은 틀림없는 전국구 경찰 반장이었다. 18년이나 계속된 장수드라마 〈수사반장〉은 허구와 실제의 경계를 무너뜨렸다. 명실공히 수사반장이 된 그는 명예 경찰 자격도 받았다.

〈이영후와 백범 김구〉

'나 이영후는 백범 김구다.'

〈제1공화국〉(1981~82, MBC)의 대본을 받고 나니 김구 역할이 큰 호랑이처럼 느껴졌다. 판화가 이철수 씨가 그린 김구의 모습은 마치 이영후를 빼다 박았다고 했다. 그만큼 김구를 닮아 있었다. 최불암의 이승만 대통령 역은 김구에 가려 조연처럼 보일 정도였다.

백범일지를 탐독했다. 그의 민족애와 국가관을 연구하고 똑같이 행동하고 고뇌했다. 시청자의 신뢰가 높아질수록 한 동작, 한 마디에 열 번씩 생각을 거듭하며 김구를 살려냈다. 목사님은 '우리 교회에 김구 선생님이 오셨다..'고 몇 번씩 치켜세웠다. 고인의 영광을 가리는 것 같아 송구스러웠다. 여기저기서 대접을 받을 때마다 두려워서 조심하고 삼갔다. 치열한 노력과 경건한 열정을 모두 쏟은 덕분에 드라마는 성공했다.

문제는 그 뒤에 터졌다. 후속 드라마 출연 교섭이 들어오지 않아서였다. 김구 이미지가 너무 강하게 작용한 탓이었다. 드라마는 끝났어도 그는 여전히 김구였다. 거목의 그림자는 쉬이 지워지지 않았다. 해방 전후의 건국사를 그린 〈여명의 그날〉(1990,KBS)의 김구 역은 '묻지 마' 당연 배역으로 다시 그에 돌아왔다. 정치드라마 '공화국 시리즈'에서 수경사령관 장태완, 보안사령관 강창성 역을 맡아 매번 대통령과 척을 지는 올곧은 캐릭터의 맥을 이었다. 대학 교단에 서면 백범의 철학으로 화두를 트곤했다. 2007년엔 '고액권 화폐 도안에 김구 선생 모시기' 서명 캠페인에 앞장섰다. 운명이었다.

'나는 지금도 김구다...' 이영후(78) 장로의 고백이다.

〈정진과 한명회〉

'못생겨서 죄송합니다..'는 코미디언 이주일의 유명한 세리프였다.

'못생겨서 감사합니다..'는 이에 상반된 정진(1941년생)의 진심이었다. 연기 입문 20년, 단역에만 맴돌던 그에게 '한명회'는 큰 별 구세주였다.

조선왕조 5백 년 시리즈 3화 〈설중매〉(1984~85, MBC)는 한명회를 위한 독무대였고 그를 벼락스타로 만들어 주었다.

칠삭둥이 한명회는 '짜다 만 행주'처럼 못생겼지만 지략이 출중하여 수양대군을 보위에 올리는데 결정적인 역할을 한 인물이다. 당시 전두환 정권 하에서는 껄끄러운 수양보다는 한명회에 몽땅 꽂혔다. 군인들의 취침시간을 드라마 끝난 뒤로 미뤘다는 소문도 들렸다.

그때 나이 44살, 드라마 인기 덕분에 찢어진 가난을 벗고 인천에 소극장을 꾸릴 정도가 됐다. 14개월(105회) 동안 '못 생긴 덕'을 독특히 본 것이다. 아예 정진이란 이름은 사라지고 '한명회'로 통했다. 이후 여러 사극에서 한명회 역은 이덕화, 주호성, 최종원이 두루 했다. 불만이었다.

'잘 생긴 사람들이 한명회 역을 하면 못 생긴 사람은 뭘 먹고 사나..?'

〈김병기와 김정일〉

'얘! 그 사람 김정일„'

그랬다. 탤런트 김병기는 없고 김정일만 남았다.

KBS의 〈지금 평양에선〉(김동현 극본, 하강일 연출)은 1982년에서 85년까지 3년째 지속한 최장수 반공 드라마였다. 주인공 김정일 역은 34살의 '듣보잡' 김병기가 맡았다. 1969년 KBS 8기 탤런트로 입문한 그는 13년간의 찬밥신세를 면하고 완연한 김정일로 변신했다. 시종 안하무인의 독재자 역이 내키지 않았지만 아내의 설득으로 천재일우의 기회를 살렸다. 철의 장막 속에서 유아독존으로 날뛰는 망나니 왕세자의 모습을 온몸으로 표현했다.

그런데 반응은 엉뚱했다. 젊은 층, 특히 여성 시청자들에게 김의 거침 없는 언행이 화끈하고 시원스럽게 비쳐졌고 때로는 매력적으로 보였다.

기획의도를 크게 빗나간 반응에 전두환 정권은 당황했다. 캐릭터 방향을 고쳐 그의 포악성을 드러내고 여성편력을 폭로하는 쪽으로 급선회했다. 곱슬머리, 금테의 안경, 카키색 인민복 차림의 김정일은 매회 사이코패스처럼 날뛰기 시작했다. 김병기는 숨을 토하고 침을 튀기는 열연을 몰아쳤다. 대본은 연기패턴과 액션 방향을 나름대로 적어놓은 새카만 글씨로 가득했다. 그리고 읽고 또 보고, 만지고 넘겨서 너덜거렸다.

　비중과 인기에 비해 출연료는 쥐꼬리였다. 방송사 사장실에 수차례 찾아가 설파한 덕분에 세 등급이 뛰었다. 그간 받은 출연료는 5천만 원쯤 되었다. 아파트 두 채 값이었다. 모두 동료, 스탭들과의 회식비로 날렸지만 후회는 없었다.

　인기 드라마의 전리품격인 광고 출연 요청을 느긋이 기다렸다. 멋진 CF 모델로 거듭 나리...! 그러나 웬일인가. 단 한 건의 요청도 없었다.

　'어떤 미친 광고주가 김정일을 앞세워 광고를 하겠느냐..'

　아뿔사, 난 김정일이지, 아! 이게 김정일의 저주인가? 실감 난 순간이었다. 2011년 말, 북한 김정일은 심장마비로 죽었지만 남한의 김정일은 건재했다. 환갑 전에 떠난 아버지 임종을 못 한 것이 지금껏 한이었다. 그날 내린 역수 같은 비만큼 눈물을 흘렸다. 의사를 바랐던 아버지 뜻과 달리 연기자로 몸을 사르고 김정일이 되었다. 아버지는 뭐라 하실까?

　'나는 50년 차 영원한 아마추어 배우다' 평생 연기자로서 그의 신조다. 겹치기 출연은 한사코 배제했다. 한 작품, 한 배역에 전심 몰입하고 집중하기 위해서다. 변함없는 '마이 웨이'다.

〈전광렬과 허준〉

'허준'은 그저 오지 않았다.

　대학 전공인 음악보다 연기가 좋아 외도를 시작한 전광렬은 1989년 〈지리산〉에서 나약한 지식인 주인공, 1990년 〈여명의 그날〉에서 김일성

역으로 반짝했지만 그뿐이었다. 연기생활 15년째, 서른세 살이 넘도록 무명생활을 전전했다. 1993년, 닥치고 속연을 벗어나 경기도 산속의 한 암자에 들어 수도자가 되었다.

'나는 할 수 있다..'를 홀로 수없이 되뇌었다. 알몸으로 영하 추위를 견디면서도 '나는 할 수 있다..'를 읊조렸다. 5개월 후 하산했다. 어쩌다 괜찮은 역이 있었지만 여전히 '단골 조연'이었다. 6년 후 1999년에 마침내 동의보감의 〈허준〉(1999~2000. MBC)이 그를 불러냈다. 그나마 손창민, 차인표가 여의치 않아 세 번째 후보로 돌아온 배역이었다.

"허준에 뼈를 묻겠다"
그는 혼신을 쏟았다. 한 회분 녹화 후면 소변 색이 붉게 변할 정도였다. 그는 촬영기간 내내 하루 3시간밖에 자지 못했지만 짜증 한번 내지 않았다. 〈허준〉 대본을 베고 잤고, 허준처럼 말하며, 허준처럼 행동했다. 허준보다 더 허준 같은 전광렬이 없었다면 드라마 허준은 그처럼 사랑을 받지 못했을 것이다. 배즙 효과를 말하면 배가 불티났고 매실 처방을 말하면 매실이 동났다. 그의 말은 그대로 한방 처방이 되어 전국에 즉각 먹혀들었다. 그가 죽어 나가는 날, 촬영지 하동에서는 궂은비가 뿌렸다. 상여 뒤를 다희와 임오근, 의녀 홍춘, 함안댁, 내의원들이 눈물을 흘리며 따라갔다. 부근에서 구경하던 한 촌로가 안타깝다는 듯 말했다.

'..참 아까운 사람 죽었구먼,,'
그랬다. 허준은 400년 전의 고인이 아니라 오늘을 살아가는 실 인물이었다. 전광렬은 허준이고 허준이 전광렬이었다. 경희대에서 명예 한의

학 박사를 수여했다. 각종 제약, 각종 보험, 건강식품, 상조회사... 밀려든 광고 요청은 모두 허준의 후광효과였다.

흑백TV 시절부터 30여 년간 나타난 허준 역은 김무생(1975), 이순재(영화,1976), 서인석(1991), 김주혁(2013), 윤시윤(2016)으로 이어졌지만 화신(化身)형인 전광렬을 덮지는 못했다. 2002년 〈장희빈〉에서 숙종 역, 2004년 〈영웅시대〉에서 국대호 역(삼성의 이병철), 2006년 〈주몽〉의 금와왕 역까지도 허준의 이미지를 연장하는 듯했다.

9년 후, 그는 허준의 허물을 벗어내고 전혀 딴사람이 되었다.

2009년 〈태양을 삼켜라〉에서 검은돈으로 치부한 장민호 회장으로 행세하면서 변신했다. 2012년 〈빛과 그림자〉에서의 탐욕자 장철환 의원 역에서 그의 냉혹한 카리스마를 솟아냈다. 2017년 〈마녀의 법정〉에서는 악독한 공안형사 역으로 변하더니 요샌 아예 비열한 재벌의 아이콘이 되어버렸다. 영원한 휴머니스트이자 민초의 구원자였던 허준 전광렬의 두 얼굴은 이렇게 양극화된 인생유전을 보이고 있다.

〈유인촌과 이명박〉

이명박(MB)은 고려대 경영학과에 재학 중, 굴욕적인 한일 국교 회담에 반대시위로 투옥되어 3년 징역을 받고 6개월 복역했다. 1965년 평사원으로 현대건설에 입사, 5년 만인 29세에 임원, 10년째에 부사장, 12년 만에 사장, 23년 만에 회장이 되었다. 이 대목은 1991년 KBS의 〈야망의 전설〉에서 고스란히 극화된다. 대한건설에 취직해 월남과 중동 진출, 고속도로와 조선소 건설 등 굵직한 국책사업을 주도하고, 큰 그룹으로 성장하는 과정은 한눈에 봐도 '현대그룹'의 그것과 흡사했고 주인공 박형섭은 이명박(현대그룹 회장)의 초고속 출세 행적을 판 박은 듯 밟아나갔다.

MBC 전속의 울타리를 벗어나 마흔 살에 처음 KBS 주말극의 주역을 맡은 유인촌은 물실호기의 자세로 전심전력했다. 100부를 관통한 몰입연기가 각별했고 내뿜는 카리스마도 빛을 발했다. 이를 통해 MB는 1995년 '신화는 없다'라는 책을 출간하고 2000년 서울시장이 되는 데 밑거름이 됐다.

드라마 인연으로 유인촌은 서울문화재단 이사장직을 맡으며 2008년 17대 대통령 선거에서 MB에 전폭적인 지지를 보냈다. 정동영 후보를 500만 넘는 표 차로 당선된 MB는 유인촌을 문화체육부 장관에 임명했다. 유 장관은 MB 정부의 '홍위병' 소리를 들었다. 그 외길 충성 때문에 문화.예술인들에게도 지독히 욕도 많이 먹었다.

'이제 정치는 하지 않겠다…'며 제 자리로 돌아온 유인촌은 KBS의 〈역사스페셜〉〈신화창조의 비밀〉등 옛 교양프로의 진행 경력을 살려 탄탄한 해설가로 변신했고 다년간 OBS 〈명불허전〉의 MC로 활약했다.

2018년 3월 15일 새벽, 21시간의 검찰 조사를 받고 나온 MB를 맞아 귀갓길을 함께 하는 남다른 의리도 보였다. 〈운동권 학생-샐러리맨 신화-서울시장-대통령-뇌물 피의자〉로 이어진 MB의 77년 생애는 그대로 '영욕의 세월'이었다. 30년을 헤아리는 옛 주군과의 '꽃길' 인연은 끝나고 이젠 '가시밭길'이 어른거린다.

2-2 〈대장금〉수출 10년, '이영애' 송사 10년

"한국과 중국을 비롯한 아시아 국가에서, 이영애 초상에 대한 사용권을 보유하고 있다고 주장을 하는 개인 및 회사와 계약을 체결하여 피해를 보는 사례가 빈번히 발생하고 있습니다. 특히 한국에서는 최근까지 이영애의 초상을 불법적으로 사용하다가 적발된 사례가 수십 건에 달하고 해당 업체들은 결국 판매금지 가처분 소송, 손해배상 소송 등에서 모두 패소하였으며, 현재도 이와 관련한 분쟁이 지속적으로 일어나고 있습니다. 따라서 향후 이영애 초상 사용에 대한 권리를 보유하고 있다는 개인 및 회사와 계약을 체결하고자 하는 경우에는 필히 이영애의 법률대리를 전담하고 있는 저희 법무법인을 통해 사전에 확인하시어 위와 같은 피해를 입는 일이 없도록 유의하시기 바랍니다."

* 법무법인 〈다담〉, 담당 변호사 손O봉, 안O경 전화 02-501-5XXX

이상은 2016년 1월 18일 자 한 일간지에 실린 5단 12센티 크기의 광고 전문이다. 탤런트 이영애 법무법인 다담이 '대장금'과 관련한 초상권 사용에 대해 각별한 주의를 당부한 경고문이다.

'이영애(대장금) 초상 사용권에 대하여 알려 드립니다'의 큰 제목하에 실린 이 글은 이번이 처음이 아니다. 이미 2년 전인 2014년 3월 말 일간지에도 같은 제목하에 광고문이 실린 적이 있었다.

도장위조, 이중양도 등...남발된 대장금 초상권

해당 광고에 밝힌 몇 가지 사실과 배경을 요약하면 다음과 같다.

- 드라마 '대장금'이 세계 90여개국에서 인기리에 방영된 이래, 한국과 중국을 비롯한 아시아 국가에서 이영애의 매니저 또는 대리인을 사칭한 자들이 위조된 도장으로 초상권 사용 계약을 체결하고 금원을 챙기는 사례가 빈번히 발생했다.

- 현재까지 적발된 사례가 수십 건에 달했으며 각종 업체들이 대리인을 사칭한 자와 초상권 사용 계약을 체결해 피해를 입었다. 최근 한국에서도 김치, 김, 초콜릿, 홍삼 등을 제조, 판매하는 업체들이 이영애의 대리인을 사칭한 자와 계약을 체결해 피해를 입었다.

- 이영애는 '대장금 사업'이라는 명목으로는 한 건의 계약을 체결한 사실이 없고, 관련 소송의 당사자도 아니다. 최근 소량의 페녹시에탄올과 은이 검출된 유아용 화장품 메이커와도 더 이상 관여하지 않는다.

결국 이영애 측이 초상권 등과 관련해 잇따라 소송과 구설에 오르자 법무법인(다담)에 일임하여 상호간 피해가 없도록 명확한 입장을 밝힌 것이다. 2016년 새해 벽두에 대장금(이영애)의 '명예훼손 소송 패소' 소식이 들려왔다. 서울지법 민사합의 14부는 '리예스'(이영애 초상권 관리 사업체 명)가 경기도 양평 소재 '대장금 수라간' 식당사업의 부지 소유주 0모씨를 상대로 제기한 9천만 원의 손해배상 청구 항소에서 원고 패소 판결했다. 0씨는 2014년 8월, 이영애, 정모씨 부부를 사기혐의로 고소했다.

부부가 '대장금 수라간 카페사업'을 함께 하자며 자신의 토지 1136평

및 건물을 넘겨받은 뒤 8개월 이상 아무런 사업을 하지 않았고 현재도 부동산을 점유한 채 돌려주지 않아 결국 고소장을 내게 됐다고 밝혔다. 그동안 양측 사이에 오간 민·형사 소송은 9건이다.

0씨는 2012년 10월 리예스 측을 만나 자기 땅을 무상으로 빌려주고 이영애의 초상권을 이용한 '대장금 수라간 사업'(카페·음식점,비누공장 등)수익에 대해 30%를 받기로 협약했다. 리예스는 임차보증금 5천만 원을 0씨에게 지급하고 토지를 인도받았다.

0씨는 "계약을 맺을 당시엔 전통카페 사업을 진행한다고 들었는데 시간이 지나도 관련 사업은 전혀 진행되지 않았다"며 "2013년 6월에 결국 부동산 공동운영 협약을 해지하자고 통보했다"고 밝혔다. 이에 리예스가 손해배상 청구 소송을 제기하면서 양측 간에 법적 공방이 시작됐다. 리예스는 0씨의 일방적인 계약 해지로 추진 사업이 중단돼 피해를 입었다며 11억원 상당의 손배 소송을 제기(2013년 6월)했고 다음 해 10월 서울중앙지법은 0씨가 이씨 부부에게 3572만원을 배상하라고 판결했다.

더불어 법원은 "협약에 따라 0씨가 부동산을 제공했음에도 약 8개월 동안 아무런 이익을 얻지 못했다"며 "카페·공방·음식점 운영 의무 불이행 및 손익배분 의무 불이행, 계약이행 의사의 불명확성 등을 이유로 협약을 해제한 것에는 정당한 사유가 있다"고 판결했다.

어느 한쪽이 일방적으로 승소하지 못한 셈이다. 이에 리예스 측이 항소를 제기한 중이었다.

이른바 '이영애 김치' 건은 10년 전인 2005년부터 시작된다.

2013년 4월, 식품업체 A사 대표는 서울중앙지검에 이영애를 명예훼손 혐의로 고소했다. 고소장에 따르면 A사는 이영애로부터 초상권 사용을 위임받은 회사와 계약을 맺었으나 이영애가 권리가 없는 회사와 계약했다고 주장해 명예 훼손을 당했다는 것이다.

다담(이영애 측 법무법인)에 따르면, 이영애는 이미 2005년부터 2011년까지 B사와 '대장금 초상권' 계약을 맺었다. 그런데 B사는 이영애의 동의 없이 도장을 위조해 C사와 사용권 양도계약을 체결했다. C사는 다시 A사와 2011년 7월 초상권 사용계약을 체결하고 5천만 원의 로열티 선급금을 챙겼다.

이후 A사는 '이영애 김치'를 만들어 인터넷 쇼핑몰에서 판매하기 시작했다. 이를 발견한 이영애 측은 2012년 3월 초상권 사용을 중지하라는 내용증명을 보냈다. 그럼에도 김치 판매를 계속했다.

사용중지 요청과 관련해 A사는 2013년 7월 다담에 내용증명을 발송, "B사와 C사간에 체결된 계약서에 날인된 이영애의 도장이 위조됐다 하더라도 이는 이영애 측의 직무유기임으로 인정할 수 없다. C사와 A사가 체결한 계약을 인정하고 초상권 사용 권리에 대한 계약서를 구비해서, 권리이전에 대한 계약을 해줄 것을 요구한다. 그러지 않을 경우 언론에 사실을 발표해 한풀이라도 하겠다." 는 고압적인 태도로 답을 보냈다는 게 다담 측의 설명이다.

이영애의 도장을 위조하여, 초상권 사용위임 대행 계약을 체결한 것이라는 사실을 알면서도 형사 고소한 것은 무고에 해당한다.

다담 측은 "A사와 C사가 맺은 계약은 무효다. 재판부로부터 이영애 초상이 인쇄된 김치제품의 판매금지 가처분 결정을 받아 조용히 법적으로 해결하려 했다. 그러나 A측에서 이미 이영애를 고소하고, 이를 언론에 제보하면서 오히려 이영애의 명예를 훼손했다"고 밝혔다.

2014년 2월에는 천연화장품 메이커인 M사와 모델료 선지급금 3억 원을 둘러싼 반환 소송에 휘말렸다. 이영애 측은 모델로서 의무를 다하려 했으나 업체의 약속 불이행을 지적했다. 즉 M사가 사전에 인지한 화학 방부제나 법률 위반과 관련한 조항을 모두 이행하지 않았기 때문에 모델료를 돌려줄 의무가 없다고 주장했다. M사는 또한 리예스를 상대로 투자금 반환 소송 및 임대차 보증금 반환 소송 등 총 7억원 상당의 민사소송을 제기했다. 또 남편 정씨를 특정경제범죄 배임 혐의와 사기 혐의로 검찰에 고발하고 이씨를 명예훼손과 업무방해 혐의로 고소했다. 이런저런 양측 사이에 진행 중인 민·형사 소송건수는 총 12건에 이르렀다.

한 스포츠 신문사도 이영애 남편 정씨를 사기혐의로 고소했다. 신문사는 "정씨가 2012년 이영애 초상권을 활용해 사업을 함께 하자고 제안해 신문사로부터 투자금 20억 원을 받아갔지만 초상권 공동사업자들과 법적 분쟁을 일으키는 등 정상적인 사업은 하지 않고 투자금을 가로챘다"고 주장했다. 이에 다담 측은 '정씨가 신문사에 이영애 초상권을 활용한 사업을 제안한 사실이 없고 20억을 가로채거나 사적으로 사용한 사실도 없다'는 해명자료를 배포하며 반박했다. 정씨는 신문사의 보도와 관련해 서울지법에 5억원 상당의 손해배상을 제기하며 맞불을 놓았다. 이렇게 양측 사이에 오간 민·형사 소송은 5건이었다.

초상권 둘러싼 민·형사 소송 30건 넘어

대장금 사업과 관련해서 리예스 측이 개별적 아닌 일괄 법인 차원으로 대응하자 민·형사 소송을 제기한 사업자들은 '이영애 초상권 사업 피해자 대책협의회'(가칭)를 꾸려 공동 맞대응에 나섰다.

2015년 1월에 열린 대책협의회 모임에서는 '피해업체들이 공동명의로 이영애 부부를 사기혐의로 고소해야한다' 고 맞서 양측을 대표한 법인 대 단체 간의 본격 송사가 가열되었다. '시사저널' 취재 결과 2015년 1월 현재 이영애 초상권 사업을 둘러싸고 진행된 쌍방 간 소송 건수는 총 30건에 달하는 것으로 확인됐다. 전문가들은 연예인들이 각종 송사에 휘말리는 일이 끊임없이 일어나는 것은 미래가 불안정한 직업상의 특성, 그리고 안정적인 수입을 위해 사업을 벌이거나 큰 돈을 투자하는 일이 흔하기 때문이라고 말한다. 실제 많은 연예인들이 엔터테인먼트, 패션, 외식, 쇼핑몰, 부동산 투자 등 다양한 방법으로 재테크를 하고 있다. 한 연예기획사 대표는 사기혐의로 피소된 이유는 각기 다르지만, 다수 연예인이 비즈니스 경험 부족으로 성공사례가 많지 않고 송사에 휘말리는 일이 잦다고 설명한다.

연예인의 인기란 하나의 권리자 권력이다. 광고출연 건수와 액수는 인기의 바로미터자 자존심이다. 그 아우라를 사적 이익이나 수단으로 활용하는 것은 자본주의 대중사회에서는 불가피한 일면이다. 게다가 인기란 거품 같아서 후일을 보장할 수 없다. '있을 때 벌고, 잘 나갈 때 챙겨..' 심리가 작동한다. 이 유혹에 자유로운 연예인은 거의 없을 것이다.

이영애는 〈대장금〉의 어의녀, 궁중 수라상 셰프의 이미지만 살려도 화장품, 세제, 제약, 식품, 음료, 패션, 요식업, 서비스 업종까지 러브 콜이 가능한 전천후 모델이 된다. 더불어 20대부터 50대까지 모든 여성들의 워너비가 된다. 최근 광고 '솔가 에스터C'는 일명 '이영애 비타민'으로 큰 인기를 끌면서 전년 대비 판매량이 4배 이상 늘었다.

그래선지 그녀의 밀당 송사는 전례가 없는 흔적을 남겼다.

우선 일간지에 두 번씩이나 경고 광고를 내고 이에 따른 후속 보도를 유도한 점, 부부 사업체와 법무법인을 양축으로 내세워 본격적인 사업보호에 나선 점, 30건에 달하는 고소와 맞고소, 소송 상대자들이 협의체를 결성하여 집단행동한 점, 그리고 관련 송사가 10년을 끈 점이다.

'대장금'의 중년은 이렇게 '송사 바이러스'에 신음했다. 긴 송사에 승자 없다. 이런 일에 연예인은 개인대응보다 법적으로 대응해야 하는 교훈을 남긴다. 총 54부작 〈대장금〉(2003.9~2004.3)은 MBC 방송 후, 10년 동안에 91개국에 수출했다. 글로벌 한류의 아이콘으로 국격을 높였고 고매한 인간가치의 화신으로 만인의 사랑을 받았다. 그것은 이제 MBC 것도, 이영애 것도 아니다. '대장금'은 그 자체로 만 우리가 자랑스럽게 공유하는 국민적 자산이자 지켜야 할 유형무형의 문화재다.

호사다마(好事多魔)일까. 그녀는 초상권 사업을 둘러싸고 분쟁에 휘말렸다. 스타 마케팅 과정에서 발생한 전형적인 함정과 역풍을 피해 가지 못한 것이다. 천석꾼은 천 가지를 고민하고 만석꾼은 만 가지 걱정을 단다. 이름값, 얼굴값이 높아진 〈대장금〉 10년의 영광과 더불어 어두운 그림자도 10년을 따라가고 있다.

'대장금'은 영원해야 한다. 보존가치보다 상업가치를 우선할 수는 없다. 한류 스타의 이미지 훼손은 자칫 국가적 손실로 이어질 수 있다. 이런저런 공방전은 국민적 성원과 시청자들이 만들어준 공적가치를 자꾸 무너뜨리는 것 같아 씁쓸한 느낌마저 든다. 당사자가 누구든 더 이상의 이전투구와 배은망덕이 없기 바란다.

2-3 미투(Me too)에 걸린 탤런트들의 곤혹사

2016년 5월, 개그맨 유상무(36)가 모텔에서 20대 여성을 성폭행한 혐의로 경찰에 고소됐다. 우연일까? 이때부터 두 달 동안 여섯 명의 연예인들이 줄줄이 성범죄 논란에 휘말렸다.

탤런트 박유천(30)은 유흥주점과 주거지에서 20대 여성 4명을 성폭행, 성매매 혐의로 입건되었다. 가수 이주노(48)는 클럽서 20대 여성 2명을 강제 추행한 혐의를 받고 경찰에 소환되었다.

배우 이민기(31)는 4개월 전 나이트클럽서 성폭행 혐의로 경찰 조사를 받은 사실이 뒤늦게 보도됐다. 박유천 사건이 떠들썩했던 7월 중순, 배우 이진욱(35)이 30대 여자의 집에서 성폭행한 혐의로 불려갔다.

이윽고 7월 말에 탤런트 엄태웅(42)사건이 터졌다. 성남시 분당의 한 마사지 업소에서 여종업원 A씨(30)를 성폭행한 혐의다. 당시 A씨는 여기저기서 3천300만 원을 가로챈 사기혐의자임이 밝혀졌다. 한편 출국금지(CF 해외촬영)까지 당한 이진욱은 11시간 조사를 받으면서 '합의된 성관계'라고 주장하고 대화 내용을 증거로 제시하며 무고로 맞고소했다. 반면 고소 여성은 지인 소개로 함께 저녁을 먹은 뒤 밤늦게 집에서 당했다며 연인관계는 아니며 상해 진단서를 추가 증거로 제출했다. 이진욱은 "얼굴이 알려졌다는 이유만으로 무고하는 것은 사람을 너무 쉽게 보는 것으로" 분개했다.

박유천과 이진욱은 무혐의 처분을 받았지만 오히려 상처는 크게 남았다. 특히 박은 강남구청의 공익요원으로 복무 중인 점과 폭행이 모두 화장실에서 이뤄진 점이 알려지면서 비난을 더했다. 〈성균관 스캔들〉〈옥탑방 왕세자〉등에서 보인 올곧은 청년 이미지는 한 순간에 날아가 버렸다. 오히려 '화장실 스캔들'과 '화장실 왕세자'로 패러디되었다.

성폭력, 숨기기보다 당당한 공개로 배상요구 추세

전문가들은 "성범죄가 갑자기 늘었다기보다는 피해 여성들과 대중의 반응이 달라진 것"이라고 진단했다.

"과거엔 피해 사실을 누구도 믿어주지 않을 거란 생각을 많이 했지만, 이젠 들리지 않던 목소리들이 밖으로 나오기 시작했다"며 "이 같은 분위기 속에서 피해를 인정받기 어렵던 유흥업소 내 성폭력, 연예인 관련 사건이 터져 나오고 있다"고 풀이했다.(이미경 한국성폭력상담소장)

"성문제가 문화적으로 터부시됐기 때문에 '성폭행'과 '폭행'이 서로 다른 범주로 생각되기도 했다. 하지만 이제는 여성들도 성폭행이 폭행의 일반적 범주에 수용된다고 생각하면서 당당히 피해를 호소하게 됐다"고 분석했다.(김문조 고려대 사회학과 교수)

또한 한 여성이 일방적으로 살해당한 '강남역 사건'이 영향을 미쳤다는 해석도 뒤따랐다. "강남역에 붙은 메모를 보며 여성들이 용기 있게 피해를 얘기하기 시작했다"고 진단했다. 여성들의 적극적인 '피해 고백'을 지켜보며 자신에게 일어난 일을 재해석하고 되돌아보게 됐다는 것이다.(김홍미리 경기대 양성평등센터 강사)

박유천 사건 이후 '이런 것도 이야기하고 문제화할 수 있다'는 걸 알게됐고, 학습효과가 작용해 유명인들에 대한 고소도 적극 이뤄지는 것 같다고 말했다.(범죄학 이창무 중앙대 산업보안학과 교수)

10월엔 문화예술계에서도 터졌다. 소설가 박범신은 여성 편집자에, 시인 박진성은 작가 지망생에, 미술관 큐레이터 함영준은 예술 여대생에게 각각 행한 성희롱과 추행이 드러남으로써 그간 잠재해 온 여러 행태를 암시했다. 그것은 상하관계, 사제관계로서 권력속성에 의해 자행된 약자의 피해였다. 그러나 혼자서 당하고 앓아온 사실을 사회문제로 인식하고 주저 없이 폭로함으로써 말해 봤자 손해뿐인 사실을 이젠 '털고 가는' 변화를 보인 것이다.

전문가들은 이 같은 변화가 성범죄 근절에 도움이 된다고 입을 모았다. 하지만 부작용을 줄이는 일도 함께 논의돼야 한다고 지적했다. 돈 뜯기, 망신주기, 흠결내기를 목적으로 접근하는 '시커먼 유혹'도 적지 않다는 얘기다. 2000년대 들어 성폭행 혐의에 휘말린 연예인들을 상기해 보면 여러 유형의 인간사를 목격하게 된다.

순간 범행 또는 함정에 빠지면 치명적인 대가

〈송사 7년 장기형〉

방송인 겸 사업가인 주병진이 전격 구속되었다. 2000년 11월, 서울 이태원동에서 여대생을 자칭한 강 씨를 추행한 죄다.

고소인은 일행과 어울려 술을 마신 주병진이 '집까지 태워다 주겠다'며 자신을 승용차에 태워 성폭행하고 주먹으로 때렸다고 주장했다.

오랜 추적 끝에 강 씨는 술집 종업원으로 친구와 모의해 자신의 얼굴에 고의로 상처를 낸 사실이 밝혀지면서 8개월 소송 끝에 2002년 7월 무죄 판결이 확정되었다. 주 씨는 자신을 범인으로 몰아간 방송사 PD, 잡지사 기자, 의사, 경찰관 등을 상대로 손해배상을 청구했다. 2007년, 대법원은 고소녀에도 1억 원 배상을 내렸으나 이미 해외로 도피한 뒤였다. 주병진의 7년 송사 과정은 한 방송 프로그램 〈실화극장〉으로 공개되었다. 그러나 본인은 긴 세월 지탄의 눈길에 멍이 들었다.

〈원조교제형, 지망생 폭행형〉

중견배우 송영창은 2000년, 원조교제 사건으로 징역 10월에 집행유예 2년을 선고받았다. 이후 2005년에서야 영화로 복귀했다.

이경영은 2002년, 배우 지망생 10대 여성의 성매매 사건에 휘말렸다. 판결은 징역 10개월, 집행유예 2년, 사회봉사 160시간으로, 중후한 이미지에 타격을 입었다. 이후 영화에서 간간이 보였지만 드라마 출연은 2014년 tvN의 〈미생〉에서 이루어졌다.

박시후는 인기절정 중인 2013년, 22세 연예인 지망생 폭행혐의로 기소 되었다. 양측은 고소와 맞고소를 취하해 사건은 종결되었으나 자숙기간과 후유증은 3년을 넘었다. 2017년에서야 KBS 주말극 〈황금빛 내인생〉으로 돌아왔다.

〈전자(電子) 팔찌형〉

가수 출신 고영욱은 미성년자 3명에게 4회에 걸쳐 상습 성폭행과 성추행을 한 혐의로 2013년 1월 수감됐다. 상고를 통해 판결은 대법원까지 갔지만 결국 2년 6월의 수감 생활을 마치고 출소했다. 그러나 "새로운 마음가짐으로 신중하고 바르게 살도록 노력하겠다"는 소회에도 불구하고 연예인 최초의 전자 팔찌가 부착되었다. 팔찌는 3년 후인 2018년 7월에 풀렸다.

〈동영상 폭로 협박, 거액 요구형〉

톱스타 이병헌은 2014년 9월 '희한한 꼴'을 당했다.

새까만 후배격인 20대 두 연예인에게 '50억 협박사건'을 당한 것이다. 모델 이 모양과 걸그룹 가수 김 모양과 함께 한 술자리에서 건넨 음담패설이 문제였다. 이 장면은 카메라에 고스란히 수록되어 결정적인 증거가 되었고 두 여자는 '무마 흥정'으로 통 크게 50억을 요구했다. 그는 고심 끝에 경찰에 신고했고 협박녀들은 6개월 징역 끝에 집행유예로 마무리되었다. 결혼(배우 이민정) 1년 만의 하룻밤 일탈행위로 1년여 간 국내 활동을 접어야 했다.

〈분노의 팬, 출연 취소형〉

가수 이수(전광철)는 2009년 미성년자 성매매 혐의로 기소되었으나 '초범 기소유예' 처분을 받아 풀려났다. 그러나 누리꾼들의 비난과 분노는 의외로 거셌다. 〈나는 가수다〉에 2위로 입상한 모습은 통편집 되었고 타이틀 롤은 맡은 뮤지컬 연극 〈모차르트〉는 논란 끝에 결국 캐스팅이 취소되었다.

〈36년 만의 폭로, '미투' 연루 탤런트들〉

'미투' 논란은 주로 후배, 문하생, 제자가 폭로하는 형태를 띠면서 선배와 중견 배우들이 치명상을 입었다.

2018년 3월, 상남자 이영하는 '36년 만의 역습'을 당해 난감했다. 미스코리아 출신의 김 모 탤런트는 그에게 당한 옛 악몽을 폭로했다. 최일화는 추행 사실을 자인하고 한국연극배우협회 이사장직도 사임은 물론 MBC 새 드라마 〈손 꼭 잡고, 지는 석양을 바라보자〉의 아버지 역에 하차했다. 조재현은 tvN의 16부작 〈크로스〉의 12부 촬영 중에 사달이 나면서 활동을 접었다. 오달수도 tvN의 〈나의 아저씨〉의 주요 배역을 포기했다. 2007년 MBC의 〈하얀거탑〉에서 변호사로 출연한 최용민은 2018년 2월 재방송되면서 통편집 당했다. 11년 만의 '부관참시' 격이었다. 조민기는 신인 배우 송하늘과 청주대 연극과 졸업생 등 30명이 구체적인 추행 행위를 폭로함으로써 모든 것을 내려놓았다. 그리고 18일 만에 스스로 목숨을 끊었다.

성폭력 여부는 강제성과 자발성 여부가 판단 기준이 된다. 관계 후 대화 내용도 증거가 된다. 가령 남자가 사과하거나 용서를 구하는 내용은 폭행을 자인한 꼴이 된다는 것이다.

예로부터 '배꼽아래 일'은 '쉬쉬'로 숨겼다. '그날 밤의 일'은 날이 새면 없는 것으로 입을 닫아왔다. 이젠 아니다. 햇볕 위로 드러나면 평생 '주홍 글씨'가 되어 따라다닌다.

연예인들은 좋은 타깃이 된다. 범하기도 쉽지만 당하기도 쉽다.

유명도는 반대급부로 작용한다. 꽃뱀에 물리든 마녀사냥의 표적이 되든, 드라마 밖의 스킨십은 함부로 할 일이 못 된다. 인기가 높을수록 함정은 의외로 넓고 깊다. 삐끗한 사생활이나 탈선행위는 불온한 상상력을 부추기는 매스컴들의 '가열찬 먹거리'가 된다. 일단 엮이면 유무죄에 관계없이 예상 밖의 혹독한 대가를 치러야 한다.

2-4 이명박의 '야망의 세월', 육영수의 '엄명의 세월'

MBC 일일극 〈개구리 남편〉(1970)에 불륜의 식탁이 차려졌다. 유부남 과장(최불암)과 신입 여사원(주연)의 빗나간 사랑이 연일 화제에 올랐다. 이른바 직장불륜으로 첫 드라마 상륙이었다.

"테레비에서 저게 무슨 짓들인가!"

청와대 야당격인 육영수 여사의 한마디로 드라마의 운신은 오그라들었다. 당시 TV수상기는 25만대, 세대 당 보급률은 4%를 밑돌아 영화가 아닌 TV극에서 불륜묘사는 충격을 동반하기에 충분했다. 극장에서나 접할 수 있는 '바람 난 유부남'은 안방에서 무분별한 가정 파괴범으로 다가왔다.

■ 육영수 여사의 추모곡이 된 '비목'

1976년 토요극에서 일요일까지 연장하여 최초의 주말연속극의 효시를 보인 TBC 〈결혼행진곡〉(남지연 극본, 전세권 연출)은 2년 전 흉탄으로 별세한 육영수 여사의 애창곡이 추모곡이 되어 화산처럼 폭발했다.

모녀(여운계, 장미희)가 음악 감상을 하다가 딸에게 희망곡을 묻는다. 딸은 잠시 생각하다가 '비목'이라 답한다. 이 곡은 육 여사가 가장 좋아했던 곡이다. 드라마는 '비목'에 힘입어 당시까지 최고의 시청률(72%)을 찍어냈다.

'초연이 쓸고 간 깊은 계곡, 깊은 계곡 양지 녘에...'
해마다 6월 보훈의 달이 되면 가장 많이 들리는 곡이다. 노랫말은 한명희가 전방 장교로 복무할 때 산 계곡 허름한 묘지에 박힌 나무 십자가를 보고 지은 전쟁 시다. 거기에 장일남이 곡을 붙였다. '비목'을 타고 드라마가 고공행진을 거듭하자 음반 판매도 불티났다. 이미자의 '동백아가씨'가 10만 장으로 대박을 쳤는데 '비목'은 자그만 치 20만 장이 나갔다. 비운의 영부인에 대한 국민적 애잔한 감정이 노래 한 곡이 되어 온 시청자를 열광케 한 사례로 기록된다.

■ '담배 좀 작작 피우세요!'

〈수사반장〉이 상종가를 올리고 있던 1972년쯤, '청와대 내무부'라는 곳에서 한 통의 전화가 왔다. 적이 놀라 받고 보니 육영수 여사였다.

"드라마를 보고 있으니까 담배를 참 많이 피우시네요. 우리 집 양반(박정희 대통령)도 담배를 많이 피워요. 이분이 피우는 건 상관없는데 국민이 많이 보는 드라마에 나오는 최불암 씨가 그렇게 담배를 많이 피우시면 국민들이 뭘 배우겠어요?'

'…당시 수사관은 담배와 술을 달고 살았다. 그 희로애락의 처음과 끝은 으레 술, 담배가 연결고리였다. 촬영이 끝나고 나면 참 속이 상했다. 범인들의 안타까운 사연 때문에 복받치는 감정을 주체할 수 없어 술도 많이 마셨다. 아마 살면서 술은 가장 많이 마셨던 때가 아니었나 싶다. 나 자신이 수사반장이면서 피해자와 가해자에 너무 몰입했던 듯하다. 어쨌든 그 후로 나는 담배를 딱 네 대만 피웠다. 요즘엔 이런 휴먼 드라마가 없어서 참 아쉽다..' 최불암의 회고다.

■ '분이와 영구 빨리 만나게 하라'

KBS의 일일극 〈여로〉(이남섭 극본 연출.1972, 211회)가 인기 절정에서 종반을 향하고 있을 무렵이었다.

가난 때문에 부잣집 아들에 씨받이로 팔려온 분이(태현실)는 남편 영구(장욱제)가 팔푼 저능아임에도 온갖 정성을 다한다. 시어머니(박주아)와 시누이(권미혜)의 사이에서 고초를 겪고, 아들(송승환)을 낳아 행복한 순간, 술집에서 일한 과거 경력이 탄로 나 쫓겨난다. 가족과 생이별하고 6.25를 맞는다. 피난지 부산에서 국밥집으로 큰돈을 벌면서 주위를 돕는다. 10년 후, '재산 사회 환원'이란 미담 기사가 신문에 실린다. 가족들은 분이를 찾아 헤매지만 이런저런 엇갈림으로 만나지 못한 채 안타까운 장면만 계속한다. 시청자들의 항의가 쏟아졌다. '오늘은 만나겠지' '왜 만나는 것이 그렇게 어렵나...'

육 여사의 일침이 떨어졌다. '두 사람을 빨리 만나게 하세요..'

마침내 기차역 대합실에서 분이와 그의 가족들은 눈물의 상봉을 하고 해피엔딩을 약속한다. 영부인의 열렬한 관여도로 보아 여사는 TV영향력을 일찍이 간파한 듯했다. 그때 그 시절, 청와대의 '영원한 야당'인 육영수의 '드라마 사랑'은 오히려 살가운 향수를 자아낸다.

■ MB, 1991년부터 시작된 야망의 행보

1991년 8월, KBS의 〈야망의 세월〉(나연숙 극본, 김현준 연출)이 또다시 도마 위에 올랐다. 90년 10월, 〈여명의 그날〉에 이어 두 번째 청문회에 불려나간 이유는 60~70년대 특정 재벌기업(현대)의 성장과정을 묘사하는데 논픽션 다큐 형식을 취함으로써 편향된 시각을 사실적으로 전달, 방송의 공공성을 해치고 있다는 지적이었다.

주인공 박형섭(유인촌)이 대학 운동권 출신으로 대한건설에 취직해 베트남 진출, 고속도로와 조선소 건설, 자동차 공업과 중동 진출 등 굵직한 기간사업을 확장, 대그룹으로 성장하는 과정이 '현대그룹'의 그것과 흡사하여 형섭은 영락없는 이명박(현대그룹 회장)을 연상시켰다. 장 회장(이영후)는 정주영 명예회장, 오 마담(이휘향)은 장영자를 떠올리는 데도 별반 어려움이 없었다.

이 드라마는 시청자의 평형감각을 어지럽히면서 특정 인물을 경제건설의 주역으로 영웅시하고 특정 재벌을 간접 홍보하는 것으로 눈 흘김을 받았다. 그해 방송위원회 세미나(8.23)에서 지적된 문제점은 ▷정경유착, 광고 스폰서를 확보하겠다는 상업적 계산 ▷대기업과 자본 논리의 강화를 통한 유무형의 국가 홍보 ▷강한 대중설득으로 노동운동 약화 의도 ▷경제개발이라는 신화를 환기시켜 정치적 비판을 둔화시키려는 의도 등을 떠올렸다.

나연숙 작가는 60~90년대 성장기를 상징하는데, 당대의 대기업을 모델로 삼은 것이 사실임을 인정하면서도 그것은 특정 기업의 미화가 아니며 지난날의 눈물겨운 우리의 정치 경제사를 성찰하는 것에 의미를 강조했다. 또한 대학가의 보기 드문 항의를 받았다. 9월 2일 자 서울대 대자보는 '야망의 세월인가, 분노의 세월인가' 제목하에 운동권 출신 주인공의 성장 제일주의적인 사고방식은 60~70년대 독재정권이 국민을 장악하기 위해 퍼뜨린 지배이데올로기를 그대로 흉내낸 것으로, 고도성장을 거듭했던 당시 재벌들에게는 '야망의 세월'이었지만 민중들에게는 '암흑과 분노의 세월'이었다고 주장했다. 신문투고에서 한 시청자는 '이 드라마는 다큐멘터리로 편성하여 정정당당하게 시청자와 마주하는 것보다 더 교묘하게 특정 기업의 이미지 조성에 기여하고 있다.'고 꼬집었다.(조선일보 91.8.7)

〈야망의 세월〉은 이처럼 화제와 수난을 동시에 초래하면서, 사실과 허구를 혼합한 다큐드라마 형식이 상업적, 개인적 도구로 이용될 경우, 여과기능이 약한 시청자들을 혼란에 빠뜨릴 위험성을 환기해 주었다.

2-5 김수현 작품의 조기 종영과 홈드라마의 향배

드라마계 대모인 김수현의 SBS 주말드라마 〈그래, 그런거야〉(연출 손정현)가 당초 60회에서 54회로 축소되어(2016.2.13.~8.21) 한여름 더위 속에 씁쓸히 막을 내렸다. "방송을 하면 할수록 손해…'라는 굴욕을 당하면서다. 매회 20개를 넘어야 할 광고가 판매율 30%를 넘지 못해 6~7개에 불과했다. 총 '80억 적자'를 보았다는 뒷소리도 들렸다. 원숭이가 나무에서 떨어진 격이다.

6월 말, KBS의 미니시리즈 〈동네변호사 조들호〉는 예상외의 반응에 힘입어 20회에서 4회 연장 방송을 결정했다. 그러나 조들호 역의 박신양은 '차기 일정'을 내세워 연장출연을 사양했다. 박수칠 때 떠나고 싶은 그의 '거부'는 드라마의 완성도 저해까지를 우려한 끝에 내린 결단이었다. 반면 40회가 넘어도 시청률 9%에 맴돌던 〈…그런거야〉는 같은 시기에 '조기종영' 논란의 도마에 올랐다. 연장거부 대 조기종영…두 드라마는 그렇게 뚜렷한 대조를 이루었다.

SBS 관계자는 '리우 올림픽' 중계 편성으로 회차를 조정한 것이라고 변명했지만 궁색하게 들렸다. 방송 시간이 비슷하게 엇물린 타사의 경쟁 드라마들은 좋은 성적으로 박수를 받았기 때문이다. KBS의 〈아이가 다섯〉은 30%대를 획득하면서 4회를 연장하여(54회) 같은 날인 8월 21일 종영했다. MBC의 주말극 〈가화만사성〉도 21%대의 순조로운 운행으로 1회를 연장한 51회로 마쳤다.

무엇보다 화제성 면에서는 거의 완패였다. 오히려 화제는 5~6월, tvN 의 〈디어 마이 프렌즈〉에서 우러나왔다. 70대 안팎의 여덟 노년들의 여생과 꿈을 담백하게 그려낸 노희경 작가의 시각이 단연 돋보였다.

■ 김수현의 명성과 관록, 유전자적 복제 틀에 한계

'꼴찌로 도중하차'

이는 스타 작가의 초유의 흥행 실패였다. 시청자 반응이 미미한 탓인지 조기종영 사실도 찻잔 속의 물결로 조용히 묻혀버렸다.

"가족문화가 변하고 있는 현대 사회에서, 대가족의 한 사람으로서 살아가는 의미와 가족의 이름으로 서로 사랑하고 위로하며, 갈등을 극복하고 행복해하는 모습을 통해 가족의 소중함과 가치를 일깨워 주는...."

유행 가요의 후렴처럼 되풀이된 김수현 드라마의 기획의도는 매양 이런 식이었다. 큰 줄거리는 없다. 각 인물에 개성과 상황 부여만으로 족하다. 대가(大家)에게 감히 구체적인 시놉시스나 횟수를 요구하는 것은 예가 아니다. 캐스팅은 가족 전원집합인 만큼 인해전술을 방불케 하는 세대별 다층 인물로 빼곡하다. 이번 작품도 기본 인물이 18명이나 된다.

각자의 소개와 정황 묘사에만 5~6회가 훌쩍 간다. 초반에 약하다는 정평은 그래서다. 중반부터 스퍼트는 흥행 코드를 넣는다. 숨겨진 진실과 내력을 드러내어 위기와 갈등을 증폭한다. 시청자의 속셈을 정확히 찔러가는 흥행 전략이 상승 변수로 작용한다. 선택된 변수를 집중된 상수로 확장하여 드라마 온도를 높인다. 연장방송이 많은 배경은 여기서 연유한다. 그는 쓰면서 보고, 보면서 고쳐 쓰는 한국적 드라마 공정(工程)

을 절묘하게 활용해왔다.

이것은 자업자득이었다. 54회도 많이 갔다. 주말극은 대부분 홈드라마로서 48~50회가 적정 길이다. 신소재도 아닌 자기 복제품은 50회 못 가서도 충분히 끝날 내용이었다. '김수현 파워'만 믿고 60회를 상정한 것이 자승자박으로 돌아왔다.

더불어 철옹성 같던 그의 대가족 드라마 행로에 빨간 불이 켜졌다.

한 지붕 밑에 사는 3대 가족, 이것은 김 작가를 보증하는 밈(meme: 모방과 답습이 계속되는 현상)이었다. 쫀쫀한 할아범과 깐깐한 할멈, 착한 맏며느리, 눈치 빠른 동서, 사업에 속 썩는 장남, 입담 좋은 차남, 헛똑똑한 딸년, 사고뭉치 막내, 여기에 혼전임신과 불쑥 나타난 혼외자식...

이러한 '김수현 월드'는 일찍이 흑백 TV시절인 70년대부터 설계된 것이었다.

전양자의 〈새엄마〉, 김자옥의 〈신부일기〉는 당시 훈훈한 대가족극으로서 수범을 보였고 환영도 받았다. 가족이란 무엇인지, 왜 우리가 가족인지, 개개인 문제를 가족이 어떻게 풀어나가는지, 일상적인 가족갈등이 주는 소소한 감동은 어떤 것인지를 새삼 일깨워 주었다. 또한 언어의 마술사답게 연령별로 겪는 고민을 띄우고, 이를 뼈있는 대사로 일갈했다.

이후 〈사랑이 뭐길래〉(1992), 〈목욕탕집 남자들〉(1995), 〈부모님 전상서〉(2004), 〈엄마가 뿔났다〉(2008), 〈인생은 아름다워〉(2010), 〈무자식 상팔자〉(2012)로 이어지는 그의 홈드라마 계보는 닮은 구성과 같은 배우들의 중복 출연으로 '어슷비슷' 자기 아류의 한계를 벗어나지 못했다. 이번에도 그 밈이 반복되는 '도돌이표' 증후를 보였다.

핵가족, 1인 가구 1천만을 바라보는 시대, '나홀로족'이 주를 이루고 있는 현대에 3대 가족이 북적거리면서 모여 사는 모습은 말 그대로 먼 얘기, 흘러간 옛날의 추억담처럼 느껴진다.

마지막 방송은 거실에서 쓰러진 뒤 가족들 앞에서 숨을 거둔 노인(이순재)의 모습을 그렸다. 노파(강부자)는 오래 살다보니 못 볼꼴 다 보는구나...하며 치매기를 비친다. 맏며느리(김해숙)의 '인생이 그래, 그런거야...' 독백이 처량한 종막을 알린다. 큰 어른이 사라진 뒤에, 아들부부, 손자부부와 그 2세들이 자리를 메우며 또 다른 3대를 형성한다. 대가족은 홈드라마의 원형이며 원천적인 틀임을 강변(強辯)하면서다.

54회를 일괄해 보면 그 전말은 분명하게 드러난다. 홀시아버지와 한 집에 사는 홀며느리, 아내 몰래 혼외자식을 키워온 남자, 사돈과 결혼하려는 여자와 이를 극구 반대하는 어머니, 60만 취업준비생을 대표하는 막내의 일탈...그런 설정도 여기저기 드라마에서 봐 온 소재들이다. 낯익은 구조에 눈길을 끌만한 국면이 빈약하고 성차별적 장면도 불쑥불쑥 튀어나왔다. 이순재의 가래 끓는 목소리와 강부자의 미욱한 얼굴로 되풀이되는 훈계조의 '꼰대 타령'은 지겨운 푸념으로 들렸다. 이런 캐릭터에서 구태의연함은 피하기 어려웠을 것이다.

작품의 완성도는 크게 떨어지지는 않았다. 분명 현실과 맞닿는 지점이 있고, 대중과 소통하려는 노력도 보였다. 하지만 지금 시청자들에게 절실한 '울림'을 주지 못했다. 고통받는 여성과 약자들을 위한 따발총 식 어법은 먹히지 않았고 '허무 개그'가 되어 식상함과 피곤증을 더했다.

무엇보다 적극적인 구매층인 20대~40대에게 어필하지 못했다. 가족

교훈에 인생 공부가 되는 내용도 각박한 현실을 사는 세대에는 꼭 봐야 하는 당위성을 끌어내지 못했다. 그의 작품 계보에서 늘 달라진 가족 양상을 집어낼 수 있었지만 이번엔 그 흐름을 읽어낼 수가 없었다. 가족의 소중함이 전하는 메시지는 분명하지만 공감을 자아내기에는 미흡했다. 새롭지 않은, 몇 년째 똑같이 도는 쳇바퀴에 시청자가 준엄한 심판을 내린 것이다.

오랜 세월, 김 작가는 대중적인 소재를 취하여 경쾌하고 직설적인 대사로 표현해 왔다. 거기에 세대별 돌발 트렌드를 실어내어 주목도를 높여 왔다. 예컨대 〈엄마가 뿔났다〉는 늘그막에서 적자인생을 깨달은 엄마(김혜자)가 전업주부 파업을 선언하고 가출한다. 〈인생은 아름다워〉는 동성연애에 빠진 아들(송창의)이 커밍아웃하는 아픔을 담았다. 〈무자식 상팔자〉에서는 미혼모 문제와 황혼 이혼(이순재, 서우림)을 다뤘다. 〈내 남자의 여자〉에서 남편과 절친(김희애)의 불륜을 '그저 교통사고와 같은 것'으로 태연히 묘사했다. 〈세 번 결혼한 여자〉는 이혼 재혼을 통해서 모녀간의 엇갈린 인생관과 결혼관을 극명하게 교차했다.

이리저리 전작(前作)들과 차별화는 그나마 순조로웠다. 드라마 경륜 45년의 자기 유전자를 과신한 탓일까. 이번 작품은 새 버전이 아닌 새 카피에 그친 느낌이다. 얼개와 전개는 0에서 1 사이에서만 바지런히 왕복했을뿐 1 이상의 탈출은 없어 보였다. 하여 자판기처럼 내놓았던 끊임없는 아웃풋은 무늬만 다른 복제품이란 평가에서 헤어나지 못했다.

김수현의 세계는 〈재능 33%, 아우라 33%, 자신감 33%〉으로 짜여있다. 이 오래된 플랫폼에서 신선함이 실종되고 기시감(데자뷰)을 더하는 유사품만 나왔다. 새길을 찾으니 옛길을 가는 게 훨씬 편하다. 새길을 택하면 두렵지만 안정은 없다. 옛길을 취하면 편하지만 창조는 없다. 선택은 자유다. 그러나 결과는 판이하게 나타났다

■ '1인 가족, 나 홀로 세대' 시대의 홈드라마의 향방

'대한민국 대표가구는 1인 가족, 520만 3천으로 27.2% 차지,..'

통계청은 2015년 조사에서 우리 가족형태가 대가족에서 핵가족을 거쳐 마침내 1인 가구가 대세로 정착했음을 알렸다. 반면 4인 가구는 31.7%에서 18.8%로 하강, 5인 가족은 18.4%에서 6.4%로 감소되었다. 특히 1인 가구의 구성비가 세대별로 골고루 분포되어 있는 점은 눈길을 끈다. 30대 18.3%를 최다로, 70대 이상 17.5%, 20대 17%, 50대 16.9%, 40대 16.3%다. 만혼, 미혼 비율의 증가, 경제활동 여성 증가, 독거노인 점증 등이 그 요인이다.

2016년 10월, 행자부는 주민등록상 1인 세대가 34.8%, 2인 세대 21.3%로서 1~2인 세대의 점유율이 과반을 넘었음을 밝혔다. 20년 만에 세 배가 는 수치다. 이상 공표된 수치는 드라마가 괘념해야 할 중요하고도 새삼스러운 환경이다. 모든 드라마의 맥락은 현실 사회에서 자유로울 수 없기 때문이다. 이런 통계 시각으로 보면 3대 가족극 〈그래 그런거야〉는 시대를 외면한 옛 얘기로 보일 수밖에 없다. 가정의 구심력이 가족중심에서 부부중심을 거쳐 오늘날 개인중심으로 옮아가고 있다는 뜻이다.

향후 홈드라마에서 포용할 가족 범주는 '한 지붕' '같은 울타리'로 몰아

넣기보다는 각각의 별체로의 분리, 분해를 요구하고 있다. 이제 홈드라마의 축은 혈연중심에서 비혈연으로, 수직적 존속관계에서 수평관계로 바뀌어 가고 있다. 독신사회가 만연한 지금에는 개인별 충돌을 통해서 새로운 인간관계를 조립해야 한다. 그래선지 '나혼자 산다' '식샤를 합시다' '혼술남녀' 같은 싱글 인생의 애환을 드러내는 콘텐츠들이 속출하고 있다.

그때는 맞고 지금은 틀리는가?. 대가족 드라마는 하나의 고전(古典)장르로, 추석이나 설날 2~3회용 특집극으로 밀려날 지 모른다. 일 년에 한두 번, 자신의 뿌리의식과 가족 공동체를 환기하는 명절용 말이다.

이번 조기종영은 자기복제의 결과가 내적 원인이라면 외적 요인은 가족형태의 급속한 변화다. 두 가지의 변곡점에서 다시 판을 짜야하는 이유도 여기에 있다. 시대는 좀 더 역동적인 드라마 변신을 요청하고 있다. 하늘 아래 새로운 것이 없다고 하지만, 〈재미있는 것, 감동적인 것, 의미 있는 것〉의 창출은 드라마의 기본 의무자 권리다. 그것은 '색다름'의 창조다. 소재의 다양성, 인물의 다양성, 설정의 다양성을 통해서다.

내용이 비슷하면 형식을 달리하고 형식이 같으면 구성을 달리하여 신선함을 창출해야 한다. 바로 이 도전과 시도가 드라마 출산의 긴 노력과 고통을 수반하는 부분이며 성패를 가름하는 곳이다.

이제 70대 중반을 넘어선 삶의 무게 탓일까. 3년 만에 집필한 홈드라마에서 '역시 김수현!' 이란 낯선 새로움을 찾을 수 없었다. 물론 그는 라이팅 머신은 아니다. 화려한 수사와 내밀한 필력이 무디어진 것도 아니다. 특유의 발상과 화법으로 사회적 공론의 장을 만드는 튼실한 저력은 여전히 우리 기대 안에 있다. TV가 가정매체로 가족시청을 전제하는 한, 홈드라마 위상은 변함없이 크고 넓다. 그 '신화의 붕괴'는 성급한 판단이다. 조기종영은 조기경보다. 옛 성공의 관록에만 경도된 복제품은 대중이 심판한다-라는 경고 메시지는 엄연했다. 더불어 홈드라마의 방향과 미래를 타진하는 전향적인 계기도 되었다. 드라마계의 무형문화재인 김수현은 그런 차원에서 새 화두를 던진 셈이다.

2-6 주연 배우의 촬영 보이콧은 세계 토픽감,

2018년 2월, 고현정이 SBS 수목극 〈리턴〉에서 결국 하차했다. 의견 차이로 갈등을 빚다 메인 연출자 주동민 PD에게 발길질을 했다는 얘기가 수면 위에 나온 지 하루만이다. 현장에선 배우가 마이크를 착용한 상태에서 고성과 욕설이 오가는 모습을 여러 사람이 목격했다는 말이 흘러나왔다. 반면 고현정 소속사(아이오케이)는 폭행 설에 대해 "그런 일은 없었다"는 입장이다. 사측은 "거듭되는 의견 차이의 간극을 좁힐 수 없었다"며 "누구의 잘잘못을 따지기보다는 많은 사람이 함께 만들어나가는 드라마의 특성상 어떤 한 사람이 문제라면 작품을 위해서라도 그 한 사람이 빠지는 것이 당연하다고 생각하여 SBS 하차 통보를 받아드린다"라고 밝혔다. SBS도 "고현정과 제작진 사이의 갈등이 너무 커서 더 이상 함께 작업을 진행할 수 없게 됐다"며 "현재 최자혜 역을 맡을 배우를 물색하는 등 후속대책을 논의 중"이라고 밝혔다.

■ '고현정 하차'는 이유 있는 해프닝인가.

〈리턴〉을 둘러싼 잡음은 전부터 흘러나왔다. 〈여왕의 교실〉 이후 5년 만에 고현정의 지상파 복귀작으로 기대를 모았지만 대중의 관심이나 드라마 흐름은 달랐다. 고현정이 연기하는 최 변호사보다 범죄를 저지르는 상류층 자제 4인방이 눈길을 모았다. 고현정은 강력계 형사 이진욱·김동영 콤비나 공동변호를 맡은 정은채보다 적게 등장하는 회도 여럿이었다.

인터넷 댓글 등은 방송 초부터 고현정에 대한 부정적 지적이 이어졌다. 〈선덕여왕〉 등에서 보여준 카리스마와 달리 초점 없는 눈빛, 졸린 듯한 말투가 시청자를 당혹스럽게 했다. 한 대중문화평론가는 "하기 싫은 것을 억지로 하는듯한 느낌"이라며 "향후 반전을 위한 설정이 아니라면 이해하기 힘들 정도"라고 말했다.

데뷔 29년 차 배우가 이런 반응을 모르지 않았을 것으로 보인다. 당초 고현정은 신인 작가 대본에 남다른 믿음을 표하며 촬영 스탭에게 롱패딩 150벌을 선물하는 의욕까지 보였다. 대본도 12회까지 윤곽이 나온 상태였다. 한 드라마 관계자는 "대결 구도가 심화되면서 후반부로 갈수록 점차 비중이 커진다는 사실을 알고 있었지만 분량에 대한 불만을 여러 차례 제기했다"며 "제작진과 사이가 틀어지면서 촬영장에 늦게 도착하거나 촬영 도중 일찍 가 버리는 경우도 종종 생겼다"고 전했다.

주연배우 중도 하차라는 초유의 상황에 앞서 〈리턴〉은 7일 자체 최고 시청률 17.4%(14회, 닐슨코리아 기준)를 기록했다. 최자혜 역의 후임 배우로는 박진희가 올랐다. (중앙일보 2018.2.9)

■ 한예슬, '열악한 제작환경'에 촬영거부, 미국 잠적

1971년 KBS 일일극 〈해뜨는 집〉의 딸 역을 맡은 주연(朱燕)이 녹화 도중 돌연 미국으로 떠나버렸다. 제작진은 부랴부랴 김정연으로 교체했다.

꼭 40년 후인 2011년 8월 한여름, KBS 〈스파이 명월〉의 제작 중 탤런트 한예슬이 촬영을 거부하고 가족이 있는 미국으로 돌연 가버렸다. 주연배우의 이런 행각은 한마디로 세계 토픽감이었다. '도망자 명월'로 드라마는 결국 2회 결방사고를 감당해야 했다. 이유는 '..참을 수 없는 제작환경의 열악함 때문..'으로 밝혔다. 게다가 촬영 일정을 두고 제작진과 빈번한 갈등도 많았던 것으로 알려졌다. 방송사와 제작팀은 기자회견을 열어 그동안 그녀의 촬영 태도가 불성실했다고 폭로했다. 공인의 입장을 저버린 무단 도피에 네티즌들의 여론은 들끓었다.

그녀는 소속사의 설득으로 나흘 만에 귀국했고 KBS를 통해 시청자에게 사죄했다. 문제가 커지면서 국회 문광위 국정감사에 참고인 출석 요청을 받았지만 그녀는 불응했다. 당시 30세의 연기자에 쏟아진 무책임과 무단성의 비난은 요란했다. 동료 출연자들은 한 결로 매도했다.

'..아무리 힘들어도 남한테 피해는 주지 말아야지, 저 혼자만 밤새고 저 혼자만 고생했나, 타이틀 롤을 맡은 주연이 힘들다고 도망을 가? 하늘같은 선배도 많은데.. 당장 무릎 꿇고 사과해도 끝날 일이 아니야...'

원로 이순재는 "연기자의 행위는 제작자 관계가 아니라 시청자와의 약속이다. 어떤 이유에서도 배우나 스탭은 현장을 떠날 수 없다.."고 일갈했다.

'스파이 명월, 한예슬 사건'은 많은 것을 남겼다. 주연급 배우들의 일방적이고 오만한 태도가 도마에 오른 반면 숨 막히는 드라마 제작 환경과 무리한 일정에 대한 성찰의 계기도 되었다. 한예슬은 드라마 촬영 여건에 불만을 제기해왔으며, 연출자 황인혁PD와 감정의 골이 깊어진 것으로 전해졌다. 뒷얘기는 무성했다.

'...지난 8월 13일, 한예슬은 무려 9시간 지각을 했고 14일은 촬영장에 나타나지도 않았다. 물론 15일 날도 마찬가지였다. 결국 11회는 결방이 되고 스페셜 편집으로 불가피한 조치를 취했다..' 7월 첫 방송 이후 최저 시청률(5.3%)을 기록했다. 소속사(싸이더스) 쪽에서도 공식 사과했다. 귀국해서 촬영에 다시 임하겠다고 밝혔지만 KBS 측은 돌연 출국은 출연의사가 없다고 판단, 여주인공 교체를 결정한 것으로 전해졌다.

'제 희생으로 여러 연기자들이 저 같은 일을 겪지 않았으면 하는 바람입니다...' 예슬이 귀국해서 쏟은 첫 목소리였다.

주당 60~70분 2회 제작 환경하에 쪽대본이 판치고 생방송 같은 살인적 촬영 일정을 소화해야 하는 제작 시스템이 문제였다. 현장은 그야말로 체력 한계와의 싸움이다. 제작팀 전원에겐 하루하루가 버거운 작업이다. '..이번 주 찍어서 다음 주 방송하고 오늘 찍어서 내일 방송하는 현실을 타박해 보았자 소용없다, 장동건, 원빈, 강동원이 영화로 간 후에 오죽하면 TV드라마로 복귀 안 하겠느냐?...'

'..악전고투다. 모두 초인적 컨디션을 유지해야 산다. 철없는 여배우 한 사람 매장해봐야 해결 안 된다. 쪽잠에 짜증나고 쪽대본에 모두 신경이 날카로울 수밖에 없다..'

사정을 잘 아는 네티즌은 제작진을 비난했다.

'방송계 사람들은 얼마나 정직하며 바른 사람들이기에 두 달 동안 밤을 새우는 개고생을 시켜놓고 자기들 유리한 쪽으로만 얘기하나? 보름간 쉬지 못하고 3~4일 연속 철야 끝에 집에서 쓰러진 여배우는 졸지에 장시간 스탭들을 기다리게 한 무개념녀가 되었다. 전혀 인간으로서의 배려란 없다'

방송사에도 원망의 소리를 쏟았다.

"여자의 체력으로 사나흘 연속 밤을 새운 후 쓰러지지 않는 게 이상하지 않은가. 사람을 사람으로 존중하는 게 아니라 살인적인 스케줄로 무조건 돌린 뒤에 일이 터지니까 약자인척 피해 입은 척한다." "연예인이면 두 달 밤새워도 지각하면 안 되고, 아파도 안 되나, 차라리 과로로 실신하여 핼쑥한 얼굴로 병원서 링거 꼽고 있으면 용서해 줄 것인가?"

오늘도 한 주일에 약 20편의 TV드라마가 방송되고 있다. 한편 한 편의 드라마는 이런 '피나는 전쟁'의 결실이다. '드라마 한류'가 있기까지엔 이런 그늘과 그림자가 숨어 있었다. 한예슬은 결국 드라마 환경을 개혁하지 못했고 제2의 한예슬이 나타나도 그 후진성은 면치 못할 것 같다.

1981년 미국 출생으로 대학서 컴퓨터그래픽 전공, 2001년 수퍼모델로 데뷔한 그녀는 사건 후 3년간 드라마에서 볼 수 없었다.

2-7 천정부지 '스타 몸값'에 멍드는 드라마 행색

- 1974년, TBC는 일일극 〈사모곡〉(신봉승 극본, 김재형 연출)의 장녹수 역에 윤정희를 전격 캐스팅했다. 문희, 남정임과 더불어 화려한 트로이카 시대를 주도했던 30세의 윤정희는 파리 유학을 앞두고 있었다.

  '20분 1회 출연료 2만 원, 150회 출연료 총 3백만 원, 그중 2백만 원은 일시불 선급…' 당시 신문 기사 내용은 그때까지 20분 회당 최다 액인 최무룡(1만5천 원)보다 5천 원이 많은 것으로 밝혔다. 3백만 원은 지금의 3억을 웃도는 금액일 것이다.

- 〈대장금〉 이후 12년 만에 SBS 〈사임당, 빛의 일기〉(2017. 28부)로 돌아온 이영애는 회당 1억 3천만 원이었다. 총제작비 216억, 총출연료 114억 중 이영애의 몫은 38억 전후로 알려졌다.

- tvN의 24부작 〈미스터 션샤인〉의 이병헌의 출연료는 회당 1억 5천만 원이다. 총 36억이 된다. 작가 김은숙의 원고료는 1억이다. 그럼 24억이다. 채널A의 〈풍문으로 들었소〉(2018.7.23.)에서 나온 얘기다.

TV는 역시 후(who)의 매체다. '누가 나오냐'는 드라마의 제1 요체다.

드라마의 흡인력은 시대와 나라를 막론하고 캐릭터에 이어 출연자가 '누구냐'로 결정난다. '얼굴'은 비언어적 요소로 국적을 초월하여 감성적인 소구력을 발휘한다.

〈태양의 후예〉의 송중기, 송혜교 커플의 용모와 철저히 계산된 러브라인에 사로잡힌 시청자는 속절없이 무너졌다. 드라마의 대중조작과 스타파워의 함수를 재확인할 수 있는 대목이다. 송중기는 수십억 대를 헤아리는 중국 8개 도시 팬 사인회 투어, 영화 출연 등 김수현과 이민호 몸값보다 3배나 된 벼락부자로 떴고 그의 출생지인 대전 세천동에 중국 관광객이 몰렸다. 송혜교도 중국 영화계의 일방적인 러브콜을 받았다.

한류의 큰 과(過)는 배우들의 몸값을 천정부지로 올려놓은 점이다.

스타는 이제 권력자다. 출연자(탤런트나 배우)라는 고전적인 개념을 벗어나 하나의 엔터플라이서(사업자) 또는 주식화된 개인이자, 개인화된 법인으로 드라마 행색을 지배한다. 스타를 먼저 상정해놓고 드라마를 맞춰가는 역현상도 빈발한다.

2012년 기준 드라마 전체 제작비 중, 주연 배우의 출연료가 56.2%, 작가료가 13.7%를 차지해, 이들에게만 제작비의 70%를 소비하는 것으로 나타났다. 반면 미국과 일본의 배우 출연료 비중은 제작비의 25~30% 정도였다.(PD저널, 2016. 7. 21.)

스타의 범주는 '나온 사람'에만 머물지 않고 '쓴 사람' '만든 사람', 즉 작가와 연출자에도 미친다. 〈태.후〉 역시 송.송 커플의 캐스팅과 스타 작가 김은숙의 확보가 지상파 저작권 협상에 유리한 배경으로 작용했다.

외주 제작사에서 기획한 드라마가 지상파 편성권을 따기 위해서는 우선 '유명 작가와 스타 연기자'를 확보하는 것이다. 하여 작가들은 외주제작사에 소속된 형태로 계약하는 것이 관행처럼 굳어졌다.

판세가 이렇게 되자, 연기자 소속사들도 드라마 제작에 뛰어들기 시작했다. 'HB엔터', '키이스트', '팬엔터' 등과 같은 곳은 '스타'의 매니지먼트를 겸하고 있다.

역기능도 비례한다. 화제와 시청률 보전을 위해 방송사의 의사결정은 더욱 보수적이 되어 스타와 스타 작가에만 의존하려 한다.

새로운 얼굴의 개발에 나태해지고 엇비슷한 기획에 유명 배우 한두 명을 꽂아 제작하는 풍토가 만연해진다. 스타들의 막대한 출연료는 조역, 단역들의 몫을 축소하여 드라마 전체 비용구조의 왜곡을 초래한다. 이런 반복된 악순환은 결국 드라마 내용과 배역의 다양화를 저해한다.

■ 10년 사이에 20배 오른 스타 출연료

2000년에 들어서기 전에 60분짜리 미니시리즈에 출연한 주연급 스타의 회당 출연료는 300만 원 선이었다.

2001년 〈여인천하〉의 정난정 역을 맡은 강수연이 400만 원을 받아 화제가 되었다. 이후 해를 거듭할수록 스타 출연료는 천정부지로 치솟았다. 2002년 〈별을 쏘다〉의 전도연의 출연료는 500만 원으로 올랐다. 〈대장금〉의 이영애는 700만 원으로 54회 총 4억 이상을 보장받았다. 2003년 〈장희빈〉의 김혜수가 800만 원을 찍더니 2006년 〈여우야 뭐하니〉에서 고현정은 2000만 원으로 껑충 뛰었다. 그리고 불원간 '1억 시대'가 열렸다. 2007년 〈태왕사신기〉의 배용준이 세운 고액 기록이 아닌가 싶다.

2000년 당시 편당 제작비는 4천만 원 선이었다. 오늘은 4억을 넘고 있다. 16부작 총제작비는 60억~70억을 헤아린다. 문제는 그중 스타들의 출연료가 30억 절반을 차지하여 드라마 운용에 심대한 영향을 주고 있다.

제작비 규모에 관계없이 스타는 매번 갑의 위치에서 제 몸값을 띄운다. 그 액수는 곧 자신의 존재감이자 경쟁 가치의 가늠자가 된다. 라이벌 연기자끼리의 비교치가 되어 자존심에 직결되기도 한다. 방송사는 물론, 탤런트협회나 방송실연자협회 등 관련 단체에서도 간여하기 어렵다.

SBS가 개국하기 전 1990년대까지는 소위 각 방송사별 '탤런트 전속제'에 의한 등급이 명확했다. 새내기 6등급에서 최고참 18등급 별 구분이 확실하여 이에 따른 출연료 책정이 용이했다.

승급은 경력과 연차에 따라 해마다 자연스럽게 이뤄졌다. 수상실적이 있으면 몇 단계 월반하여 급이 올랐다. 18등급을 지나면 '특급'으로 격상되어 대우를 받았다. MBC 경우 최불암, 김혜자가 해당자였다. 이후 전속제가 풀리고 자유 계약제가 되면서 배우의 출연료의 함수는 요동치기 시작했다.

스타의 무게감은 드라마의 판세를 좌우하여 계량화되기 어렵고, 표준 제작비 항목의 틀에도 적용하기 어렵다. 개인 인기와 매력 그리고 대중적 흡인력은 돈으로 환산하기 어렵지만 출연료 협상엔 결국 돈으로 환산할 수밖에 없는 이중성을 안고 있다. 하여 스타 출연료는 '개인별 계약'으로서 은밀하고 배타적으로 이루어지고 있다. 여기에 몸값 내역의 여러 복합 변수가 작용한다. 우선 드라마의 비중, 형태, 길이, 촬영 난이도 등은 중요한 몸값 지표가 된다. 거기엔 야외수당, 철야수당, 위험수당 등 각종 수당의 포함 여부도 중요한 몫이다. 캐스팅 과정에서 주연 후보 A,B,C를 놓고 협상여부에 따라 액면가는 출렁거린다. 흥행 성적(시청률)에 의해 알파가 추가되는 인센티브도 작용한다.

드라마가 '대박-연장방송'이 되면 몸값은 또 올라간다. 방송사와 제작사의 일방적 연장결정에 맞서 스타는 '일정 차질'의 대가를 몸값 인상으로 보상받으려 한다. 소속사의 지급형태에 따라 현금 아닌 주식이나 스톡옵션 등으로 대체하는 경우도 있다. 품위 유지비, 안전 보장비나 상해보험금을 포함하는 경우, 계약금은 또 다르게 책정된다.

그래서 스타 개런티를 둘러싼 '소문과 추측'은 항상 무성하다.

2007년 '박신양 사건'이 발생했다. SBS의 16부 〈쩐의 전쟁〉이 4회를 연장함에 따라 박 배우는 추가료 총 6억 2천만 원을 요구했다. 회당 4천만 원에서 그의 번외 출연료는 4배가 뛴 1억 5500만 원이 되었다. 드라마 한편의 제작비와 맞먹는 거액이었다. 설마하니 믿기 어려웠다.

박은 종영 후 제작사(김이프로덕션)를 상대로 '출연료 미지급'에 대한 소송을 제기했다. 사채업자의 냉혹한 머니게임을 다룬 드라마 내용과 비슷한 '쩐(錢)의 전쟁'이 벌어졌다. 재판은 해를 넘겨 결국 박신양의 승소로 끝났고 거액 출연료 소문이 사실로 밝혀지면서 그에 대한 구구한 평판이 엇갈렸다.

■ 제작사협회의 대응 안, 회당 1500만원 상한제 도입 시도

'박신양 사건'을 계기로 악순환 방지에 부심한 시도와 노력이 있었다.

2008년 초, 한국 드라마제작사협회(회장 신현택)는 회당 60~70분 기준 '상한선 1500만 원'을 골자로 한 대응안을 발표했다. 1000만원 이상 출연료 대상 연기자는 작품 당 3인 내로 정했다. 단, 해외 판권에 직접 영향

을 미치는 톱스타에 한해서는 예외조치를 두었다. 그 예외자는 배용준, 장동건, 이병헌, 정지훈(비), 정우성, 송승헌, 권상우, 원빈, 소지섭이었다. 일본 수출에 공로자로 인정된 스타에겐 별도 인센티브를 주는 안도 병행했다. 이영애, 최지우, 송혜교, 박용하 등 4명이 그런 범주에 들었다. 투자 및 선판매된 경우, 해당 공증계약서 사본을 협회에 제출하도록 했다. 상한제의 구속을 받지 않은 공로자 및 원로 배우는 여섯 명으로 인정했다. 최불암, 이순재, 신구, 김혜자, 강부자, 나문희였다. 이들은 조연급 500만 원(+각 수당)에 해당된다.

예외조항은 또 있었다. 시청자 반응이나 해외 판매 실적에 따라 지급되는 '러닝 개런티'는 별도 지분이라는 것이다. 제작사와 연출자, 작가, 연기자에 해당하는 '표준계약서'도 작성하여 음성적인 '황제계약'을 방지하고자 했다.

반응은 여러 가지로 나타났다. 우선 몇몇 스타의 독식, 독주로 공존 관계를 해치고 시청자에 위화감과 박탈감을 주는 악습의 제거라는 면에서 긍정적 평가가 내려졌다. '큰 돈질'로 드라마 제작에 뛰어들어 가격질서를 흔드는 신생 제작사의 무모함에 대한 견제도 되었다.

반면 '상한제 1500만 원'은 '가격담합'으로 공정거래에 위반될 수 있다는 해석도 나왔다. 담합거래는 불공정 상위 항목에 해당되어 오해소지가 크다. 고액 출연료의 원인 제공자는 결국 방송사, 제작사, 연기자 모두에 있으며 수익배분에 다자간의 구조가 얼마나 합리적인가를 따져야 한다는 소리도 나왔다. 방송사와 제작사가 신인 연기자 발굴과 양성은 태만한 채 스타 몸값만 부추겼다는 얘기다.

자유시장 체제에서 상한선...운운은 있을 수 없다는 의견이 뒤따랐다.

"그것은 반사회적인 요구도 아니고 부도덕한 욕구도 아니다. 자기가치에 상응한 정당한 요구이자 권리다. 해당 업체의 매출 공로에 기여한 정당한 대가다. 방송사나 제작사가 수억 원 판권을 챙기는 것은 정당하고 톱스타가 억대 몸값을 받는 것은 불공정한가?..."

이는 〈태왕사신기〉에서 배용준이 회당 1억 이상을 받고, 이영애가 광고 출연료 10억을 받은 데서 비롯한 뒷소리였다.

이런저런 안은 '시도와 노력'에 그쳤다. 드라마 환경의 역동적인 변화와 방송사 간의 이기주의 때문이다. 제작사의 증가, 해외투자에 의한 한류 변화, 케이블 드라마 증가, 지상파 드라마의 경쟁이 가속되면서 '스타 캐스팅'도 비례해서 가열되었기 때문이다.

"나를 쓰려면 나의 요구액을 들어 달라. 나를 쓰기 싫으면 관둬라. 그래서 스타는 셀러스 마켓(공급자 중심) 편에 서있다. 바이어스 마켓(소비자 중심)가 되기 어렵다" "성공한 후배들은 글로벌 스타가 됐다. 몇십억씩 돈도 벌고 빌딩도 가지고 있다. 얼마 전에 보니 누구는 500억을 받고 회사를 넘기기도 했더라. 그러나 연기는 돈으로 사고파는 게 아니다. 작품이 끝나고 휴식기에도 보완하고 공부를 해야 한다"

이는 원로 탤런트 이순재가 KBS 〈아침마당〉(2018. 3. 27.)에 출연하여 쏟아낸 얘기다. 백번 맞는 얘기지만 공염불처럼 들린다.

■ 중국 드라마, 마침내 출연료 과다 출연료 규제 방침 결정

2016년 8월, 중국 관영방송(CCTV)는 최근 인기를 얻고 있는 궁정사극 〈루이촨(如懿傳)〉의 남녀 주연배우들의 출연료 합계가 1억 5천만 위안(255억 원)에 달하고 이처럼 출연료가 드라마의 제작비의 대부분을 차지한 탓에 드라마의 질을 떨어뜨리고 있다고 지적했다.

'인기 배우의 출연료가 최저 2천500만 위안(42억 원)에서 최고 1억 위안을 넘고 있다면서, 지난 30년간 출연료가 5천 배 넘게 올랐다'고 전하고 이는 타 업종의 근로자들 수입과 '비교 불가'라고 비판했다.

미국 할리우드의 출연료 비중은 전체 제작비의 20~30% 수준인 데비해 중국은 50% 이상으로 과도하다는 것이다. 이에 배우들의 출연료 총액이 전체 제작비의 30%를 초과하지 않도록 하자는 것이다. 천문학적 수준의 출연료를 받고 부를 과시하는 것이 배금주의의 풍조를 확산시키는 것으로 간주했다. (연합뉴스. 2016. 8. 31.)

한편 중국 메이저 제작 및 배급사들은 공동성명을 통해 TV스타 1회당 출연료 상한선을 100만 위안(약 1억 6천만 원)으로 제한하고 제작기간에 상관없이 전편 총출연에 대한 출연료는 5000만 위안(약 82억)을 넘을 수 없다고 발표했다. 드라마 한 시즌을 찍으면 5000만 위안 이상을 받는 스타들이 약 50명 정도 존재한다.(아시아경제 2018. 8. 13.)

요컨대 '배우 출연료에 대해 합리적인 통제와 규제가 있어야 하며, 제작비는 작품의 질을 높이는 데 사용해야 한다'는 취지다. 아울러 직업윤리를 어긴 연예인들을 퇴출하는 법안도 마련했다. 시청률, 관객동원 수,

클릭률 등 수치를 과도하게 중시하는 환경도 바꾸겠다는 것이다.

유명 방송사들은 시청률 순위에 따라 드라마 가격을 매기거나 협상하는 계약조항을 포함하지 않겠다. 그리고 관련 위법행위에 대한 문제는 철저히 조사하겠다는 것이다.

이 내용은 '남의 나라' 사정으로만 방관하기 어렵다. 중국처럼 규제할 수는 없지만 반면 우리 드라마계의 환부와 너무 닮아있다.

스타는 활용에 못지않게 개발도 중요한 문제다. 한류의 다양성과 지속성은 바로 스타의 다양성에서 비롯된다. 스타는 끊임없이 출산되어야 하는 이유다. 작가도 마찬가지 차원이다. 항구적 연기자 발굴과 인적 자원의 개발은 드라마 시장의 절대 과제다.

제3장

조기 종영
–외압, 교체, 저 시청률이 부른 수난

조기 종영-외압, 교체, 저 시청률이 부른 수난

3-1 드라마 냉가슴 속앓이-'도중교체, 제작거부, 돌연불방'

이영애 없는 〈대장금〉이 어찌 나올 수 있나. 드라마 〈허준〉은 전광렬 덕분 아닌가.... 모두가 결과론이다. 드라마의 첫 캐스팅 과정에서 연기 자와 원만한 합의를 이루는 경우는 그리 많지 않다. 그 배경은 드라마처 럼 복잡한 사연을 띠고 있다.

KBS 〈불멸의 이순신〉(2004)의 당초 순신 역은 최민수였다. 그러다가 송일국이 거론되었다. 결과는 김명민이었다. MBC 〈하얀거탑〉(2007)에선 차승원을 내정했으나 합의를 보지 못했다. 연기파로 등장한 김명민을 꼽 아 '대박'을 쳤다. KBS 〈꽃보다 남자〉(2008)의 이민호는 장근석을 대신했 다가 일약 스타덤에 올랐다.

〈대장금〉(2003)의 이영애는 자그마치 일곱 번째로 낙점된 배역이었다.

이병훈 PD는 우선 송윤아를 필두로 김지수, 오연수를 꼽았으나 '퇴 짜' 맞았다. 이어 김하늘, 명세빈, 그리고 고소영까지 붙잡았으나 줄줄이 고배를 마셨다. 모두 사극 출연이 주는 여러 부담감 때문이었다.

특히 송윤아에겐 〈허준〉의 예진아씨, 〈상도〉의 다녕 아씨, 〈서동요〉

의 선화공주 역을 먼저 요청했으나 온통 거절당했다. 그 자리에 황수정, 김현주, 이보영이 각각 나온 이유다.

'배역은 주인이 있다' '주역은 하늘이 점지한다'는 말도 생겼다. 그것은 복불복이다. 뚜껑 속은 열어봐야 안다. 정답이 따로 없는 인생사다. 차선이 최선을 제칠 수 있다....

물론 방송 전에 얽힌 이 과정을 시청자는 알 수 없지만 배역결정이 늦어질수록 제작일정은 촉박해져 드라마 전체가 고생한다. 1, 2, 3 순위까지 여의치 못한 캐스팅 작업에 에너지를 몽땅 소모하면 드라마의 동력이 무디어진다. 그러나 진짜 문제는 사전 교체가 아닌 도중 교체다. 속사정이야 어떠하든 시청자와의 약속을 어기는 셈이 된다. 문제는 시기와 방법이다. 계약 전이나 촬영 전이라면 이런저런 이유로 캐스팅이 뒤집혀도 할 말 없다. 그러나 수천만 원대의 몸값을 받고 계약 후 번복한다면 '반칙'이 된다. 이는 심각한 후유증을 동반하면서 드라마 명운을 좌우한다.

1975년 떠들썩한 두 건의 사건이 일어났다. 한국판 카사노바로 알려진 '박동명 리스트'가 공개되면서다. 드라마계도 발칵 뒤집혔다. MBC 일일사극 〈효자문〉의 양정화가 '명단'(연예인 13인)에서 드러나자 30회째에서 안재은으로 전격 교체되었다. 설상가상 〈소망〉의 김영애가 간통사건에 휘말리자 그 자리에 양정화가 들어갔으나 역시 10회를 넘기지 못하고 드라마는 종료되었다. 김영애는 〈밀물〉에도 캐스팅되었으나 녹화 분을 전면 말소하고 새내기 고두심이 들어갔다.

배우 교체로 스토리까지 변질, 계약만료에 연장출연 거부도

'중년 여배우를 쓰니 시청률이 안 나온다'

만 39세의 김미숙에겐 맑은 날 벼락이었다. 1998년 2월, MBC 미니시리즈 〈사랑〉(주찬옥 극본, 이진석 연출)에서 미망인 역에 몰입하면서 연하의 연인 장동건과 호흡을 맞췄다. 4회까지 시청률이 좋지 않자 불치병으로 죽는 것으로 도중하차 됐다. 다른 젊은 커플(최지우, 송윤아 등)이 부각되고 작품 성향은 10대를 겨냥한 트렌디 풍으로 변질되었다. 배우 인생의 처음이자 마지막 중도하차였다. 큰 충격이었다. 벌써 나이 먹은 배우에 속하고 그 때문에 시청률이 깎인다는 생각에 한방 맞은 기분이었다. 이후 대인 기피증까지 겪었다.(스포츠 조선 2013. 9. 17.)

KBS 대하사극 〈명성황후〉(2001~2002)는 시청률 30%를 넘어 호조를 보이자, 100회에서 30회를 연장했다. 장기간 카리스마 연기를 뿜내던 이미연은 '계약기간 만료'를 들어 이를 사양했다. '장기간 연장은 지루함으로 연기의 에너지 관리와 페이스 조절에 치명적이다. 그 악순환에 헤어나기는 결코 쉽지 않다.'는 속내와 함께 '그 역을 다른 사람이 하는 것을 보고 가슴이 아파 많이 울었다'고 회고했다.

명성황후는 최명길로 교체되었다. 하루아침에 바뀐 히로인의 얼굴은 시청자의 일관된 몰입을 방해하고 혼란을 초래한다. 그나마 최명길의 원숙한 연기로 혼란의 이음새는 짧게 봉합했다.

의외로 많은 '건강상 이유'와 병역비리 교체

2000~2003년을 전후하여 김희선은 가장 많은 러브 콜을 받았다.

SBS의 〈명랑소녀 성공기〉〈올인〉, KBS의 〈가을동화〉〈겨울연가〉〈여름향기〉에서 1순위는 인기 절정의 김희선이었다. 그녀의 고사 덕분에 차선으로 찍은 장나라(명랑소녀)와 송혜교(올인, 가을동화), 손예진(여름향기)과 최지우(겨울연가)등 다양한 새 얼굴이 등장하여 대박을 쳤다.

MBC 사극 〈다모〉(2003)의 황보윤 역은 이정진을 낙점했으나 건강상 이유를 들어 임의 탈퇴하여 무기한 출연정지 조치를 당했다. 다행히 이서진이 맡아 전화위복이 되었다.

2005년, MBC 〈슬픈연가〉의 송승헌, KBS 〈해신〉의 한재석이 연예계 병역 비리사건에 연루되어 입대가 불가피했다. 빈자리는 뜻밖에 연정훈과 송일국이 들어가 크게 히트했다.

2007년, SBS의 사극 〈왕과 나〉에서 내시를 훈육하는 좌장 역을 여운계가 맡았으나 신장염으로 사퇴하자 김수미가 이어받았다. 김수미가 바쁜 일정 때문에 도중에 반납하자 윤유선이 다시 이어 맡았다. 한 역에 세 사람의 릴레이식 변경은 보기 드문 예였다.

2010년, 〈시크릿 가든〉의 남자 주역은 장혁이었으나 소속사와 제작사의 이견으로 불발되고 현빈으로 결정되어 '현빈 앓이'의 신드롬을 창출했다.

2011년, KBS 수사 드라마 〈강력반〉의 형사과장 역인 김승우는 포스터 촬영까지 마쳤으나 전작 〈아이리스〉 출연 때 당했던 어깨부상이 재발하여 이종혁으로 교체됐다. KBS 〈대왕의 꿈〉(2012)에선 선덕여왕 역의 박주미가 교통사고로 물러나고 그 자리에 홍은희가 들어왔다. 이 바람에 4주간 결방되면서 시청률 하락을 피하지 못했다.

2016년 MBC 〈불어라 미풍아〉에서는 오지은이 촬영 중 전치 8주의 발목 인대 파열로 내려오고 임수향이 그 자리에 들어갔다. 같은 해, 아침 드라마 〈좋은 사람〉의 중견 배우 정애리는 급성 복막염으로 도중 빠지고. 오미희가 대신 투입되었다.

2017년 MBC 〈당신은 너무합니다〉의 구혜선은 6회 만에 소화기능 장애로 하차했다. 촬영 중 쇼크를 일으켜 입원할 정도였다. 다행히 장희진이 이어받아 꾸준한 14~15%의 시청률을 유지하면서 마무리했다

2018년, 미코 출신인 김사랑은 tvN의 〈미스터 션샤인〉의 호텔사장 역을 건강상의 이유로 자진 반납했다. 후임엔 김민정이 들어가 이병헌과 호흡을 맞췄다.

중고참 연기자들의 출연 거절이 새내기 탤런트들의 행운을 갖다 주는 경우도 많았다. 〈쾌걸 춘향〉은 한가인에서 한채영, 〈우리가 정말 사랑했을까〉는 전도연에서 윤손하, 〈옥탑방 고양이〉는 김현주에서 정다빈, 〈홍길동〉은 배용준에서 김석훈, 〈마지막 승부〉는 이상아에서 심은하, 〈환상의 커플〉는 엄정화에서 한예슬로 각각 돌아간 것이 그런 예다.

1999년 SBS의 〈청춘의 덫〉에서 김민종은 이종원, 이승연은 유호정으로 바뀌었는데 이것은 남녀 주역이 동시에 교체된 예다.

'대타'라는 용어는 함부로 올리지 않는다. 배역의 전후 과정은 비밀로 부친다. 차순이 바뀌는 것은 다반사지만 자존심 문제는 민감하다. 고

사한 배우는 입을 닫아야 한다. 그게 동업자끼리의 불문율이자 예의다. 2010년 SBS 〈나쁜 남자〉의 박주미가 금기를 어긴 발언으로 오연수가 불편한 심기를 나타내자 주미는 재빨리 공개 사과했다.

드라마 몸살, 작가, PD의 중간 교체와 경질

1994년 6월 13일 첫 방송한 SBS 월화드라마 〈작별〉의 연출자가 방송 일주일 만에 김수동에서 곽영범으로 교체됐다. 작가 김수현의 강력한 요구와 후임자 추천에 따른 것이다.

김 작가는 느슨한 연출과 연기를 꼬집으면서 재촬영을 요청했다. 제작진은 파리 로케이션 부분을 제외한 국내 촬영분을 다시 찍어야 했다. 작가는 한때 자신의 단막극을 연출했던 원로 연출가와 호흡이 맞지 않는다는 점을 들어 제작사인 삼화프로덕션(대표:신현택)에 불만을 토로했고 김 PD도 의욕을 상실하고 연출을 접었다.

방송프로듀서 연합회(회장 정초영)측이 강하게 반발하고 나섰다.

'연출자의 영역은 보장돼야 한다'는 성명을 통해 방송 하루 만에 연출자를 교체한 행위는 프로그램의 총괄 책임자인 PD의 위상을 실추시킨 것이라며 강한 유감의 뜻을 밝혔다. 이 성명은 누구보다 프로그램에 대해 책임과 긍지를 지녀야 할 제작사가 첫 방송 후 연출자를 교체한 무분별한 처사는 비판받아 마땅하다고 성토했다. 작가의 작품에 대한 강한 의욕과 월권행위는 별개며 김수현과 삼화 프로덕션은 공개사과하고 재발방지를 약속할 것을 촉구하고 나섰다.

PD의 요구로 인해 작가가 바뀐 적은 빈번이 있어 왔다.

그러나 드라마 방송 도중, 두 사람의 호흡이 문제가 됐을 경우 작가의 요구에 의해 연출자가 교체될 수도 있다는 보기 드문 전례를 낳았다.

MBC 주말 드라마 〈호텔 킹〉의 연출자가 전격 교체됐다.

2014년 5월 12일 MBC는 '일신상의 이유'로 김대진 PD가 물러나고 최병길 PD가 그 뒤를 맡게 됐다고 밝혔다. 그러나 김 PD는 한 언론매체를 통해 조은정 작가와의 불화를 언급하며 작가의 요구로 인해 강제 하차를 당했다고 주장했다. 이에 따라 총 32부 예정인 외주제작 드라마는 11회부터는 교체된 연출자의 몫이 되었다.

"MBC의 제작 자율성이 크게 침해되고 있다"는 성명하에 MBC 드라마 PD협회가 소집한 긴급회의는 극심한 관료주의에 빠진 회사 경영진을 강하게 비판했다. PD는 콘텐츠의 핵심역량이 아니라 단물만 빨리고 버려지는 '껌'이 됐다는 자조의 소리도 들렸다.

조은정은 '신들의 만찬'(2012), '황금물고기'(2010) 등을 집필한 중견 작가다. 최병길 PD는 '사랑해서 남주나'(2014), '남자가 사랑할 때'(2013) 를 연출한 바 있다. '한번 일어난 일은 두 번 일어난다' 고약한 일은 계속될 수 있다는 동양속담이다. 〈호텔 킹〉에서 재현된 파문은 20년 전 〈작별〉의 그것과 판박이였다. 두 작품 모두 외주제작으로서, 인기 여류작가의 연출자 교체요구가 관철된 점, PD협회의 반응과 성명내용도 똑같은 것이 공통점이다.

외주납품으로 제작구조의 변화, 스타 작가의 권력화

일련의 이런 사태를 어떻게 봐야 할 것인가?

방송사가 편성과 제작을 겸했던 옛 시절을 상기하면 격세지감이 묻어난다. 세입자가 주인을 내몬 격이기 때문이다. 방송사 정규직인 드라마 PD가 갖는 작가선정과 배역결정 등 인사권은 절대적이었다. 작가는 하나의 스탭으로서 해당 드라마에 배속된 자유업자에 불과했다.

그러나 지난 25여 년간, 지상파 드라마의 90%가량을 외주제작에 의존하면서 상황은 달라졌다. 시청률 제일주의인 방송사들은 스타 작가와 톱 배우들을 획득하기 위해 치열한 물밑 작업을 벌여왔고 이에 따라 PD의 권능은 절대적 위치에서 상대적 위치로 변했다. 이제 작가의 권력은 이미 정점에 올랐다는 시각이 지배적이다. '갑의 몰락' 또는 '갑을 도치' 아니면 팽팽한 위치에서의 파워 게임으로 보는 시선도 있다.

"스타 작가를 잡기 위한 방송사 간 경쟁이 워낙 치열하다 보니 그들의 소소한 요구까지 들어줘야 할 때가 많다" "요즘은 몇몇 스타급 배우들이 연출에 간여할 때도 있다"는 귀띔도 들린다. 외주제작의 구조하에서는 작가와 배우의 의견이 우선적일 수밖에 없고 때로는 '조건부 집필'로서 PD는 오히려 지명대상이 되고 있다. 캐스팅 방향도 역전되어 작가가 특정PD의 요청은 물론, 배역에도 간여하는 예는 새로운 사실이 아니다.

작가, 연출자의 갈등은 보다 좋은 작품을 만들기 위한 '논의 협의' 과정에서 늘 있기 마련이다. 한배 탄 사람끼리 불화로 갈라서면 다 깨진다. 드라마도 다친다. 광고주도 시청자도 멍든다

연출자 도중 교체 사유-불가피형, 불화형, 외압형..

지난 30여 년간 드라마 PD의 도중 교체도 흔적이 남아있다.

우선 불가피형으로 연출자 유고에 따른 부득이한 교체다. 2008년 1월, SBS의 〈왕과 나〉는 5개월 만에 연출자 김재형에서 이종수로 교체되었다. 72세 고령의 건강 악화가 원인이었다.

작가와 연출자의 이견 충돌에 의한 불화형은 가장 많은 경우를 차지한다. 2010년 SBS 〈대물〉은 4회에 들어 황은경 작가와 오종록 PD의 이견으로 결국 유동윤 작가로 교체되었다. 그리고 다음 회를 넘기고 오종록도 사퇴하여 김철규가 이었다. 작가와 연출자가 동반 교체되는 아픔을 겪었다. 또한 시청률 저조(5%이하)에 따른 국면전환용으로 PD를 교체하는 예도 있다. 2000년 9월에 시작한 MBC 〈아줌마〉는 연출자 장두익에서 안판석으로 바뀌면서 시청률 부진에 따른 책임을 물었다.

외부기관의 압력 또는 징계에 따른 문책 조치도 적지 않다.

1970년 MBC 〈박마리아〉는 유족들의 항의와 정권의 압력을 받아 연출자만 쌍겹으로 교체되면서(표재순→이기하→유길촌) 28회로 조기 종영했다. 1992년 11월, SBS 주말극 〈모래 위의 욕망〉의 연출자가 이장수에서 이종수로 바뀌었다. 남녀신체 과다접촉, 폭력과 불륜, 마약과 총기사용 등 선정적인 장면을 여과 없이 방송한 죄다. 방송위원회는 시청자 사과조치도 함께 내렸다. 1993년 7월 SBS의 시트콤 〈오박네 사람들〉은 주병대에서 윤인섭으로 교체되었다. 남편 바꾸기 발언, 가정 윤리파괴, 욕설 등에 따른 방송위원회 징계에 따른 것이다. 1998년 KBS 〈맨발의 청춘〉(김용규 연출)은 5회부터 전산PD로 교체되었다. 패거리들끼리 급습하여 벌인 패싸움이 지나치게 폭력적이라는 이유였다.

3-2 외압 외풍 '블랙리스트' 드라마는 단죄 1순위

권부(權府)의 압력, 정치적 외압, 제도권의 압박 등 '보이지 않는 손'에 의한 타율의 힘이 가해지면 드라마 운용에 차질이 온다. 표면화된 이유는 항상 대의명분을 띤다. 국민화합을 저해한 죄, 사회불안을 조성한 죄, 계층 간 갈등을 조장한 죄에서 국기 문란과 체제를 부정한 죄까지 씌워진다. "권불십년에 화무십일홍(花無十日紅)이오, 달도 차면 기우나니.."

그러나 독재정권은 '권불십년(權不十年)'이라는 말을 싫어한다. 1966년 TBC의 〈대원군〉에서 나온 대사다. 속살을 꼬집힌 박정희 정부는 불편한 심기를 나타냈다. 제작자들이 가장 싫어하는 사전 대본심사의 등장은 이래서 나왔다. 민감한 주제, 권부의 심사를 자극하는 소재는 '위험이자 모험'이었다.

수양의 〈계유정난〉 대 전두환의 〈12.12 쿠데타〉

1980년 3월, MBC의 일일극 〈고운님 여의옵고〉와 4월 KBS의 〈파천무〉는 공교롭게도 모두 계유정난의 비극인 단종의 폐위와 수양대군의 찬탈을 다룬 작품이었다. 두 작품은 12.12 쿠데타로 정권을 탈취한 전두환의 신군부를 자극하기에 충분했다. 중신 김종서와 황보인을 제거하고 이에 저항한 집현전 사육신을 도륙한 뒤 단종을 추방하고 왕위를 찬탈한 수양의 행적은 마치 5공화국 주역인 신군부의 집권 과정을 투영한 듯했다. 정난과 쿠데타의 공통점은 무고한 다수를 희생하고 정권을 탈취한 역사적 맥락을 강하게 시사하고 있었다. 정승화 육군참모총장 불법납치, 노재현 국방장관 강제연행, 장태완 수경사령관과 정병주 특전사령관의 제거, 광주항쟁의 무력진압, 최규하 대통령 강압사퇴, 전두환의 대권장악...등 일련의 하극상이 자행되는 동안 두 드라마는 절찬리 방송 중이었다.

사실(史實)과 현실은 불편한 관계로 맞물렸다.

드라마는 찬탈자의 야욕에 따른 가해자와 피해자, 선악과 시비 구조로 대비된 집권 수순을 생생히 반추하는 모습을 띠었다. 그것은 신군부에 '켕기는 얘기'와 '불편한 내용'이 될 수밖에 없었다.

결국 일요사극 〈파천무〉(유주현 원작, 이철향 극본, 이진욱 연출)는 방송 3개월 만인 7월 13일, 도중에서 막을 내렸다. 그 와중에 〈고운님 여의옵고〉(신봉승 극본, 표재순 연출)는 그 해 8월 말까지 간신히 124회를 채우고 종료했다. 방송 중에 끊임없이 받아 온 조기종영의 압력을 비롯, 제작진에 미쳐 온 직간접적인 위협에도 불구하고. KBS 〈파천무〉의 희생으로 MBC의 〈고운님..〉은 구제받은 셈이 되었다.

신군부는 두 드라마를 모두 없애버렸을 때 그 역풍과 뒷감당이 두려웠던 것이다. 이는 정치상황에 의해 좌우되는 드라마의 운명적인 쇠락을 극명히 보여준 예로 남는다.

〈제1공화국〉, 정치 드라마의 수난 제 1호로 시작

신군부에 의해 자행된 언론통폐합 직후, 1981년 4월, MBC의 〈제1 공화국〉(김기팔 극본, 고석만 연출)의 출현은 시한폭탄을 안은 외줄타기처럼 보였다. '정치 드라마'를 내세워 해방 후부터 자유당 12년 통치 말기까지 일련의 정치적 사건을 단회 시추에이션으로 짚어 현대사의 중추부분을 극화했다. 이승만과 김구를 필두로 30년 전의 정치 이벤트가 TV에서 재현되는 사실만으로 남성 시청자의 관심과 장노년층의 기대 욕구가 충만했다.

"신군부가 자리 잡기 전에 해치워야 해.." MBC 이진희 사장의 결단은 주효했지만 석 달이 채 못 갔다. 6월 한 날, 김기팔 작가와 고석만 PD가 남산(안기부)으로 끌려갔다. 12화로 방송된 '여간첩 김수임' 편이 문제였다. 공산주의 이론가 이강국(현석)과 미모의 연인 김수임(정애리)을 너무 로맨틱하고 아름답게 묘사한 것이 '반공노선'에 딱 걸려들었다.

반목과 투쟁의 핏물만 튀기는 해방공간에서 '빨갱이' 남녀가 슈베르트의 교향곡에 심취하고, 엘리엇의 시를 읊조리고 있었으니 당시로선 '용공의 누명'을 자초한 꼴이었다.

4평 남짓 음습한 조사실에서 잠을 거르고, 옷을 벗기고, 열 쪽에 이력을 빼곡히 써야 했다. 사흘째부터 심문이 본격화됐다. 왜 대본에 없는 장면이 들어갔나, 왜 간첩을 최고 인기 탤런트를 기용하고 인간적으로 그렸나, 왜 사형수에 소복을 입혔나, 왜 마지막 총살 장면의 화질을 변조시켰느냐, 등등 끝없이 들이댔다. 일일이 차분하게 조목조목 설명했다. 온

종일 기가 질리게 윽박을 해댔다. 녹초가 되었다.

　연출자가 바뀌고(이연헌 20회까지 연출) 다시 환원되는 데까지 혹독한 시련을 겪었다. 작품은 해를 넘긴 82년 2월 11일, 핵심부분인 4.19 이후 내용은 실종된 채 39화에서 폐막한다.

　드라마는 정치 공백시기에 방송되어 강력한 리얼리티를 얻으면서 희소가치를 확대했지만 정체성이 약한 전두환 정권은 매우 불편했다. 이런저런 혼란상을 TV로 극화하는 것은 국민화합과 정국안정에 득이 될 것이 없다는 것이었다.

　〈제1공화국〉은 5공화국 서두의 절묘한 타이밍에 방송되어 정치드라마의 운명과 가이드라인을 스스로 예시했다. 그것은 시기상조론과 위해론에도 불구하고 작금의 정치현실에 대한 깊은 자성과 경종을 울렸다. 이 과제에 대한 제 2의 도전은 8년 후인 1989년, 고석만에 의해 제작된 〈제2공화국〉에서 재차 발동된다.

'민나 도로보데스'(죄다 도둑놈들이야!)

　1982년 3월, 경제드라마 〈거부실록〉(김기팔 극본, 고석만 연출)의 2화인 '공주갑부 김갑순'편에서 고리대금업자 김갑순(박규채)이 이곳저곳 요로에 뇌물을 바친 뒤 그들을 향해 퍼붓는 소리였다. 한 자락 비틀어 반복한 시니컬한 일본어 대사는 당시 부패상과 맞물려 공감대를 넓히면서 무섭게 파급되었다. 설상가상 수천억을 꿀꺽한 '장영자 사건'이 폭로되면서 '정의사회 구현'을 내건 5공 국정지표는 한순간에 날아가 버렸다. '모두 도둑놈들..' 시대의 정곡을 찌른 한마디는 권부의 심기를 흔들었다. '국민 불신감 조장' '계층 간 갈등조장'의 죄는 곧 드라마 수난으로 이어졌다.

- 1983년 3월 MBC 〈야망의 25시〉(김기팔 극본, 고석만 연출)는 경제드라마 〈거부실록〉을 이어 제2탄으로 제작했으나 22회 만에 자체 결정으로 종료했다. 기획 의도는 현존하는 재벌 총수의 실화를 바탕으로 재계의 현주소를 해부하는 것이었다. 기업 성장사에서 그들의 뒷거래와 투기, 밀수, 정경유착에 따른 축재과정은 피할 수 없는 사실로 등장했다.

  최불암은 정주영, 조경환은 김우중, 정욱은 이병철, 오지명은 김철호, 길용우는 최원석 등 비슷하게 묘사된 기업 총수의 행장은 당해 기업과 정부를 자극하기에 충분했다. 그해 6월, 화제 속의 〈야망의 25시〉는 돌연 중단선고를 받는다. 벼락 중지령은 대통령(전두환)이 사장(이웅희)에 직접 내린 지시로 밝혀졌다. 믿고 싶지 않은 사실이었다. 경제계를 싸잡아 매도한 드라마는 경제인의 분노를 사 스스로 단명을 자초했을까? 정치색이 짙은 것도 아닌데, 청와대까지 나선 배경엔 재벌 측에서 모종의 로비를 했다는 등 추측만 분분했다.(TV를 움직이는 사람들, 민용기 2017)

- 2005년 3월 MBC 〈영웅시대〉(이환경 극본, 소원영 연출)도 100회 약속을 못 지키고 70회에서 자퇴했다. 5.16부터 2000년까지 40여 년 정치, 경제사를 다룬 이 창사 특집은 20여 년 전에 실족한 〈야망의 25시〉의 제2탄이라는 소리도 들렸다. 정주영(차인표), 이병철(전광렬) 등 재벌 창업자가 등장하고 특히 박정희 치적과 이명박(유동근)을 미화한다는 소리가 끊이지 않았다. 박근혜와 이명박은 차기 대통령을 노리는 인물로 등장했다.

  당시 여권의 고위자로부터 '정치권 차세대 주자를 다룰 때는 조심하라..'는 몇 차례의 경고는 마침내 조기종영으로 급전되었다. '사실을 근거로 하여 허구를 가미한 픽션임...'을 강변한 연출자의 소리는 맥없이 들렸다.

정치뉴스 필름 삽입한 〈땅〉, 50회에서 16회로 중단 충격

- MBC 〈땅〉(김기팔 극본, 고석만 연출)은 인생관이 다른 세 남자의 굴곡의 삶을 교차하여 격동의 현대사를 조명한 야심작으로 50회로 기획되어 1991년 1월 6일에 출발했다. 연초부터 시청률 30%를 획득하며 돌풍을 일으켰으나 4월 말, 16회 만에 결국 폐지되었다.

  6공의 경제실책을 지적한 전두환의 백담사 연설 장면, 3당 통합, 국회법안 날치기 통과, 남북총리 회담 등 첫 회에 뉴스 필름을 띄운 것부터 현 정부를 긴장시켰다. 이윽고 정계, 재계의 치부를 드러내고 VIP들의 밤의 행각을 폭로하여 충격을 안겼다. 방송위원회는 '빈부갈등 조장 죄'로 사과명령을 내렸고 방송사는 연출자와 제작국장에게 근신 10일 처분을 내렸다. 제작이사(민용기)와 사장(최창봉)도 청와대로부터 심한 질책을 받았다.

  MBC는 4월 들어 조기중단을 검토했고 작가는 집필 의지를 접었다. 노조는 방송통제 의혹을 들어 노태우 정권에 반발했고 오지명 길용우 최낙천 등 출연자 서른 명은 정치 이야기를 다룬다는 이유만으로 방송 중지는 있을 수 없다고 항의했다. 각계는 조기종영 철회를 주장했고 주요 일간지와 전문지도 일제히 이런 사실을 연일 대서특필했다.

  드라마 조기퇴출의 첫 진앙지는 손주환 정무수석, 최병렬 노동부장관도 아닌 노태우 대통령으로 추측되었다.(TV를 움직이는 사람들, 민용기 2017)

현대사를 다룬 드라마는 대개 실명극(實名劇)으로 논픽션 성격을 띠기 때문에 시청자는 이를 실화로서 인지하고 내면화한다. 그리고 현 정권의 권력구조를 반면교사적으로 수용한다. 하여 당대 위정자를 '불길, 불안,

불편'하게 한다. 당사자가 아니더라도 권력의 속살이 공개되고 권력자의 술수와 행적이 평가되며 가려진 내막이 폭로되기 때문이다. 미상불 비참하게 종료되는 권력의 말로도 목격하고 싶지 않다. 자신을 빗댄 것 같은 불쾌감과 자격지심의 발로다. 특히 독재정권은 이런 드라마에 민감하게 반응했고 권력의 치부를 묘사하면 한 결로 수난을 당했다.

- 1987년 KBS의 수목극 〈욕망의 문〉(김기팔 극본, 최상식 연출)은 현대사 40년을 한 젊은이의 인생에 압축했다. 그의 행적은 한눈에 정주영(정한용) 총수를 떠올렸다. 5공 말기에 시작한 드라마는 운동권의 주제가 격인 김지하의 '타는 목마름으로'를 깔아 주목을 받았고 전두환 장군의 묘사가 편편이 '역린'으로 변했다. 모처의 사전 검열에 걸린 부분은 무참히 삭제당했다. 50분 드라마는 30분짜리로 방송되기 일쑤였고 이에 항거한 작가는 울분을 참지 못해 집필거부로 맞섰다. 다섯 차례나 결방되기도 했다. 연출자는 숯덩이 속이 되었다. 한 날 그는 녹화 테프를 들고 정보기관에 호출당했다. 드라마 존폐와 자신의 신상이 염려스러웠다.
'가장 재미있게 보는 드라마는 〈욕망의 문〉이지요..'
때마침 13대 대통령에 당선된 노태우 후보의 인터뷰 기사 한 줄로 드라마는 기사회생했다. 전(全), 노(盧) 정권의 기묘한 엇갈림 덕분이었다.

- 1988년 5월에 시작한 KBS의 〈논픽션 드라마〉는 88올림픽 5개월 전 〈신인 작가, 젊은 연출자, 필름로케, 논픽션 소재〉로 의욕적으로 출범했다. '올바른 시각, 진실한 취재, 삶에 대한 애정'을 모토로 조작된 감정은 배제했다. 진리는 고통스럽고 진실은 불편하다. 독재에 강압된 10년 세월, 제도권의 폭력

과 고문, 사회 모순과 부조리에 희생된 서민의 삶 등 불행했던 우리의 자화
상은 편편이 폭로되었다. 1년 고비를 막 넘은 논픽션은 정지되었다. 노동조
합의 철야농성은 먹히지 않았다. 드라마의 사회적 앙가주망은 올림픽 국가
위상에 관계없이 시기상조(?)였던 것이다.

〈전원일기〉의 '양파 사건'과 〈우리동네〉의 요절

- 1982년 가을, 속칭 '양파사건'을 다룬 〈전원일기〉의 '괜찮아요' 편은 마른하
늘의 날벼락처럼 정부 일각을 흔들었다. 양파사건은 전국 농가에서 양파 경
작 초과로 밭에서 작물이 썩어가고 가격형성이 무너지는 가운데 설상가상
함평군 한 농민의 자살까지 목격되었던 불행한 우리 농촌의 단면이었다.
한 농민이 구덩이를 파고 양파를 묻어버리면서 쏟아낸 원망과 저주의 모습
이 아프게 다가왔다. 이 장면은 드라마마저 농정실책을 공격하고 전 농민의
사기를 일거에 무너뜨린 묵과할 수 없는 일로 비화되었다.
농수산부를 위시한 다섯 군데 기관에서 일제히 뭇매를 들고 나섰다.
작가(김정수), 연출(김한영)의 신원조회와 행적조사, 며칠간의 거처 제한이 발
동되었고 기획의도와 저의를 추궁당했다. 제작진이 배후에 온건치 못한 집
단과의 접촉 여하까지 체크되었다.
농촌, 농민, 농작물에 대한 정책이 원활치 못한 것은 어제 오늘 일이 아니지
만 수급균형이 어긋난 농산물 유통이나 가격 추이를 둘러싼 엇갈림은 매년
민감하게 교차해온 문제다, 마늘파동, 고추파동, 우유파동, 배추파동..등 농
민 생계에 직결된 농수산물 파동은 여전히 조심스런 대목이며 이것을 드라
마로 소재화했을 때 그 추인 효과는 놀랄만한 것이었다. 최악의 농가현실에

불을 지른 이 양파사건을 인기 드라마 〈전원일기〉가 추인한 결과로 매도되었다. 2주일 후 〈전원일기〉는 양파의 영양, 특효를 강조한 내용으로 급조되어 방송했다. 새삼스런 건강식품 권장 캠페인으로 둔갑한 것이다.

양파사건은 2회에 걸쳐 채찍과 당근 세례를 받은 기묘한 행로를 연출했다. 한 건의 주제가 병도 주고 약도 주는 야누스의 얼굴이 된 것이다.

- 1990년 정월, KBS의 〈우리 동네〉(박구홍 극본, 엄기백 연출)가 방송 6개월만에 '갑자기 종영'을 알렸다. 시청률 저조로 내세워진 이유는 별 설득력 없이 보였다. MBC 〈전원일기〉가 10년째를 맞던 1989년 7월, KBS는 이에 맞대응하여 〈우리 동네〉를 내놓았다. 농촌극의 후발인 만큼 〈전원일기〉와 차별화가 과제였는데 그것은 영농행정의 허실에 대한 정면 돌파로 나타났다. '수곡수매' '하곡수매' '농산물 수입개방' '대학생 농활' '농기계 문제' '땅 투기' '노총각 결혼난' '농가 인력난' 등 저간에 농촌이 앓아온 문제들을 정공법으로 파헤쳤다. 이것은 농촌현실을 거침없이 반영한 내용이었지만 정부로선 '괘씸한 드라마'였다. 갑작스런 종영은 불을 보 듯했다. 미운 오리 새끼의 제거로밖에 볼 수 없었다. 〈우리 동네〉의 분투기는 분루기로 마감되었다.

3-3 시청자 데모와 항의, 집단테러 당한 드라마

1.

1967년, TBC의 '유호극장' 시리즈에서 〈치맛바람〉이 한창 잘 나가고 있었다. 가난한 아내들이 남편의 쥐꼬리 월급에 지쳐서 계모임을 시작한다. 그 과정에서 화투도 치고 술도 마시며 몰려다니다가 결국은 계가 깨져 거덜 난다. 당시 '먹튀 계꾼'의 소행이 자주 사회적 물의를 일으킨 때였다. 작가는 이런 사회적 현상을 코믹하게 고발하려 했다. 근데 받아들이는 시청자층에서는 오해가 연발했다. 대다수 선량한 주부들이 어려운 살림에 계를 해서 목돈을 모으는 경우가 많았기 때문이다. 한 날에 매도 당한 수많은 주부 계꾼들은 크게 반발했다. 일부 시청자들은 출연자들을 괴롭혔다. 나옥주, 여운계, 강부자, 서승현이 날마다 시달렸다. 계의 성공비법을 알려달라는 전화질은 밤낮이 없었다. 주요 여성단체들도 항의차 방송사에 쳐들어왔다. 연출자(황은진)이 불 끄기에 바빴지만 불면증에 빠졌다.(한국 TV드라마 변천사, 신상일 2014)

2.

1988년 8월, 새 방송법에 의해 방송위원회가 출범하면서 '시청자 불만위원회'가 가동했다. '유해성' 드라마에 대한 강도 높은 행정조치를 취하기 위함이다. 관련자 소명과 처벌, 사과방송 하달, 공청회 개최 등 실무자 제재도 따랐다. 노상방뇨, 꽁초 버리기, 안전벨트 미착용, 음주운전, 신호위반 등은 설령 드라마 구성이나 상황묘사에 불가피한 장면이라도 모두 제재의 대상이 되었다.

- 〈사랑이 뭐길래〉에서 일반 약국에서 한약장을 설치하고 조제 판매하는 것은 불법임. 또한 부모에게 전혀 공경어 없이 반말로 일관한 것은 매우 잘못된 것임.
- 〈분례기〉의 내용이 외설적이어서 항의 전화했더니 방송사 측에서 '우리만 그러냐' 는 등 매우 불친절한 답변뿐이었음.

- 〈전원일기〉에서 '쓰리'(소매치기)라는 일본말을 사용했음. 또한 휴가를 얻은 공무원이 두툼한 봉투를 '휴가비'라며 부인에게 건네는 장면-건국 이후 공무원은 '휴가비' 명목조차 들어보지 못했음.
- 〈TV손자병법〉에서 출연자가 '삐지다'를 연발하고 있으나 '삐치다'가 맞는 표현임. 또한 카페의 탁자 위에 놓인 특정 회사 상표(OB맥주)가 상당시간 노출됨.
- 〈일출봉〉은 조선시대를 배경하고 있는데 미혼 남녀의 키스와 동침 장면이 왜 그리 많은가.
- 〈질투〉에 'Pizza Inn'이라는 브랜드 이름을 출입문, 의복, 상자 등에 버젓이 내보이며 수차례씩 방송하고 있음.
- 〈장미정원〉에서는 남녀가 침대 위에서 성관계를 맺는 장면이 1~2분간 방송되었음.

이상은 간접광고 제도가 허용되지 않았던 1992년 시청자 불만 처리 보고서 중 일부 내용이다.

3.

1990년 KBS의 〈사랑이 꽃피는 나무〉(이영희 연출)에서 시청자들이 '결혼 조건'에 제동을 걸었다. 병원장 아들 의대생(최수종)과 간호보조사(이미연)의 사랑이 부모의 반대에 부딪치자 시청자 의견도 덩달아 엇갈렸다. 신분, 학력, 재산 차이가 너무 큰 혼사에 일반 통념이 크게 작용하고 찬반 의견이 속출했다. 대체로 젊은층은 찬성, 중장년층은 반대로 갈라졌다. 오랜 숙고 끝의 결론은 '유보'였다. 서로 더 공부하고 교제하고 더 성숙해졌을 때 결정하자는 것으로 맺었다.

4.

KBS의 〈첫사랑〉(1996~97, 66회, 조소혜 극본, 이응진 연출)은 드라마 사상 최고 시청률 65.8% 기록한 작품이었다. 비록 가난하지만 효도와 우애로서 행복하게 살아가는 가족 모습이 아름답다는 평판이 이어졌다. 후반에 들어서면서 시청자들은 배용준의 진로 문제를 놓고 원색적인 감정을 표출하기 시작했다. 고시를 꿈꾸던 서울법대생 배용준이 집안 형편상 카지노에서 알바를 하고 돈 때문에 주먹세계에 들어오라는 유혹에 마음이 흔들리자, 시청자들의 반응은 상상을 초월했다. 전국의 아줌마 시청자들이 수십 명씩 단체로 방송사에 항의 전화를 걸어왔다. '배용준을 깡패 만들면 영영 KBS 안 보겠다' '배용준을 폭력집단에 넣으면 방송사로 데모를 가겠다'는 것이었다. 요지인즉 '배용준 같이 잘생기고 공부 잘하고 효성이 지극한 아들을 깡패로 만들면, 자식 키우는 우리 엄마들은 자식에게 누굴 본받으라고 말하느냐?'는 것이다. 나중에는 미국, 독일, 캐나다 교포들까지 전화를 해댔다. 결국 배용준을 다시 고시 공부하는 것으로 선회하고 말았다. 하긴 NHK가 〈첫사랑〉을 방송하기로 결정한 것도 일본 아줌마의 힘이라고 하지 않은가.

5.

1992년, SBS의 개국으로 3개 방송사간 시청경쟁을 본격화된 시기였다. 다음은 한 일간지에 실린 '긴급고발, 안방극장 저질경쟁 이대로 좋은가'의 기획기사다.

KBS, MBC, SBS가 최근 방송한 드라마를 보면 하나같이 남편이 외도와 불륜을 소재로 하고 있어 두 주제를 제외하면 한국 TV는 어떻게 드라마를 제작하고 안방극장으로 자임할 수 있는지 의문을 갖게 한다.

　지난 3일에 끝난 MBC의 〈창밖에는 태양이 빛났다〉는 유부남이 한 여자를 만나 가정을 버리고 자신도 파멸해 가는 과정을 그렸다. 유부남이 실명하자 그와 동거하던 여자가 한집에서 첫 애인과 밀회를 즐기는 상식밖의 장면까지 연출하기도 했다. SBS의 아침드라마 〈가을여자〉도 유부남이 직장일로 알게 된 여자와 바람을 피운 뒤 아내와 이혼하는 것이 지금까지 줄거리다. 이 드라마는 이혼을 요구하는 정부에게 본부인이 얼굴을 때리는 내용을 방송했는가 하면 보통 때는 부부의 문제로 티격태격하기 일쑤여서 아침 극으로는 부적합하다는 지적을 받고 있다.

　또 최근 방송된 KBS의 〈남편의 여자〉와 SBS의 소설극장 〈물위를 걷는 여자〉도 남편들의 외도를 소재로 한 작품들이다. 물론 불륜도 드라마의 소재가 될 수 있고 예전에도 있었지만 올 들어 지나치게 많아졌을 뿐 아니라 불륜장면과 대사가 도에 지나칠 정도라는 지적이 시청자들 사이에서 나오고 있다.

　유부남과 여직원의 불륜을 소재한 〈남편의 여자〉는 아이를 임신한 여직원의 낙태수술 장면을 상세히 묘사, '가정의 순결을 저해했다'는 이유로 방송위원회로부터 경고조치를 당하기도 했다. 또 '여자와 껌을 버릴 때는 주의하라' 등의 여성비하 대사로 한국여성단체협의회의 반발을 샀다. KBS의 〈숲속의 바람〉은 전직 호스티스가 신분상승을 위해 여러 남자들과 관계를 이용하는 전개를 보임으로서 안반극장으로는 적합하지 않다는 지적이다. 이런 드라마들이 양산되는 것은 3개 방송사의 지나친 시청률 경쟁과 제작진의 가치관 부재 때문이라는 분석이 지배적이다. YMCA의 '좋은 방송을 위한 시청자모임'의 이승정 간사는 'SBS 프로그램 가치는 재미 이상의 것이 없는 것 같다'며 '반응이 좋으면 일단 좋은 드라마라는 생각이 기본적으로 깔린 것 같다'고 지적했다. 그러나 SBS의 이런 역기능이 기존 공영방송에도 영향을 줘 각 방송사의 공.민영이 따로 없는 시청률 제일주의 상업적 경쟁체제 속에 있다는 데 문제의 심각성이 있다. 〈동아일보 1992. 11. 11〉

6.

이명박 정부 2년 차인 2010년, SBS 창사 20주년 작 〈자이언트〉의 주역 이강모 역엔 김명민이 최종 물망에 올랐다. 그러나 열혈 팬들의 거센 반대에 부딪쳐 무산되는 전례 없는 일이 벌어졌다.

드라마는 1970년~90년대, 개발 열풍이 전국을 휩쓸던 건설현장을 배경으로 맨주먹으로 일어선 한 남자의 성공담을 그린 내용이었다. 이는 곧 20년 전 이명박을 우상으로 만들었던 KBS 〈야망의 세월〉과 너무 흡사하여 제2탄으로 오해를 받았다. 팬들의 입장은 현 정권을 찬양하고 특정인물을 미화하며 개발독재를 긍정적으로 묘사하는 드라마에 김명민이 출연해선 안 된다는 것이었다. 한 인터넷 포털사이트는 출연반대 서명운동을 전개했다. 제작진은 '불의와 부조리를 맞서 양심적으로 성공한 한 인간의 역정을 부각한다'고 해명했으나 여론은 이명박 정부의 실망에 맞물려 먹히지 않았다. 이강모의 모델이 이명박이 아니라는 사실은 분명했지만 그 당시 정직한 방식으로 성공한 건설기업이 있을 것이라는 가정 자체가 한국 기업사에 대한 면죄부가 되지 않을까 하는 우려의 목소리가 높았다.

국민 다대수는 '국민 성공시대'를 외친 MB에 표를 몰아주었지만 오래

지 않아 그것이 착각임을 깨달았다. 광우병 파동과 '기업 프렌드리' 정책
도 국민 희생만을 강요하는 것이었다. 김명민은 〈베토벤 바이러스〉 이후
1년 반 만에 찾아온 60부 대작을 놓고 막판에 제의를 거절했다. 이는 정
권에 대한 불신, 주역 모델에 대한 거부감 그리고 시청자 결사반대가 어
우러져 캐스팅을 바꿔버린 별난 사건이었다. 덕분에 중고신인 이범수가
특유의 연기를 펼쳐 출세작이 되었다.

7.

   2010년 4월, KBS 주말극 〈수상한 삼 형제〉(문영남 극본, 진형욱 연출)는 반
응이 좋아 50부에서 70부로 연장했다. 문제가 터졌다. '경찰을 너무 미
화한다'는 시청자들의 불만이 폭발한 것이다. 개발 강행으로 철거민과
맞선 한 경찰관이 시위대가 던진 화염병에 부상당한 장면이 등장했다.
경찰의 과잉진압이냐, 시위대의 무차별 공격이냐의 구도에서 드라마는
철거민 탓과 그들의 입장을 대변한 매스컴을 나무라는 쪽으로 흘렀다.
이에 반해 거듭된 경찰 편들기에 많은 시청자는 불편함을 나타냈다. 제
작진은 경찰을 미화하지도 옹호할 의도가 없었다고 해명했으나 삶의 터
를 잃어버린 철거민의 저항권보다는 경찰의 피해 상황만 일방적으로 대
변했다고 비난했다.

8.

   '〈인생은 아름다워〉를 보고 게이가 된 내 아들-
   에이즈로 죽으면 SBS는 책임져라'
   이는 '바른 성 문화를 위한 전국연합'(바성연) 등 어머니회 시민단체가

2010년 11월, 한 일간지에 실은 드라마 항의 광고다. 〈인생은 아름다워〉는 김수현 작가가 남성 동성애를 노골적으로 다루고 있었다.

한국 게이 인권운동 단체는 드라마가 성(性) 정체성에 영향을 줄 수 없다고 주장했다. 동성애는 선천적, 후천적(환경적)의 문제가 아니라 삶의 과정 속에서 자기 자신이 스스로 느끼는 것으로 단정했다.

더불어 이 성정은 대개 타고난 부분이 강하며 드라마가 청소년의 호기심을 자극할 수는 있으나 성적 취향까지 바꾸기는 어렵다는 취지다.

에이즈도 치료받으면 살 수 있는데 죽는다고 말하는 것은 에이즈 환자에 대한 인권침해다. 또한 해당 작가의 트위터로 비꼬는 댓글은 1천만 기독교인에 대한 모독이며 선전 포고하는 격으로 맹비난했다.

9.

MBC의 150회 일일극 〈오로라 공주〉(2013.5~12, 임성한 극본)에서 죽거나 실종된 캐릭터가 무려 10명이나 나왔다. 드라마 초반부터 '해괴한 죽음의 행진'이 끊임없이 연달았다. 교통사고 후 사망, 유체이탈 후 죽음, 차 속 심장마비에 이어 뜬금없이 외국 이민으로 쫓겨나간 인물도 여섯에 이르렀다. 변희봉, 서우림, 임예진, 박영규, 손창민, 오대규, 이상숙, 이현경, 이아현, 신주아 등 친정부모, 친정오빠 셋, 올케 셋 등이 느닷없이 차례로 세상을 뜨거나 퇴출당했다. 사람뿐 아니라 애완견도 죽어 나갔다.

출연자 10여 명의 어이없는 중도 하차와 개연성 없는 줄거리, 욕설 자막 등으로 구설에 오르면서 분노한 시청자 인터넷에서는 '작가 임성한 퇴출 서명운동'까지 일었다.

인터넷을 통한 다자간의 열띤 주장과 논쟁

10.

2007년, SBS의 〈강남엄마 따라잡기〉(김현희 극본, 홍창욱 연출)는 입시공화국의 본거지인 서울 강남에서 사교육 열풍이 초래한 갖가지 병폐를 보여주었다. 불법과외, 촌지, 왕따, 돈 지르기 등 입시 생태계의 병리현상을 생생히 전하는 중계방송 같았다. 강남북 학력격차, 일류병으로 황폐화된 가정, 수험생의 투신자살을 통한 사회적 갈등도 부각했다.

당사자인 학부모, 교원단체, 학원 관계자가 민감하게 반응했다. 세 집단은 게시판을 통해 자기주장과 항의를 치고받기 시작했다. 드라마는 드라마가 아닌 교육 현실을 진단하는 불쏘시개로 변했다. 강남 때리기를 향한 진실 찾기 퍼즐 같은 각각의 논리는 누구도 정답을 낼 수는 없는 선문답 격이었다. '강남을 싸잡아 매도해선 안 된다' '현실은 드라마보다 더 심하다' '진학 클리닉과 집중력 향상을 위한 시술을 받았다' '강남엄마, 남편보다 애가 먼저다' 등 파행적인 현장은 작가가 6개월간 사전 취재한 것이라고 토로했다.

드라마의 수난은 그 자체가 아니라 각기 입장이 다른 시청자끼리의 댓글과 맞글이 엇갈린 장외 싸움판이 돼버렸다.

3-4 저 시청률은 단두대, 드라마의 요절

2015년 2월 15일, 세 자매의 성공기를 다룬 SBS의 주말극 〈내 마음 반짝반짝〉이 2%로 하락, 역대 최저 시청률 군으로 추락했다. 시간대가 맞물린 MBC의 〈전설의 마녀〉(28.5%)와 KBS의 새 대하드라마 〈징비록〉(9.8%), KBS2의 〈개그콘서트〉(14.4%)의 삼각 협공을 받아 회복불능으로 오그라들었다. 국내 시청률 조사가 본격화된 1991년 이래 2%대 이하로 떨어진 최저 시청률 드라마는 서너 개에 불과하다. 시청률 2%대 시청인 구는 팔십만 명이 조금 넘는 치명적인 수치다.

최고 시청률 1997년 〈첫사랑〉의 65%, 최저는 2% 이하

드라마에 대한 호감도와 접촉도를 계량화한 수치가 시청률이다.

역대 최고 시청률 보유 드라마는 1997년 KBS2에서 방송한 〈첫사랑〉으로 65.8%다. 60% 이상을 획득한 드라마는 〈사랑이 뭐길래〉(MBC 1992), 〈모래시계〉(SBS 1995), 〈허준〉(MBC 2000), 〈젊은이의 양지〉(KBS2 1995), 〈그대 그리고 나〉(MBC 1998), 〈아들과 딸〉(MBC 1993), 〈태조 왕건〉(KBS 2001) 등 여덟 작품이다. 55%이상을 기록한 드라마로 〈여명의 눈동자〉(MBC 1992), 〈대장금〉(MBC 2004), 〈보고 또 보고〉(MBC 1998), 〈진실〉(MBC 2000), 〈질투〉(MBC 1992), 〈바람은 불어도〉(KBS 1996)를 들 수 있다. (닐슨 코리아 자료)

최고 드라마는 동시간대의 최저 드라마를 잡아먹고서 살아왔다. 압도적인 시청률을 자랑한 드라마와 맞물린 상대사 드라마는 소리 없이 숨을 죽이거나 조기종영의 비운을 맞았다. 말하자면 '불운한 드라마'로서 시기와 시간대를 잘 못 만난 죄로 세인의 관심 밖으로 밀려났다. 최저 드라마를 뜯어보면 작품의 질이나 내용면에서 결코 '최저'는 아니다. 다만 상대적 수치의 위세에 불가피하게 눌렸을 뿐이다.

1969년 MBC 〈망향초〉는 시청자 반응이 시원치 않자 '망한초'로 불렸다. 1972년, 전운 주연의 정통사극 〈대원군〉은 지식인들에 좋은 반응을 얻었으나 KBS의 인기드라마 〈여로〉와 맞물려 점유율을 크게 빼앗겼다.

최수종 배용준 이승연이 출연한 KBS2의 주말극 〈첫사랑〉에 대응하여 MBC는 톱스타 심은하와 새 얼굴 박신양 주연의 〈사랑한다면〉으로 맞섰으나 5% 남짓한 초라한 성적표로 깨져버렸다.

MBC는 1994년 창사 33주년을 맞아 러시아 유민사의 비극을 묘사한 22부작 〈까레이스키〉를 야심 기획, 김희애 차인표 황인성 한석규 도지원 손지창 등 톱 탤런트로 의욕을 보였으나 하필이면 불세출의 명작인 SBS 24부 〈모래시계〉와 맞물려 완전히 빛을 잃고 말았다.

한편 MBC의 월화 드라마 〈허준〉도 타사의 여러 드라마를 울렸다.

2000년, SBS의 〈도둑의 딸〉(2.7%)은 김원희 주현 이경영 조형기 김래원 등 화려한 캐스팅에도 불구하고 〈허준〉에 가려 50회에서 34회로 축소 종영했다. KBS2의 〈바보같은 사랑〉〈나는 그녀가좋다〉〈성난얼굴로 돌아보라〉도 역시 2% 안팎의 성적으로 줄초상을 당했다.

2004년 MBC의 주말극 〈장미의 전쟁〉은 두 번째 아이의 출산 후 복귀한 최진실로 화제를 모았으나 채시라를 앞세워 같은 날 시작한 KBS의 〈애정의 조건〉(46%대)에 밀려 조기 종영을 서둘러야 했다.

2009년 MBC 고현정의 〈선덕여왕〉, 김남주의 〈내조의 여왕〉은 SBS

의 역점 드라마를 지워버렸다. 정려원 박민정을 내세운 대형사극 〈자명고〉는 평균 9%대를 넘지 못하고 50부에서 39부로 줄었다. 주진모 손담비 주연의 〈드림〉(3.5%)도 〈선덕여왕〉에 연속적으로 치었다.

　SBS의 장혁, 이다혜의 〈불한당〉(3.3% 2008)과 〈천국보다 낯선〉(3.2% 2006)은 MBC의 지성과 조재현을 세운 〈뉴 하트〉와 송일국 주연의 〈주몽〉에 각각 밀려났고, MBC 배용준의 〈태왕사신기〉에 가린 KBS의 〈사육신〉(1.9%)도 유야무야의 드라마가 되었다. 그런가하면 2005년 KBS의 최진실, 손현주의 〈장밋빛 인생〉은 MBC의 〈가을 소나기〉(2.3%)를 바닥으로 밀어냈다.

드라마에도 사주(四柱)와 길흉화복이 있다

　팔자 좋은 드라마가 되기 위해서는 4박자의 어울림 즉 극본, 연기, 연출, 방송채널이 좋아야 한다. 이런저런 필요조건 외에 '사주가 좋아야' 하는 충분조건이 따라야 한다.

　드라마의 사주는 사람과 같아서 겉사주와 속사주에 의해 운(運)과 명(命)이 결정된다. 여기서 겉사주란 드라마의 생년월일시(방송시기,기간,횟수,편성시간)이며 속사주는 같은 시간에 맞물려 방송되는 상대사의 드라마 형세를 말한다. 양(兩)사주가 좋아야 드라마도 좋다. 그냥 웃자고 하는 얘기가 아니다. 사주가 나쁘면 좋은 드라마도 '좋은' 소리를 듣지 못하고 엄청 고생만 한다. 때론 요절한다.

　2005년 MBC 주말극 〈제5공화국〉이 〈모래시계〉처럼 문민정부의 시절에 방송되었다면 훨씬 좋은 평가와 반응을 얻었을 것이다. 더불어 KBS의 대하사극 〈불멸의 이순신〉과 맞물리지 않았어도 더 좋았을 것이다.

2006년 MBC 수목극 〈90일 사랑할 시간〉이 치밀한 구성과 감동적인 연기, 연출에도 불구하고 5% 시청률에 그치고만 것은 KBS 하지원의 〈황진이〉와 SBS 김정은의 〈연인〉에 가려진 탓이다.

잘 만든 작품 〈눈꽃〉과 〈눈의 여왕〉도 MBC의 〈주몽〉에 눌려 '좋은' 소릴 듣지 못했다. 2007년 유동근의 〈연개소문〉과 최수종의 〈대조영〉은 주말 이틀간 후반 25분이 겹쳐 있다. 주제, 시대배경, 등장인물까지 3겹 중복 살이 끼어 서로를 상쇄하고 있는 꼴이다.

이 모두가 드라마의 겉사주 속사주가 고약한 탓이다. 드라마의 사주란 꼭 타고난 것만은 아니고 만들어지는 편이다. 4박자의 주체가 드라마 팔자를 가름하는 데엔 상대적 경쟁 환경을 면밀히 검토하라는 뜻이다. 이 점이 자칫 태생적 불가항력으로 간과하기 쉬운 대목이다. 다채널 속의 드라마의 적(敵)은 드라마가 된다.

여하한 방송 드라마를 막론하고 그것이 완성되는 시점은 방송 시점이며 그 타이밍과 상황을 소홀하면 좋은 드라마 반열에 들기 어렵다. 좋은 드라마란 좋은 극본, 좋은 제작뿐만 아니라 좋은 방송시기와 편성환경을 포함하는 것이다

조용히 사라진 '불운'의 드라마들

2009년 MBC의 만화원작 〈외인구단〉은 20부작에서 16부로 축소 종영했다. 2010년, 장애 소녀의 성장통을 다룬 나연숙 극본의 일일극 〈폭풍의 연인〉(6.8%)은 120회에서 69회로 도중하차 했다. 그 후속 드라마

인 〈그 남자를 믿었네〉마저 부진에서 헤어나지 못하자, 6월 69회 만에 끝내버렸다. 2011년 박신혜 정용화 주연의 〈넌 내게 반했어〉는 춤 노래 연기를 전공한 예술대학생의 희비를 그린 좋은 작품이었으나 기대에 못 미쳤다. 2013년 〈엄마가 뭐길래〉는 일일극에서 월화극으로 승격되었으나 흡인력을 회복하지 못한 채 숨을 거두었다.

2004~2005년에 방송된 MBC의 〈환상넥스트〉〈가을소나기〉〈떨리는 가슴〉〈장미의 전쟁〉〈사랑할거야〉〈아이랜드〉도 약세 정도의 차이를 보였으나 모두 '돌연사'를 면치 못했다.

2007년, 이민호 문채원 박보영의 SBS 〈달려라 고등어〉(5.5%)는 퇴학 직전의 반항아들의 생존방식을 그렸으나 24회 예정을 채우지 못하고 8회로 요절했다.

1995년, SBS의 〈고백〉은 당초 50회에서 31회로, 〈다시 만날 때까지〉은 40회로 각각 종을 쳤다. 당시 드라마 한편 제작비는 2천만 원 선이었다. 두 드라마는 약속한 듯이 시트콤 〈사랑해서 미안해〉〈LA아리랑〉으로 각각 대체되었다. 시트콤의 제작비는 드라마의 50% 수준이었다.

1999년 SBS의 주말극인 〈흐린날에 쓴 편지〉(10%대)는 IMF의 고비를 슬기롭게 극복하는 사회 약자들의 고통을 다루었으나 50회에서 30회로 반 토막이 됐다. 2003년 광해와 김상궁 개시의 러브스토리를 담은 〈왕의 여자〉, 2004년 유오성 한고은의 〈장길산〉, 와인 소믈리에의 세계를 묘사한 2009년 한혜진 김주혁의 〈떼루아〉 등은 모두가 의욕만큼의 결과를 내지 못했다.

2005년 이효리 주연의 〈세 잎 클로버〉는 20부에서 16부로 쪼그라들고 〈사랑한다 웬수야〉는 24부서 18부로, 〈해변으로 가요〉는 16부에서

14부로 각각 제명을 채우지 못했다.

2004년 KBS의 〈북경 내사랑〉(4%)은 중국에 진출한 한국청년의 도전과 사랑을 주제로 현지 촬영했으나 참패를 면치 못했다. 2000년 노희경 극본, 표민수 연출, 배종옥 이재룡 주연의 〈바보같은 사랑〉, 70년대 순수한 사랑의 트렌드를 담아낸 장근석 윤아의 〈사랑비〉(2012, 5.9%)는 모두 냉랭한 반응이었다.

〈러브홀릭〉〈4월의 키스〉〈그녀는 짱〉〈그녀가 돌아왔다〉〈나는 그녀가 좋다〉〈성난 얼굴로 돌아보라〉〈얼렁뚱땅 흥신소〉...모두 있는 듯 없는 듯한 드라마로 생을 마쳤다

〈첫사랑〉으로 사상 최고의 시청률을 올린 조소혜 작가의 〈맨발의 청춘〉(2005, MBC)은 130회 예정에서 65회로 그쳤다. 조 작가가 처음으로 도전한 일일극이 KBS의 〈별난 여자 별난 남자〉에 가려 최악의 시청률로 문을 닫은 것은 매우 아이러니하다.

2012년 종합편성인 jtbc의 아침드라마 〈여자가 두 번 화장할 때〉는 낮은 성적으로 슬그머니 자취를 감추었다. 같은 해 TV조선이 대형 드라마로 투자한 황정민 김정은의 〈한반도〉는 24부에서 18부로 서둘러 마쳤다. 통일 가상극에 남남북녀의 사랑을 엮은 이 작품은 첫 회부터 1% 이하로 맴돌면서 단축방송을 자초했다

정글게임에 의한 연장방송 또는 조기종영 문제

시청률의 기대치에 못 미친 드라마는 구박을 받고 애물단지가 된다.
핵심 시간대에 시청률 5% 안팎의 성적이 나오면 위험 신호가 켜진다.

성적 나쁜 학생이 유급되는 예는 학교에서나 가능하다. TV드라마는 곧 퇴출로 연결된다. 이런 현상은 다매체, 다채널 사회가 정착된 2000년 대 들어서서 노골화되어 드라마의 '돌연사' 형태인 '단축방송'과 '조기종 영'이 다반사로 일어났다. 주요 시간대에 작품의 질에 관계없이 드라마 끼리 맞대응 편성에서 비롯된 적자생존의 불가피한 경쟁의 결과다.

저녁 10시대는 그야말로 정글법칙이 난무하는 지역이다.

월·화, 수·목, 주말에 3사의 역점 드라마가 각 3편~5편이 엇물려 가 열찬 투합을 벌인다. 시청 점유율은 3:3:3으로 균분되지 않는다. 한쪽으 로 몰리고 기우는 것이 상례다. 노골적인 약육강식이다. 상대적으로 최 하위에 맴도는 드라마는 읍참마속을 각오해야 한다. 동종 콘텐츠, 동업 자들끼리 '너 죽고 나 살기'로 맞붙어 백병전을 벌이고 있는 것이다.

괴롭기는 시청자도 마찬가지다. 이 중 한 편만을 시청해야 하는 선택 을 강요받기 때문이다. 힘 들여 돈 들여 만든 상당수의 드라마가 선택권 밖으로 밀려나면 이름도 존재도 모른 채 강자에 치어 죽거나 기약 없이 묻혀버린다. 셋이 맞물려 하나를 취하고 둘은 버려야 하는 육박전에서 설령 오늘 웃는다 해도 내일까지 보장할 수는 없다. 드라마 사람들은 왜 동업자끼리 상생(相生) 아닌 상쇄(相殺)의 길로 가고 있을까? 타 부문 프로 그램과 지그재그로 교차 편성하여 시청자의 다양한 선택권을 보장하는 것이 합리적이지 않은가? 이 소리는 오늘도 여전히 공허하다.

반대로 시청률이 좋은 드라마는 연장 방송된다.

2012년 KBS의 〈넝쿨째 굴러온 당신〉은 당초 50부에서 8부를 늘였고, 2006년 〈소문난 칠공주〉는 50부에서 80부로 연장했다. 2006년, 60부로 기획된 MBC의 〈주몽〉이 시청률 50%에 육박하자 제작진과 배우(송일국)의 협의 하에 무려 21회 연장 방송했다. 2007년 SBS의 〈조강치처 클럽〉은 당초 60부에서 80부로, 다시 104부로 연장했다. 주말극 44부 연장은 전무후무한 기록이다. 이런 변칙은 시청률 절대 조건 하의 한국 드라마계의 여러 허실을 엿보게 한다.

오늘날 생존을 위한 지표는 〈일일극 10%대, 미니시리즈 15%대, 주말극 20%대〉 이상을 달성해야 안심권이라는 소리도 들린다.

'시청률로 말하라' 일방적이지만 간단하고도 명쾌한 잣대다. 드라마의 행복지수는 엄연히 시청률 순이다. 나쁘면 사면초가가 된다. 시청자, 광고주가 외면하고 안팎의 유통망 판매망도 막힌다.

1990년대 중반, 시청률 수치가 양적 평가에만 편중한 반쪽 평가라는 이의가 제기되자, 드라마의 유익성과 교양성을 중심한 소위 질적 평가를 병행했으나 질과 양은 별개가 아니라 함께 비례하는 것으로 나타나 질적 평가도 역시 시청률 결과 수치로 귀속 통합되었다. 이후 오늘까지 시청률 맹신주의는 관련자들을 '시청률 벌레' 또는 '시청률 노예'로 전락시켰다.

이런 이데올로기에 예속되면 대중성과의 야합을 위해 드라마의 선정성과 자극성을 추구하는 역기능을 가속한다. 결과가 과정을 합리화하고 목적이 수단을 정당화한다. 이는 드라마 작가나 제작팀으로 하여금 새로운 소재와 포맷 그리고 드라마 외연을 넓히는 다양한 시도와 도전의지를 꺾는다. 그래서 드라마의 획일주의와 상업주의는 더욱 기승을 부린다. '막장' 드라마도 이런 토양에서 돋아난 독버섯이다. '이래도 안 볼 거야..'

하는 협박적 코스플레다.

'가장 좋은 드라마는 가장 많이 보는 드라마다...' 틀린 얘기가 아니다.

'보지 않는' 드라마는 '좋지 않은' 드라마가 되어 곧 시들어버린다. 이 비정한 시장원리를 '아니다' 라고 정면에서 반박할 사람은 아직 없다.

3-5 안전 불감증, 목숨 담보한 제작 현장 사고사

- 2014년 4월 11일 새벽 5시경 중부내륙 고속도로 충주 부근서 차량 6중 추돌사고가 발생했다. jtbc드라마 〈달래 된, 장국〉의 의상 담당자 2명이 현장서 숨졌다.
- 2013년 3월 초순 새벽에도 종편 주말극 〈궁중잔혹사─꽃들의 전쟁〉의 외주 제작사 조명 담당자 2명이 횡성휴게소 부근서 비명에 갔다. 탑승한 발전차 차량이 앞선 대형 트럭과 부딪쳤다.
- 2012년 4월 18일, KBS의 미니시리즈 〈각시탈〉의 보조 출연자 31명을 태운 버스가 합천군에서 1.5미터 논두렁에 굴러 49세 박 모씨가 숨을 거두고 대다수가 중경상을 입었다.

조급한 장소이동 교통사고, 심야와 새벽에 가장 많아

302명의 익사로 국난이 된 '세월호 참사'(2014.4.16)는 결국 박근혜 정권의 몰락을 초래했다. '안전 불감증'이 부른 눈물과 한탄은 여전히 가시지 않고 있다. 육지와 바다, 혼자든 여럿이든 죽음의 함정은 이동공간의 사각지대에 부엉이처럼 도사린다.

직업병이랄 수 있는 과로사와 추락사, 교통사고는 지금도 밤낮을 가리지 않고 일어나고 있다. 그중에는 헬리콥터 추락사, 외국 촬영 중 풍토병에 걸려 죽은 안타까운 경우도 있었다. 빠듯한 일정에 무리한 이동은 2000년대 들어 현저히 나타났다.

교통사고는 드라마 수만큼 많았다. 촬영장, 녹화장으로 이동하는 횟수가 잦아짐에 따라 불상사도 비례했다. 촬영 현장이 전국화되고 '살인적인 스케줄'은 분초를 다툰다. 스탭, 연기자를 막론하고 밤낮으로 숨 가쁜 이동 중에 과속 또는 안전수칙을 무시한 탓에 명운을 재촉한 경우가 가장 많았다. 교통사고는 특히 심야와 새벽에 집중되어 뼈저린 교훈을 주고 있지만 여전히 줄지 않고 있다.

탤런트 변영훈은 1993년 6월, 영화 〈남자 위에 여자〉의 한강 상공 촬영 도중, 탑승 헬기가 추락하여 28세의 짧은 생애를 마쳤다. 근접 촬영을 위해 강풍 속의 너무 낮은 하강 비행이 원인이었다. 추락 후, 뇌사상태로 보름간의 응급치료도 효험이 없었다. 동승한 카메라맨도 함께 참변을 당했다. 1992년 MBC의 〈분노의 왕국〉에서 비운의 황태자 역으로 유명해진 스타 한 명을 잃었다.

1994년 8월, 33세의 석광렬은 출연작 〈남자는 외로워〉의 일과를 마치고 귀가 중 자신의 차가 한강교각을 받아 전복되면서 뇌를 다쳐 7일 후에 사망했다. 1994년, 조문정 역시 24세로 SBS의 드라마 〈공룡선생〉 촬영 후 빗길 급커브 길에서 교통 표시판과 가로수를 들이받고 이튿날 숨졌다. 1995년 9월 말 새벽, 〈제4공화국〉의 촬영 현장에 만취 운전자의

'미친 돌진'으로 촬영감독 조수현이 숨지고 제작진 8명이 부상을 당했다. 한적한 서울 한 거리의 심야는 사각지대로 돌변했고 다친 연출자는 교체되었다.(최종수→장수봉) 탤런트 조재현의 친형인 조 감독은 〈여명의 눈동자〉도 촬영했었다.

개그맨 양종철의 지프차는 2001년 11월 새벽, 논현동에서 신호 대기 중인 택시와 추돌했다. 40세 나이로 현장에서 숨졌다.

2007년 1월, 26세의 개그우먼 김형은이 빙판길 고속도로 주행 중 사고를 당해 병원서 숨졌다. 2012년, 10월 KBS 주말 대하드라마 〈대왕의 꿈〉의 촬영차 제천서 경주로 가던 탤런트 박주미(선덕여왕 역)의 차량이 앞선 덤프트럭과 추돌하여 부상을 입었다. 목 부위의 상처로 발성이 여의치 못해 약 8주간의 치료와 4회 불방 끝에 도중 포기했다. 결국 다른 연기자(홍은희)로 대체되었다.

2013년 6월, 동료들과 회식을 마치고 한밤에 귀가 중이던 개그 탤런트 함효주(29)는 택시를 잡기 위해 횡단하다가 달려온 차에 치어 뇌출혈로 세상을 떴다. 2017년 7월, 남아공에서 EBS의 〈다큐프라임〉을 찍던 박환성, 김광일 독립PD는 차량 충돌로 현장서 모두 숨졌다.

낙마, 추락, 익사사고, 타국 촬영 중 풍토병사와 돌연사

2004년, 성우 장정진은 KBS의 〈일요일 101%〉 녹화 중 급히 떡을 먹다 기도가 막혀 결국 사망했다. 1999년, 탤런트 김성찬은 KBS 〈도전 지구탐험대〉의 라오스 지구 촬영 중 말라리아에 감염되어 숨졌다. 오지 극지를 비롯, 외국 현지 촬영에 각별한 주의와 경종을 울린 계기도 되었다.

2014년 봄, KBS 대하극 〈정도전〉에서 유동근과 선동혁이 낙마 사고를 당했다. 상처를 입고 갈비뼈도 다쳤다. 2013년 〈대왕의 꿈〉의 최수종, 2011년 〈인수대비〉의 함은정, 그리고 천정명, 2009년 11월 〈선덕여왕〉의 김남길 등 사극 제작에서 낙마사고는 바늘에 실처럼 따라다녔다. 골절상에서 타박상, 파열상, 두골충격, 찰과상 등 다수의 상처를 동반했다.

1985년, 남한강 한 곳에서 MBC 〈베스트셀러극장〉에서 주인공의 물에 빠진 역을 대신했던 남자는 입수 후 떠오르지 않았다. 한참 떨어진 곳에서 시신은 발견되었다. 심장마비사로 추측했다.

1986년 초, 〈조선왕조 5백년〉시리즈 '임진왜란' 편에 논개가 왜장을 안고 남강에 투신하는 장면에서 22살의 겁 없는 한애경이 대역을 거부했다. 한겨울 추위 속 10여 미터 높이에서 떨어진 후, 왜장 대역은 물 위로 떠올랐으나 논개는 감감 보이지 않았다. 한참 후 그녀는 물속에서 기절한 채 구조되었고 30여 분 만에 간신히 회복했다.

판타지 사극 또는 액션 드라마에 곧잘 등장하는 것이 와이어에 의한 공중비행 장면이다. 스턴트맨과 전문 대역에 의한 고공신의 안전장치는 철저히 대비하지만 매 순간마다 아슬아슬하다. 전쟁 신에 빈번히 사용하는 폭약, 총탄 사고도 끝날 때까지는 맘을 놓을 수 없다. 빤히 알면서도 안전의 사각지대가 되는 것이다.

2008년 10월, KBS의 미니시리즈 드라마 세트장에서 작업하던 조명 담당자가 실족하여 '추락사'가 발생했다. 9년 후 똑같은 추락사고가 발생했다. 2017년 12월 새벽, tvN의 주말극 〈화유기〉의 용인 세트장 천장 샹들리에 일하던 작업원이 추락, 허리뼈와 골반뼈가 부서져 하반신 마비상을 입었다. 이에 전국언론노동조합(위원장 김환균)에서 '정부 차원의 실태

조사 촉구'를 들고 나섰다. 사고를 둘러싼 드라마 응급조치에만 쏠린 보도관행을 타파하고 '인간 생명과 안전'에 대한 기본 인권문제를 먼저 내세웠다. '드라마 돈벌이'로 밀려난 인명경시에 분노한 언노련의 조치는 드라마 수난사 사상 초유의 일이었다.

외주 제작사 PD, 혹사 못 이겨 9개월 만에 자살

"하루에 20시간 넘는 노동을 부과하고, 두세 시간 재운 뒤 다시 현장으로 노동자를 불러내고, 우리가 원하는 결과물을 만들기 위해 이미 지쳐있는 노동자들을 독촉하고 등 떠밀고.. 제가 가장 경멸했던 삶이기에 더 이어가긴 어려웠어요"

입사 9개월 만에 스스로 목숨을 끊은 이한빛 PD(28)의 유서 내용이다.

2016년 1월, 그는 CJ E&M에 정규직으로 취직하여 tvN 드라마 〈혼술남녀〉의 조연출로 투입되었다. 작품은 노량진을 배경으로 혼술을 즐기는 요즘 청춘과 공시생들의 애환을 그린 내용이었다. 그는 종영 다음날, 10월 26일 한 호텔에서 생애를 마감했다.

유가족은 살인적인 업무강도와 상사들의 학대, 인격모욕이 원인이라고 주장했지만 회사 측은 오히려 근태불량, 나약성, 타 프로에 비해 강도가 높은 것은 아니었음을 들어 사과는 물론, 책임자 처벌을 할 수 없다고 맞섰다. 어머니와 동생은 회사 앞에서 피켓 시위에 돌입했다. 쪽잠 55일 중 이틀만 쉬는 구조, 시청자에게 한 가지의 즐거움을 주기 위해 백가지 괴로움을 견뎌야 하고, 백날의 피로가 도사린 현실을 환기했다.

2년 뒤, 그 이름을 딴 '한빛미디어 노동인권센터'가 발족되었다.

'카메라 뒤의 사람과 노동이 존중받는 환경을 만들라' '공정 방송의 근간은 곧 공정 노동에서 비롯한다'는 취지로 드라마 노동 현실에 대한 대응을 촉구했다.

언노련 차원에서 드라마 제작환경 개선 추진

드라마 제작 종사자 10명 중 6명이 하루 20시간 넘게 일하는 것으로 나타났다. 전국언론노동조합 등 5개 단체가 참여하는 '드라마 제작환경 개선 TF'는 2018년 2월 말, 서울 중구 언론노조 회의실에서 기자회견을 열고 드라마 현장의 노동환경을 조사한 결과를 발표했다.

조사대상은 촬영, 연출, 조명, 미술, 소품 등 각 분야에서 일하는 노동자 113명으로 20일간 온라인에 의했다. 프리랜서가 67.%로 가장 많았고 계약직 19.6%였다.

응답자들 중 60.9%인 67명은 하루 20시간 이상 일을 한다고 했다.

한번 시작한 근무를 '날이 바뀌도록' 계속했다는 사람도 5명이었다. 이들이 전한 촬영현장의 노동 조건은 상상을 뛰어넘는 수준으로 열악했다. 53시간 촬영 후 졸음운전을 했다는 사람도 있었고, 새벽에 일이 끝났는데 차비도 연장수당도 받지 못했다는 사람도 있었다. 방송업은 '노동시간 특례업종'이어서 사용자 재량권이 많지만 이 경우에도 사용자가 노동자 대표와 서면으로 합의했을 때에만 주 12시간 넘게 연장근로를 시킬 수 있다. "그러나 대부분의 현장에선 서면 합의 없이 장시간 근로를 강요하고 있다"고 TF는 밝혔다.

안전문제에 대한 설문에 응답한 84명 중 72.6%(61명)는 "현장에 안전

문제가 있다"고 답했다. 안전장비가 없다는 답변이 27.3%, 세트장 부실 27.3%, 촬영장비 위험 18.2% 순이었다. 일하다 다쳐 치료를 받은 66명 중 40명이 치료비를 자기 돈으로 모두 냈다고 했다. TF는 임금체불, 산업안전 위반, 근로시간 위반이 심각하다고 판단한 드라마에 대해 고용노동부에 특별근로감독을 요청했다.

정부는 2017년 12월, 5개 부처 합동으로 방송 외주제작에서 불공정 관행을 고칠 종합대책을 내놨다. TF는 "컨트롤타워 없이 이대로 이어진다면 실효성 없는 대책이 될 수밖에 없다"고 주장했다.

한빛미디어노동인권센터의 탁종렬 소장은 "지난 3년간 방송을 제작하는 프리랜서 노동자들은 단 한 명도 산업재해를 인정받지 못했다"며 "더 이상 장시간 노동을 부르는 제작환경을 묵인해선 안 된다"고 말했다.

최정기 언론노조 정책국장은 "주 2회 편성이라는 출혈경쟁 시스템이나 '쪽대본' 관행을 바꾸려면 방송사들이 합의를 해야 하기 때문에 방통위가 의지를 갖고 설득해야 한다"고 말했다.(경향신문 2018.2.28.)

박상주 드라마제작사협회 사무국장은 "한국은 세계에서 유일하게 한 주에 6~70분짜리 드라마 두 편을 만드는 나라"라며 "중국 드라마는 50분을 넘는 게 단 한 편도 없다. 70분을 50분 이하, 주 1회 편성으로 줄여야 한다"고 주장했다.

김민식(MBC드라마) PD는 미국, 영국 등 글로벌스탠다드에 맞춰 △회당 40분, 주 1회 방송 △사전제작 강화로의 변화가 이뤄져야 한다고 강조했다. 야간촬영과 철야이동이 다반사인 제작환경의 특수성을 무시하고 법적인 시간 틀에 맞추려면 엄청난 인력과 대체 스탭이 필요하다.

대본과 촬영제작 모두가 사전에 구비돼야 한다. 이 같은 변화를 위해 선 방송사들끼리 협약과 합의가 필요하다.(미디어 오늘, 2018.5.2)

'주 52시간 노동'이라는 근로법 개정은 그림의 떡이다.(50인 미만 기업 2021년 시행) 촬영을 위한 준비기간, 철수시간, 이동시간을 근로시간으로 간주할 것인지, 출장 작업 중, 시간이 다 되어 중간에 끊고 집에 갈 수 있는지는 애매하다. '탈 과로사회'의 취지는 전적으로 동감하지만 노동시간 중심의 규제가 드라마처럼 창작분야에 맞는지는 의문이 든다.

드라마 제작구조의 특수성, 작업의 몰입도와 연속성으로 보아 여전히 특례업종에 해당한다. 특히 외주제작의 스탭은 작품당 위탁계약이나 하도급이 많아 일괄 적용이 어렵다. 우선 탄력 운용제로써 주 단위 52시간제를 반년 또는 일 년 단위로 검토 요청할 수는 있겠다. 그렇다고 '저녁있는 삶'이 보장되지도 않거니와 노동형태나 임금체계가 바뀌지지는 않는다.

문제는 노동시간을 줄이는 것보다 드라마 편수와 길이를 줄이는 것이다. 한 주에 일일극 5회분을 완성해야 하고 70분짜리 주 2편 방송하는 문제가 풀리지 않는 한, 노동의 질적인 담보는 어렵다. 현장에서는 답이 없는 드라마 제작은 오히려 후폭풍만 남아 있는 모습이다.

2018년 8월 초, SBS 월화극 〈서른이지만 열일곱입니다〉의 30대 촬영 스탭이 자택에서 숨졌다. 폭염 속에 누적 강행된 과로사가 아니냐는 의혹이 제기됐으나 사인은 뇌출혈로 밝혀졌다. 비슷한 사고는 아랑곳없이 일어나고 있는 것이다.

3-6 〈과다, 졸속, 저질〉의 멍에, 일일극 잔혹사

- 2018년 초, MBC 최승호 사장은 일일극 폐지를 신중히 검토하고 아침 드라마를 없애는 쪽으로 가닥을 잡았다. 우선 드라마 편수가 많고, 광고 부진과 적자 해소, 미니시리즈 등 주요 드라마에 힘을 더 보태기 위한 불가피한 조치로 알려졌다. 지난 30년간 효자 격인 일일극이 어언 '선택과 집중' 전략에서 밀려나 물밑으로 가라앉게 됐다.
- 2015년 5월 19일, 목동 방송회관에서 '저(低) 품격 드라마의 문제점과 개선 방향'에 관한 토론회에 참석한 장근수(MBC드라마 본부장)의 말을 들어보면 더욱 실감난다.

"일일극 한 편의 제작에 147억이 든다. 반면 광고 판매율은 13%다. 즉 20억밖에 들어오지 않는다. 직접제작비 기준만 해도 6개월에 130억이 손해다. 일일 사극 〈제왕의 딸 수백향〉의 경우, 제작비 103억이 들었으나 판매율 7%에 그쳤다. 약 100억을 날린 셈이다.

저녁 일일극 1회당 직접 제작비는 5천만 원이다. 1년에 252억 든다. 간접비까지 포함하면 400억에서 500억이 든다. 광고판매율 10% 전후다. MBC가 통상 1년에 일일극(150회) 2편을 제작하는데 연간 300억가량의 적자가 난다. 이게 저 품격 드라마 양산에 일조하고 있다.

저비용 고효율 드라마를 만들어야 하는 상황에서 제작비, 출연료 등의 감축은 불가피하고 이런 상황에서 개연성을 높이기 위해 출연 인물을 늘이거나 설명 장면에 돈을 투자하기 어렵다."

일일극의 행보는 어느 장르보다 화려하다. 초창기 TV의 핵심 콘텐츠로 자리했고 80년대 초반까지 약 20년간 전성기를 누렸다. TV가 곧 가정 매체라는 명분과 실용에 보답했다.

1970년대 들어 드라마 제작환경이 조성되고 수급능력과 시장이 형성되자 우후죽순 격으로 늘었다. TBC의 〈아씨〉와 〈딸〉, KBS의 〈여로〉와 〈아버지와 아들〉, MBC의 〈새엄마〉〈신부일기〉의 대박에 힘입어 일일극의 홍수를 이루었다. 1972년 가을부터 74년까지 일일극은 한 채널 당 4편을 방송했고 1975년엔 최다치인 4~5편을 찍어냈다.

MBC 1975년 기본편성을 보면 7시부터 30분 간격으로 일일극이 박힌다. TBC를 일견하면 7시(하얀장미)→8시(억보)→ 8시20분(요지경)→ 8시50분(푸른계절)→ 9시35분(옥피리)로 주요 시간대 근간을 일일극으로 박고 있다. 이때 TV수상기는 약 200만대로 보급률 30%를 밑돌았던 시대다.

주간극까지 합하면 한 주 3채널에서 방송한 드라마는 15편을 웃돌았다. 일일극은 대개 15분~20분이 주종을 이루었으며 타 장르에 비해 시청률과 제작비 회수율, 그리고 광고 선호도가 높은 것이 장점으로 작용했다. 특별한 오락거리가 없는 시청자에 수요가 급증했고 안정된 습관시청을 유지할 수 있으며 스튜디오 중심의 제작 시스템은 일률적인 양산을 가능케 했다.

- 1970~71년 TBC 〈아씨〉(253회)가 기폭이 된 후, 일일 방송 5편으로 늘면서 인기 드라마 횟수는 200회를 넘어 400회를 웃돌았다. 72년 KBS의 〈여로〉(211회), 72~73년 MBC의 〈새엄마〉(411회)는 최장 기록을 세우면서 다수 가정의 수돗물과 인기척을 잠재웠다. 74년 TBC의 〈어머니〉는 4년 전 〈아씨〉

를 리메이크한 작품이었다. 75년 MBC의 〈신부일기〉(김수현 극본)는 방송대상 대통령상을 수상하여 일일극의 정점을 찍었다.

보여주는 자의 왕도, 본방사수의 정점을 찍다.

1970년대 10년간은 두 민방의 일일극 '인해전술' 시대로 TBC 84편, MBC 70편을 방송했다. 연간 평균 7.7편, 하루 평균 3.3편을 노출했다. 1974년엔 주 5회에서 6회(토요일까지 방송)로 늘렸다.

충성도가 높은 만큼의 순기능이 역기능으로 돌기 시작했다. 예컨대 일일극의 특장인 3무주의(무원작, 무제한 길이, 무절제 전개)는 무모한 대중의 영합으로 변질되어 비난의 소리가 일었다. 작가가 한주에 250매(200자 원고지) 이상을 써 대는 무리수를 자초했다.

일일극 만능주의와 포만증은 12년을 넘는 시점에서 된서리를 맞았다. 편수 과다에 따른 과당경쟁, 졸속제작에 따른 내용의 저급함, 주제의식의 실종에 따른 가치 하락, 그래서 결국 해악이 되는 〈多.低.害〉의 자충수를 연속했고 국민정서에 반하는 것으로 나타났다.

여기에 TBC, MBC 양사의 저속한 코미디에 지탄의 소리가 끊이지 않자, 당국은 드라마 편수의 감축과 코미디 프로의 폐지를 검토했다. 드라마는 코미디와 더불어 '정화(淨化)'의 대상이 된 것이다. 결국 일일극은 편수를 감소 당했고 오락 드라마는 종합뉴스가 끝난 9시 30분 이후 편성이 가능했다. 가족시간대(저녁 7시~9시30분)는 교양 프로그램 일색으로 의무화했다. 1977년 6월 24일 자에 방송윤리위원회 명의로 발표한 "드라마 기준"은 이를테면 정부(문화공보부)에 의한 최초의 가이드라인으로 기록된다.

가) 무분별한 남녀 간의 애정관계나 환락, 윤락가의 일들을 소재로 하거나 지나치게 묘사, 부각시키는 것.

나) 고부간, 부부간 기타 가족 성원 간의 갈등을 지나치게 묘사함으로써 혼인제도와 가정생활을 해칠 우려가 있는 것.

다) 등장하는 인물을 무절제하며 비생산적으로 그리거나 지역 간, 계층 간의 감정을 유발케 하는 것.

라) 범죄 수사극(반공극 포함)을 흥미위주로 다루거나 관능적인 남녀관계, 치정, 지나친 폭력 등을 묘사하는 것.

마) 어린이와 청소년의 품성과 정서를 해칠 우려가 있는 방송극에 그들을 배역으로 하거나 소재로 하는 것.

바) 사치스러운 소품, 의상으로 호화스런 생활을 묘사하는 것.

각 조항을 뜯어보면 오늘날까지 많은 것을 시사한다. 더불어 드라마에 대한 정부의 통제라는 지울 수 없는 사례를 남긴다.

일일극의 공과는 양극이다. 가장 큰 공은 오락위락의 빈곤시대에 간편하고 친근한 대체 콘텐츠로 자리매김한 점이다. 매일의 동반자로 서민성을 확인해 주었고 삶의 한편에서 극적인 추구보다 일상성을 통해 이웃으로서 교감했다. 다양한 형식과 소재를 실험했다. 가정극을 위시하여 애정극, 고전릴레이, 청소년극, 문예극, 반공극, 실화극, 해학극, 여인시리즈, 위인전 등을 냈다. 핵심 콘텐츠로서 전후 프로그램 연계력이 좋아 편성 전략의 기둥이 되었다.

90년대에 들어 홈드라마의 중추로서 가정을 둘러싼 사회문제의 단서를 제공했다. 맞벌이가족, 1인가족, 다세대가족, 주말가족, 이산가족, 다문화가족, 대안가족, 글로벌가족, 입양가족, 고령화가족 등 시대를 따라 변하는 가족의 양태를 담아냈다. 그리고 무엇보다 스타 탄생의 모체가 됐다.

70년대는 〈아씨〉의 김희준, 〈꿈나무〉의 한혜숙, 〈여로〉의 태현실, 〈장희빈〉의 윤여정, 〈새엄마〉의 전양자, 〈마부〉의 김창숙, 〈파도〉의 이효춘, 〈신부일기〉의 김자옥, 〈옥녀〉의 김영란, 〈안녕〉의 양정화, 〈여자의 얼굴〉의 장미희, 〈야, 곰례야〉의 정윤희, 〈기러기〉의 이경진 등이 일일극을 통해 이름을 크게 알렸다.

80년, 90년대에 〈큰딸〉의 선우은숙, 〈보통사람들〉의 금보라와 조용원, 〈고교생일기〉의 하희라, 〈여심〉의 김희애, 〈울밑에선 봉선화〉의 전인화, 〈서울뚝배기〉의 도지원이 스타의 자리를 다졌다.

2000년대에 들어 대부분의 여주인공은 맑고 긍정적인 캔디형을 자처했다. 〈노란 손수건〉의 이태란, 〈어여쁜 당신〉의 이보영, 〈열아홉순정〉의 구혜선, 〈미우나 고우나〉의 한지혜, 〈바람불어 좋은날〉의 김소은에 이어 아이돌 가수를 픽업하고 있다. 〈너는 내운명〉은 '소녀시대'의 윤아, 〈사랑은 노래를 타고〉는 '시스타'의 다솜, 〈고양이는 있다〉는 '시크릿'의 전효성을 들 수 있다.

1975년은 일일극의 빛과 그림자를 가른 해다. 전년의 총 광고액 500억 중, TV가 270억을 차지하여 광고의 큰 손인 신문매체를 따돌리고 왕

좌로 부상했다. TV에 우호적이었던 신문들은 일제히 공격적으로 변했다. 주요 일간지들은 'TV주평' 'TV모니터' 등의 고정란을 설정하고 드라마를 물어뜯기 시작했다. 오순정, 신상일, 정진수, 이경순 등 외부 비평가들이 동원됐다. 그 의견을 종합해보면 다음과 같이 요약할 수 있다.

...편수가 많다(과다성), 진전 없이 맴돌고 너무 오래 끈다(무절제), 신변잡기 일변도다(비생산성), 겹치기 출연이 잦다(식상증, 예컨대 한 출연자가 아버지, 수사관, 왕), 내용이 현실과 거리기 멀다(비현실적), 고증이 없다(고증부재), 상소리 욕설이 많다(비속어), 도시 중심적이다(농촌소외), 등장인물 간 갈등이 심하다(화합저해), 상류층 소재가 많다(계층 간 위화감), 암투 모략 음모 투성이다(사극의 도식성)...

1976년은 일일극의 퇴조의 원년의 해로 기억된다. 이름조차 생소한 주말연속극이 등장한 것이다. 토요극에서 일요일까지 확대한 TBC의 〈결혼행진곡〉(남지연 극본, 전세권 연출)은 첫 주말연속극으로 대박을 쳤다.

편수가 줄어들자 회수를 늘리는 기막힌 전략을 구사한 것이다. MBC도 질세라 가세했다. 수상기 보급률 50%를 넘긴 77년은 드라마 각광이 일일극에서 주말극으로 이동한 해로 기록된다.

이듬해 78년은 TBC 외화 〈뿌리〉가 방송되어 미니시리즈의 선풍을 일으켰다. 이는 대형화, 테마화, 원작주의를 내세운 계기로 횡(橫)편성인 일일극이 저물고 드라마의 종(縱)편성 시대를 예시한 자연스런 변화였다.

1981년 언론 통폐합과 공영방송 출범은 일일극의 숨통을 죄었다. 상업방송의 잔재라는 누명까지 썼다. 83년 가을개편을 맞아 '1채널 1일일극'로 후퇴했고, 84년 10월, MBC는 아예 저녁 일일극마저 없애고 주간 드라마에 전심했다. 491회로 일일극 사상 최장수를 기록한 KBS의 〈보통사람들〉(82~84년. 나연숙 극본, 최상식 연출)은 마지막 반짝임이었다.

일일극은 흑백TV 시대에 태동, 개화하여 전성기를 누리다가 컬러 시대에 서서히 감축된 행로를 보였다. 90분 대형화 추세를 타고 탈 스튜디오화, 야외촬영이 각광을 받으면서 일일극 운신은 크게 쪼그라들었다. 홈드라마 소재는 주말극에 떼이고, 스토리텔링은 주간극에 앗기고, 원작 테마는 단막극(TV문학관 등)에 그 자리를 양보해야 했다.

MBC가 저녁 일일극 폐지 후 10년 만인 1993년 〈자반고등어〉로 슬그머니 부활했듯이 2018년 4월 말에 폐지한 아침 드라마의 행방은 아직 점치기 어렵다. 평일 5회 연속 노출, 지상파의 프리미엄, 주부를 비롯한 고령층의 확실한 오디언스, 식품 화장품을 비롯한 광고 잠재력, 10%대를 담보한 안정된 시청률... 이런 텃밭의 유혹을 떨치기란 쉽지 않기 때문이다. 그래선지 그 시간대는 저녁 일일극의 재원 보충을 위한 재방송 편성으로 활용중이다.

3-7 좌우 이념의 암초와 드라마의 좌초

역사 교과서와 역사 드라마의 '올바른' 해법

2015년 가을, 박근혜 정부가 한국사 교과서의 '국정화' 정책 추진하자. 여야의 충돌이 정쟁문제를 넘어 '역사전쟁'으로 비화했다. 학회와 교육계는 정부여당 안에 즉각 반발하고 반대 수위를 높였다. 전국 주요 대학 교수들은 잇단 집필 거부를 선언했다. 반면 '좋은 교과서, 정직한 교과서, 올바른 교과서를 지지하는 지식인' '한국중등교장 평생동지회' '반국가교육척결 국민연합' 등 6개 보수단체는 국정화를 지지하는 성명을 냈다. 국론은 둘로 쪼개졌다. 갤럽 설문조사에서 드러난 국민 찬반 여론은 42% : 42%(유보16%)로 팽팽하게 맞서고 있다.(중앙일보 2015.10.17)

그러나 몇 주 후부터는 반대의견이 차츰 많아지는 흐름을 타고 있다.

박 정부는 '좌편향 교과서는 친북사상을 퍼뜨리고 못난 역사를 가르치는 패배주의'라는 주장 하에 국정화 반대세력과 무한투쟁을 다짐했다. 야당은 '역사 쿠데타'로 규정하고 '친일과 독재를 미화한 유신시대의 교과서로 회귀'를 저지하기 위해 장외투쟁을 벌렸다. 그리고 백만 인의 반대 서명운동 추진, 국정화 예산 44억은커녕 내년도 예산 및 노동개혁 법안의 전면 보이콧 위협으로 맞섰다.

'역사 전쟁'으로 비화한 역사 교과서 '국정화' 찬반 갈등

반대 이유는 분명하다.

- 역사를 하나의 시각으로 해석하는 것은 학문적으로나 교육적으로 적절하지 않으며 '다양성과 창의성'을 강조하는 오늘의 추세에 역행한다.
- 지나간 역사에 대한 반성과 성찰 대신 친일과 독재에 대한 '미화'나 '왜곡'이 지배할 위험성이 크다.
- 반세기 전의 방식으로 퇴행하는 것은 한마디로 '역사의 배반'이다. 국정교과서가 도입된 70년대에는 여러 통설이나 이견을 생략한 획일화 시대였다. 지금은 시각과 학설이 다양한 시대다.

- 우리 청소년들이 논쟁과 상상력을 통해 역사적 사실을 배울 수 있는 기회를 원천적으로 봉쇄한다. 프랑스 혁명에도 좌파적, 우파적, 여성주의적, 인종주의적 해석이 있는 것처럼, 우리도 4·19혁명이나 특정인물을 두고 여러 토론과 고민을 통해서 학생들의 역사관을 키워야 한다.
- 국정화로 인해 특정 정파나 세력의 정치적 공(功)을 부각하는 내용이 강조될 가능성이 크다.

한편 국정화 지지층은 현실적인 이유를 들었다.
- 올바른 국사교과서는 올바른 국정화를 통해서만 이뤄질 수 있다.
  역사교육을 둘러싼 각종 분열과 다툼을 불식하고 학생들의 올바른 역사관 확립을 위해 정부책임 하에 올바른 교과서를 개발해야 한다.
- 미래세대에게 자랑스러운 대한민국의 정체성과 민족적 자긍심을 길러주고 현재를 바르게 이해할 수 있는 안목과 지혜를 배양한다
- 사실(史實) 오류, 이념 편향이 초래한 정쟁혼란과 사회적 갈등에서 벗어나 국격을 회복하고 우리 사회의 힘을 모으는 계기로 삼는다.

광복 70주년, 분단 70주년을 넘어서도 역사교과서의 기준은 여전히 낡고 좁은 좌우이념의 틀에 갇혀있다. 문제는 정권이 바뀔 때마다 교과서 수정이 반복된 점이다. 2007년 노무현 정부는 보수적 역사관이 담긴 국정 한국사 교과서 체제를 진보적 시각을 담을 수 있는 검정 체제로 전환했다. 이명박 정부는 새 집필 기준을 만들어 교과서 내용 반전을 시도했다. 박근혜 정부는 좌편향의 검정교과서를 바로잡는다며 국정화 체제로 되돌리려다 탄핵으로 실패했다.

2017년 5월 말, 문재인 정부가 들어서자 박 정부의 국정화 정책을 폐기하고 2020년부터 사용할 중·고교 새 한국사 교과서의 집필 기준 시안을 공개했다. 교육부는 대한민국이 '한반도의 유일한 합법정부'란 기존 표현을 삭제했다.

　1948년 유엔(UN) 결의에는 대한민국이 '유엔한국임시위원단 감시가 가능한 지역에서 수립된 유일한 정부'라고 돼 있고, 남북한이 1991년 유엔에 동시 가입했으므로 '한반도 유일 합법정부'란 표현이 적절하지 않다는 설명이다. 반면 보수진영은 유엔 결의 일부 구절과 전체적 맥락으로 볼 때 대한민국은 유엔이 인정한 한반도의 유일한 합법정부라고 맞선다. 또 국가 정체를 '자유민주주의' 대신 '민주주의' 라는 포괄적 표현으로 바꿨다. 이전까지 '민주주의'로 기술해오다 이명박 정부 때 '자유'를 넣은 것인데 이번에 다시 빠졌다.

　해묵은 논쟁거리인 '대한민국 수립'(1948년 8월15일) 표현은 현 교과서 표현대로 '대한민국 정부 수립'으로 다시 정리됐다. 정부 수립이냐, 대한민국 수립이냐를 놓고 벌이는 인식도 그렇다. 대한민국이 1948년부터가 출발이라고 믿는 국민은 그리 많지 않다. 헌법 전문에도 적시하고 있듯 임시정부에서 시작해 광복을 거쳐 오늘의 대한민국으로 이어졌다고 보는 게 상식이다. 그런데도 진영논리에 갇혀 이념의 잣대를 들이대니 소모적인 논란만 커지는 것이다. 이런 논쟁이 거듭되는 건 정권이 '역사'를 주무르려 하기 때문이다.

양측은 똑같이 '올바른' '객관적'이란 어휘를 사용하고 있지만 그 자의
적인 해석은 모두 물과 기름만큼 다른 것이었다. 드라마는 일찍이 30년
전, 5. 6공 시절에 이런 내홍을 겪었다. 의욕은 당당했으나 결과는 참담
했다.

'좌우 이념의 덫'에 걸린 드라마의 말로.

1990년, KBS의 실록 대하드라마 〈여명의 그날〉(김교식 극본, 이녹영 연출)
는 픽션을 일체 배제하고 해방 전후사를 사실 그대로 묘사함으로써 분단
의 원인과 극복방안을 제시하겠다고 밝혔다. 특히 한반도 현대사에 심대
한 영향을 미친 박정희(백준기)와 김일성(전광렬)의 젊은 시절을 추적한다고
하여 세인의 주목을 끌었다. 핵심은 1944년 일제 패망 직전부터 1956년
북한 김일성의 완전 권력 장악까지 남북한 현대사를 동시에 다루겠다는
것이다. 여기서 '동시'는 좌우 편향 없이 동등한 시각과 입장에서 묘사하
겠다는 뜻이다. 그 간 국내외 학계에서 논란이 되었던 김일성 항일무장
투쟁여부에 대해서는 연출자 이녹영도 '사실 그대로 묘사해 나갈 뿐...'
임을 강조했다. 다만 북측인물을 '야비한 냉혈동물로만 취급했던 차원에
서 벗어나 사실에 입각한 민족주의적 입장에서 다큐멘터리 형식으로 엮
겠다' 는 의지를 밝혔다.

그해 9월, 초반부터 드라마의 수난이 시작되었다.
젊은 날의 김일성이 만주에서 항일투쟁을 하고 박정희가 일제하의 만
군중위 시절 광복군에 합세하려다 일본군에 체포되는 장면을 내보내자,

학계와 광복회로부터 역사의 왜곡이라는 비난이 쏟아졌다.

일제-광복-해방공간의 3년간은 미, 소 열강의 대립에 따라 냉전에 휩쓸린 한반도의 진보와 보수가 혼합된 이념의 충돌 지대다. '좌우간..'이란 서글픈 부사가 탄생할 만큼 대립은 첨예했다. 이것은 오늘날까지 70년간 이어 온 이념대결의 서막이었다. 역사 다큐드라마에서 작가적 상상력과 허구가 허용되는 범위는 어디까지인가. 분단의 태동과 과정을 남북의 상황과 대비시킨 다큐멘터리와 드라마의 경계를 어떻게 극복할 수 있을 것인가.

'이제 우리 현대사를 바라보는 시각엔 변화가 필요하다. 특히 이념문제는 과거 편협한 자세를 벗고 객관적인 사실 접근이 절실하다...'

이렇게 피력한 작가는 의외로 엄청난 항의에 시달린다. 그 내용은 '김일성을 그토록 영웅화할 수 있느냐' '북한의 통일 선전술이 말려든 것이 아니냐' '배후엔 주사파가 있느냐' 등 이었다. 익명의 우익 단체들로부터 폭력에 가까운 압력을 받아 글을 쓸 수가 없을 정도였다. 방송사 제작진에도 똑같은 항의가 쏟아져 자리를 피해가며 녹화를 강행해야 했다.

결론적으로 이 드라마는 당국의 심의, 사학자 간담회, 긴급 토론 등을 거쳐 해를 넘기지 못한 12월 16일, 13회로 넉 달 만에 도중 폐막했다.

작가는 김일성의 항일투쟁은 학계의 논란에도 불구하고 상당수의 학자들에게 꽤 설득력 있게 받아들여지고 있는 점, 그리고 일제하 만주군 부대에서 일어난 민족적 자각이 독립운동으로 발전했을 것이라는 일부 자료에 힘입어 그 주역을 박정희로 내세운 점은 판단 미스였던 같다고 말했다. 그러면서 드라마에서 묘사된 김일성의 행적은 객관적인 자료에 따른 것이기 때문에 영웅화나 미화했다는 항의는 객관성이 없어 수용하기 어렵다고 덧붙였다.

'...애국단체를 표방한 일부 세력의 편향된 시각을 여론으로 간주할 수 없다. 또한 임시정부 정통성을 부정하지 않았다. 이념의 예민한 부분은 관계기관과 협의를 거쳤다...'

작가는 과거처럼 맹목적인 반공자세나 상대의 실체를 인정치 않는 부정적 입장만으로는 통일에 도움이 되지 않는다고 판단했다. 하여 종전과 다른 유연한 입장에서 남북문제를 포괄적으로 다루려 했으나 그것이 일부 무리였던 것 같다고 술회했다.(경향신문 1990.12.22)

노태우 정권하의 이런저런 '기획의도'는 통하지 않았다. 역사가들은 당 시대를 산 사람들이 엄연히 생존해있는 근현대사의 취급은 미상불 예민한 반응을 염두에 두고 신중을 기해야 한다고 했다. 또한 학계에서도 논란이 될 소지가 있는 내용을 대중적 영향력이 강한 TV매체에서 단정적으로 다루는 것은 경솔한 행동이라고 입을 모았다.

조기종영으로 끝난 실록 드라마는 다큐드라마의 '본류'를 이끌기보다는 냉전시대의 반공 드라마로 '역류' 시키는 느낌마저 들었다.

1985년, KBS의 대하극 〈새벽〉(김하림 극본, 이해욱 연출)은 해방 전후부터 3공화국까지 30년 현대사의 질곡을 장장 80부에 담겠다는 야심작으로 출발했다. 전두환의 5공화국 시절, 이런 기획은 당초부터 무모하게 보였으나 광복 40주년을 기념하는 공영방송의 시대적 소명의식을 표방하는 특별 계기로서 기대를 걸만 했다. 이 공간에서 대립구도의 주역 6인은 이승만, 김구, 김일성, 여운형, 박헌영, 장택상 등이었다.

민족주의, 건준파, 공산주의, 토착지주, 해외 임정파 등 각종 세력이 난립했다. 좌익과 우익, 과격과 온건, 현실과 이상의 팽팽한 대결을 통해 얼룩진 우리 건국사의 단면을 묘사할 요량이었다.

고증과 인물의 재현에 진력했음에도 불구하고 예상과 달리 초장부터 시련을 맞았다. '등장인물의 외형은 괜찮았으나 사상과 행동은 표피적으로 흘렀고 사건을 다루는 시각도 한편으로 치우쳤다...'는 지적이었다. 결정적인 이유는 남로당 사건을 극화하면서 주역 박헌영(임혁)을 너무 미화했다는 점이다. 당국의 압박은 물론, 관련단체의 줄기찬 항의와 해명 요구에 드라마는 사면초가가 되어 휘청거렸다. 연출자와 작가가 동시에 바뀌고(홍성룡 PD, 오재호 작가) 연말에 결국 반 토막으로 끝나버렸다. '좌향좌, 우향우'에 관한 한 상대에 대한 '관용과 배려'는 여전히 인색했고 세상의 눈은 별로 달라진 게 없었다.

'이념 갈등 극복해야죠!' 작가의 당초 목소리는 공염불처럼 들렸다.

고부, 빈부, 지역, 계층갈등...지난 반세기 동안 드라마가 취급해 온 갈등은 많지만 좌우갈등은 여전히 조심스럽다. 사람은 좌우 다리로 걷는다. 하찮은 새도 좌우 날개로 난다. 오른쪽으로 돌면 왼쪽으로 쏠리고 왼쪽으로 틀면 오른편으로 기운다... 모두 옳은 소리지만 아직은 듣기 좋은 수사학에 불과했다.

3-8 간접광고(PPL)가 먼저, 드라마는 뒷전 시청자 기만죄

PPL(협찬, 간접광고)은 특정 제품을 드라마의 소도구 또는 배경으로 사용하는 것으로 극 중에 상품(상표)를 노출하는 간접광고 행위다. 종전의 음주장면에서는 술병의 라벨이 보이지 않도록 돌려서 가렸다. 이젠 그럴 필요가 없다. 어차피 드러내놓고 협찬비를 주고받는 조건부로 변했다. 출연자가 입고 마시고 쓰고 들고 만지는 물건은 약속된 행위로써 댓가를 협약한다. PPL(Product Placement)이름 하에 공식 경제행위로 전환한 것은 2010년부터다.

〈별에서 온 그대〉(2014)는 '별에서 온 패션'의 노골적인 예를 보였다.

무릎길이 망토는 900만 원이다. 이것은 한류스타 천송이 역으로 나온 전지현이 입은 프랑스 패션회사가 내놓은 제품인 '에르메스 망토'다. 베란다 신에서 나타난 버버리 프로섬 트렌치코트는 850만 원이다. 초반에 입고 나온 셀린 코트 450만 원보다 두 배 가까운 가격이다. 가볍게 걸친 페이 재킷도 100만 원짜리다. 미스터 앤 미세스피어 라쿤털 점퍼는 700만원이다. 눈썰미 있는 시청자가 보면 매회, 매 신에 달리 입고 나온 전지현의 패션은 머리부터 구두까지 천태만상이다. 이 효과가 전지현 스타일의 이름으로 온라인 쇼핑몰을 바쁘게 만들었다.

'아이 스타일 24'가 밝힌 전지현을 키워드로 한 관련 상품의 검색과 구매율은 방송 후 300%를 넘었다고 한다. 한 회 분을 위해 입혀 보는 옷만 30벌이 넘는다는 것이다. 이쯤 되면 드라마 전체가 전지현 패션 광고 쇼인 셈이다.(이상 조선일보 2014. 2.14 A21면)

스타 한 명이 10만 명을 먹여 살리는 시대

드라마 〈별.그.대〉의 광고 협찬은 약 40억 규모였다. 크레딧 타이틀에 나타난 의상 협찬처만 일곱 군데다. 드라마 전체가 광고다, 주객전도가 훌쩍 한도를 넘었다. 각종 해외 브랜드 디스플레이는 망토, 버버리, 블라우스, 스커트, 스웨터, 재킷, 티셔츠, 청바지, 오버코트, 머플러, 가방, 루즈, 구두까지 다양하다. 색깔도 블랙, 화이트, 핑크, 황색, 자색, 군청색에 체크, 줄, 꽃무늬, 무지 레이스 등 오색찬란하다.

이것은 스타 마케팅을 넘어 차라리 '스타 노믹스' 현상으로 불려야 자연스러울 것 같다. 주인공 한 명이 침체일로에 있던 국내 패션을 부흥시키고, AI(조류 독감) 탓에 울상 짓던 중국의 양계농가와 치킨 가게 종사자들을 웃게 만들었다. 드라마 속 한마디가 불러온 이른바 '치맥'효과다.

"..눈 오는 날엔 치킨에 맥주인데..' '우울한 땐 치맥이 최고야..'

천송이 대사는 치맥 문화가 없었던 중국에 열풍을 몰고 왔다.

'천송이 특수'로서 그녀가 드라마에서 쓰고 입던 가방, 잠옷은 없어서 못 팔 지경이 되었다. 카메라, 스마트폰, 자동차 등도 마찬가지였다.

'천재 한 명이 10만 명을 먹여 살린다'는 정설은 '스타 한 명이 10만 명을 먹여 살린다'로 대체되는 시대를 실감케 한다.

황신혜의 머리핀, 한효주의 자전거, 전지현의 망토

1992년 트렌디 드라마 효시격인 MBC의 〈질투〉의 최진실, 최수종 두 커플의 만남은 항상 H피자집에서 이루어졌다. 최진실의 빨간 소형차 티

코는 그녀의 아담한 체구와 잘 어울려 여성 구매욕을 충동했다.

1996년 〈애인〉의 히로인 황신혜의 헤어핀이 날개 돋쳤다. 한일자 형의 급조품이 마구 쏟아져 나왔다. 상대역 유동근이 입은 잉크블루 와이셔츠도 홈쇼핑에 올랐다. 1999년 〈토마토〉의 김희선의 곱창 머리띠는 예뻤다. 꽃, 네온, 크리스털, 아이보리 등 소재가 무엇이든 김희선이 두르면 히트했다. 그녀는 '머리띠 퀸'이 되었다.

2004년 SBS의 〈파리의 연인〉에서 박신양은 줄곧 M사 휴대폰을 들고 나왔다. 〈미안하다 사랑한다〉의 임수정의 어그부츠가 꽂혔다. 〈발리에서 생긴 일〉에서 조인성의 백팩은 부러운 제품이 되었다. 2005년 〈프라하의 연인〉에서 전도연은 승마바지 스타일의 맘보바지가 돋보였다.

2006년 〈환상의 커플〉에서 한예슬의 빈티지(구식 복고풍)패션으로 펑퍼진 몸빼 바지가 유행을 탔다.

2007년 〈커피프린스 1호점〉의 윤은혜의 선머슴 같은 보이룩이 히트했다. '흰셔츠 검은팬츠'의 심플 스타일이 매력을 더 했다. 〈내 남자의 여자〉의 김희애는 프라다의 프린지 도트백을 유행시켰다. 여기에 붉은 프렌치 코트와 머플러, 큼직한 선글라스로 중년 김희애 워너비를 낳았다.

2008년 〈온에어〉의 김하늘이 쓴 선글라스는 얼굴 반을 가리는 고가품(40만 원 상당)에도 불구하고 한동안 선망품이 되었다. 송윤아는 허리우드 스타들의 애용품인 생루이 백을 선보이자 여기저기서 짝퉁이 나왔다.

〈내 생애 마지막 스캔들〉의 최진실의 아줌마 패션은 소박했다. 헐렁한 브라우스 그리고 미니멀 원피스에 뽀글머리는 지금도 눈에 선하다.

〈달콤한 인생〉의 오연수는 청담동 사모님 역으로 파격적인 비키니 스타일을 뽐내 '오연수 비키니'를 만들어 보였다. 2009년 〈꽃보다 남자〉의 이민호는 소라형 곱슬머리에 검정색 재킷 슈트로 신 귀공자 타입을 과시했다. 〈찬란한 유산〉의 한효주는 리바이스의 청바지에 삼천리 보헤미안 자전거를 끌고 나왔다. 틴에이저들의 자전거 붐은 급물살을 탔다.

〈내조의 여왕〉의 김남주는 물결 웨이브 복고풍을 실현했다. 그녀가 걸치는 귀고리, 목걸이, 스카프, 헤어핀, 머리띠 등은 모두 세련미를 과시하고 새로운 아줌마 스타일을 창조하여 걸어 다니는 광고탑을 연상했다.

2010년 〈거침없이 하이킥〉에서 황정음의 LG 패션 헤지스 악세서리로 LG쇼핑몰에 3만 명 네티즌 몰리는 바람에 서버가 다운되었다. 〈파스타〉의 공효진은 빅 사이즈 점퍼, 후드 셔츠, 빈티지한 가디건으로 중성 이미지를 냈다.

속칭 '드라마셀러'는 드라마에 등장한 패션이나 소품에만 머물지 않을 것 같다. 드라마 속의 주제곡이나 노래가 유행을 타는 것은 당연하다. 〈겨울연가〉의 남이섬처럼 드라마의 배경이 된 장소가 명소로 격상되는 예는 고전에 속한다.

데이트 장면에 등장할 수 있는 PPL은 20여종

예컨대 한 남녀 커플이 만나서 데이트하는 장면에 등장하는 PPL은 약 20종이 넘는다. 우선 외출에 따른 갖가지 의상과 휴대전화 등 소지품에서 자동차, 커피점, 레스토랑, 식음료 등 하나하나가 돈이 된다.

하여 등장하는 탤런트는 모두 '움직이는 광고탑'이 되며 60분 드라마는 부지부식 간에 통째로 60분짜리의 '간접광고'가 되는 셈이다. 직접광고가 드라마 앞뒤에 붙어산다면 PPL은 드라마를 안으로 품고 산다

PPL의 효용성은 현실적으로 매우 크다.

우선 드라마에 나오는 수많은 소품을 만들거나 대여하는 번거로움을 해소할 수 있다. 방송사는 드라마 속에 융합된 간접광고로 잽핑(채널돌림) 없이 안정된 시청을 기할 수 있고 제작사는 빠듯한 제작비를 충당할 수 있는 절호의 장치가 된다. 광고주는 직접광고와 달리 자연스럽게 제품의 성능을 알려 저항감 없이 소기의 목적을 달성할 수 있다. 결국 PPL은 협찬에 대한 정당한 보상방법이 된다.

그러나 비판의 목소리도 따른다. 무엇보다 방송의 공공성을 외면하고 작품성을 훼손한다는 이유다. 속으며 보고 보면서 속는다. 이는 시청자에 대한 기만행위에 해당한다. 낸 돈만큼 광고주와 협찬처의 간섭이 심해지고 월권행위가 발생한다. 이는 제작자의 독창성을 저해한다. 과도한 PPL은 시청흐름과 몰입을 깬다. 하여 가급적 자연스럽게 극에 녹여드는 기술 필요하다. 결국 PPL은 드라마 고유성을 침해하는 광고행위자 다름 아닌 상업수단 그 자체.

PPL을 둘러싼 광고주, 제작사, 방송사의 경제학

'이건 보통 샴푸가 아니다. 3대째 내려오는 장인의 손길이다'

〈운명처럼 널 사랑해〉에서 D샴푸를 들고서 장혁이 하는 말이다.

'빨래가 잘 마르고 있어요. 다행이에요'

〈왔다 장보리〉에서 S사 제습기를 켜며 오연서가 한마디 거든다.

'감자를 좋은 걸 쓰는 것 같아. 할아버지 때부터 시작해서 내려오는 집

이래.. 어쩐지 족보 있는 집은 맛이 틀려요'

〈유나의 거리〉의 감자탕집에서 김옥빈이 뱉는 대사다.

'탄산수가 소화 잘 돼지잖아...어! 시원하다'

〈괜찮아 사랑이야〉에서 W사 정수기의 탄산수를 받아 마시며 성동일이 하는 말이다.

이뿐만이 아니다. 조인성은 방에 들어올 때마다 C제습기를 켠다. 성동일은 '곰팡이 냄새 안 나고 쾌적하다'고 추임새를 넣는다. 공효진은 자신이 광고 모델인 S음료를 계속 마신다. 이런저런 대사는 드라마 속에 자연스레 녹아있지만 제품의 기능과 사용소감을 구체적으로 밝히는 것은 부적절한 광고효과를 준 것으로 간주되어 법적 제재 대상이 된다.(주간 MBC 2018.6.20.)

PPL을 무작정 금지하는 것은 반시대적이며 반 국제적인가? 중간광고가 없는 우리 현실에서는 안성맞춤의 대안도 된다. 그것은 이미 국내 범주를 넘어 한류의 바람을 타고 국제광고 형태를 띠면서 글로벌 효과를 더 하고 있다. 현행 드라마 제작환경에서는 PPL의 불가피성을 인정하되 현실성을 감안한 규제를 마련해야 한다. 문제는 외주제작사의 무분별한 과다 수용과 편법 남용이다.

예컨대 2004년, 권상우 김희선 주연의 20부작 미니시리즈 〈슬픈연가〉의 총제작비 50억 중 방송사는 제작사에 26억을 지급했다. 나머지 24억은 PPL을 비롯하여 협찬비, 부가상품 판매로 충당해야 한다. 여의치 못하면 제작비 구조가 붕괴되고 부담이 가중되어 출연료 미지급 상태도 벌어진다. 때문에 제작사는 PPL과 여타 마케팅 확보에 사활을 걸 수밖에 없다.

'꽃보다 PPL'–2014년 500억을 바라보는 매출 규모

2010년 공식화 이후 '꽃보다 PPL'의 추세는 더욱더 가속될 전망이다. 그해 지상파 3사가 합쳐 44억을 달성한 매출은 2013년 상반기에만 270억으로 껑충 뛰었다. 2014년 말에는 500억을 넘보고 있다.

여기에 중국 한류 영향으로 중국 업체들이 우리 드라마에 PPL을 하는 경우도 늘고 있다.(이하 중앙일보 '궁금한 화요일', 2014.9.30)

최근 한 드라마는 50억 PPL의 최고기록을 세우기도 했다. 제작사가 진행하는 공식 PPL까지 치면 규모는 더 크다. PPL의 단가는 노출수준, 횟수, 시청률 등에 따라 달라진다. 상표만 보여주면 1단계, 출연자의 직업이나 의상으로 등장하면 2단계, 관련 에피소드가 나오면 3단계다.

가령 피자집의 PPL 경우, 1단계는 단순한 상호노출 단계다. 2단계는 등장인물이 피자집 직원으로 나온다. 3단계는 새로운 메뉴 개발 같은 에피소드가 서너 번 들어가는 것이다.

PPL의 기본 아이템인 휴대전화는 떨어뜨려도 되지만 고장 난 장면이 나가는 것은 금물이다. 해당 휴대전화를 쓰면 1단계는 회당 1천만~ 1천5백만 원, 2단계로 전화의 상세한 기능을 보여주면 2천~ 2천 5백만 원 선이다. 한 알 먹을 때마다 1천 5백만 원이 드는 영양제 PPL도 있다.

PPL 단가는 미니시리즈가 가장 높다. 그다음 주말극, 일일극 순이다. 미니시리즈 3단계의 주요 PPL은 5억원, 그리고 일일극 3단계 기둥 PPL은 3억 원이다. 2단계에 포함되면 회당 2천 5백~4천만 원 정도다.

통상 한 드라마에 PPL은 10~30개며 전 제작비의 20~30%를 충당한다.

제작사는 고달프다. 광고주의 주문은 투자만큼 까다롭고 세부적이다. '제품의 노출회수과 노출방향, 노출크기를 협의하여 대본에 표시할 것.. 조연 아닌 주연급이 쓸 것... 가능 한 유쾌한 장면에서 사용할 것...'

그래서 연출자는 때론 작가와 광고주간에 노출 수위를 놓고 갈등이 빚어지기도 한다. 타협점을 못 찾을 때는 현장에서 작가 몰래 대본은 고치기도 한다. PPL은 광고 순기능 측면에서 자연스런 정보 형태다. 그러나 잿밥에 눈을 두어 출연자가 쇼핑 채널의 '쇼 호스트'처럼 전락하면 볼썽사나워진다.

제4장

최악의 수난, 자원의 소멸
-죽음 또는 자살

최악의 수난, 자원의 소멸-죽음 또는 자살

4-1 왜 그리 빨리 갔소. 하늘나라로 간 얼굴들

드라마 반세기 동안 유명을 달리한 탤런트가 여기저기 나타났다. 그들의 삶은 한 편의 드라마처럼 병마를 이기지 못했거나 어느 날 사고로 비명에 간 경우가 많았고 하루아침에 유명해진 뒤 한 날 아침에 불귀의 객이 된 경우도 있었다.

초창기 배우의 경우 1990년대에 부음이 많았고 TV탤런트 경우 2000년대에 비교적 많았다. 사인의 유형은 네 가지로 압축되었다. 직업병이랄 수 있는 과로사와 병사, 교통사고를 비롯한 각종 사고사, 그리고 자살이었다. 지병은 각종 암에 폐질환이 가장 많았고 사고는 장소이동에 따른 교통사고가 대부분이었다. 자살은 2000년대 들어 현저하게 나타나 21세기 증후군으로 등장했다. 생계 비관형에 이어 악성 댓글 같은 외부자극에 의한 스트레스형 우울증이 많았다. 안전수칙을 무시한 헬리콥터 추락사, 외국 촬영 중 풍토병에 감염 사망 그리고 녹화 중 급히 떡을 먹다가 기도가 막혀 숨진 황당한 경우도 있었다.

가) 1970년~1999년에 운명한 탤런트

첫 비보는 MBC 〈수사반장〉의 고정형사인 김호정에게 들려왔다. 1978년 과로로 입원, 지주막이 악화 파열되어 일어나지 못했다. 39세 젊은 나이어서 주위를 더욱 안타깝게 했다.

1969년 KBS 입사 후, 1975년 KBS 〈전우〉의 소대장으로 잘 알려진 나시찬이 1981년 영면했다. 41세 젊은 나이에 뇌막염이 원인이었다.

"쯧쯧...생전에 금슬이 너무 좋아 하늘나라로 불러갔지.."

1972년 〈여로〉의 작가 겸 연출가로 유명한 이남섭은 석 달 전에 지병으로 먼저 간 아내 김난영을 따라 세상을 떴다. 남편은 KBS PD 1기로, 아내는 탤런트 1기로 입사하여 맺은 가약은 저세상까지 함께 했다. 두 사람은 충청도 고향땅에 함께 묻혔다.

대전서 위문공연 마치고 한밤에 귀가 중인 MBC 탤런트 박경현은 경인고속도로의 공사 중인 철제 기둥을 보지 못해 충돌, 차안서 숨졌다. 47세로 〈한지붕 세가족〉 등에 출연 중이었다.

1992년 고 신상옥 감독의 두 번째 부인인 배우 오수미는 하와이서 교통사고로 42세를 마감했다. 탤런트 변영훈은 1993년 영화 촬영 도중 한강서 헬기가 추락하여 31세의 짧은 생애를 마쳤다. 근접촬영을 위해 강풍속의 하강 비행이 원인이었다.

1994년 나시찬과 함께 〈전우〉에 단골 출연했던 장학수도 심장마비로 49세의 생을 마감했다. 1977년 옛 TBC 탤런트로 뽑혀 80년대 남성의 아이콘이 된 임성민은 영화, 드라마를 가리지 않고 뛰었으나 간경화를 피하지 못했다. 40세 문턱인 1995년은 그의 마지막 해가 되었다.

서울대학 출신으로 이순재, 이낙훈과 함께 연극배우(실험극장)로 활약하다가 TBC 탤런트로 건너온 김동훈은 지병으로 1996년 58세로 타계했다. 성우 장유진의 부군으로 중후한 연기자를 잃었다

이낙훈 역시 1998년 62세로 운명했다. 지병인 당뇨 악화와 고혈압을 이기지 못했다. 경기고, 서울대, 11대 전국구 국회의원, 탤런트 협회장(1979년), 한국 TV외화의 최초 번역가 등 명망 높은 재사였다.

만능 연기자 손창호(47)는 자신이 주연, 감독, 제작한 영화 '동경 아리랑'의 흥행부진에 당뇨와 신부전증이 겹쳐 쓰러졌다. 자전거 왕 엄복동, 의병장 백두산 호랑이 신돌석 역으로 당찼던 나영진이 46세로 눈을 감았다. 이 해에 정치 드라마인 제1, 2 공화국에서 박정희 대통령을 맡아 이목을 집중시켰던 이진수도 환갑나이에 조용히 떠났다. 그는 박정희 처럼 둘도 없는 애주가였다.

나) 2000년대 타계한 탤런트

2000년대 들어 첫 부고는 11월, 연극을 사랑했던 배우 태민영이 알렸다. 46세 간암이었다. 그는 몇 년 전부터 자신의 운명을 알고 있었다.

2002년엔 남성훈이 결국 숨을 멈췄다. 다발성 신경계 위축증인 희귀병으로 고생해 왔다. 1968년 TBC 탤런트로 출발, MBC로 건너온 탄탄한 중견 배우였다.

2004년 탤런트 이미경이 폐암으로 사망했다. 45세, 언제나 싹싹한 연기자로 살아왔던 그녀는 항암제 투입으로 탈모된 병상의 모습을 팬들에

보이고 싶지 않았다. 2004년 〈여보 정선달〉의 초립 동안이자 서민풍의 노신사 김순철이 역시 지병으로 떠나면서 자신의 장기를 기증했다.

2005년은 네 사람의 원로들이 이승을 떴다. 3월 전운은 대장암으로 67세의 생을 마쳤다. 4월엔 63세의 김무생이 지병인 폐암으로 불귀의 객이 되었다. 6월엔 〈TV손자병법〉〈불멸의 이순신〉에 출연했던 65세의 김진해가 당뇨 합병증으로, 그리고 〈전원일기〉의 할머니 정애란이 78세로 각각 숨을 거둔 것이다.

2005년 가수 실력을 겸비한 재원 길은정도 직장암으로 세상을 떴다.

2006년, 상궁 역으로 단골 출연한 한영숙이 대동맥 수술 후유증으로 고생하다가 55세로 이별했다. 이 해에 개그맨 46세의 김형곤이 운동 직후 돌연사로 발견되어 충격을 주었다. 심장마비였으나 사인을 둘러싼 여러가지 추측을 남겼다.

-2007년 8월, 탤런트 협회장을 역임했던 김주승이 46세로 신장암에서 끝내 일어나지 못했다. 〈야인시대〉〈태조왕건〉에서 중후한 연기를 보인 조재훈도 57세 간암으로 숨을 거두었다. 딸 조향기는 연기자로 활동 중이다. 탤런트 허위륜이 교통사고로 가고, 유방암을 앓던 김영임도 28세의 꽃다운 나이를 날려 보냈다. 11월은 당뇨 합병증으로 시력장애자가 된 홍성민이 7년간 투병 끝에 68세로 고인이 되었다.

-영원히 빛나는 조연 연기자 박광정은 MBC 수목극 〈누구세요〉를 끝내지 못하고 2008년 역시 폐암으로 46세를 마감했다. 이언은 동년 8월, 귀가 중 한남고가 도로에서 오토바이 사고로 숨졌다.

2009년 5월, 고려대 출신으로 연극배우자 탤런트인 여운계가 70세를 앞두고 운명했다. 신장암이 폐로 전이됐다. KBS의 〈장화홍련〉에서 마지막 발휘한 연기투혼을 뒤로했다. 1964년 TBC 〈눈이 나리는데〉로 데뷔, 그의 연기경력은 드라마 50년사와 궤적을 함께 했다.

다) 2010년 이후 영면한 탤런트

2010년 오토바이를 탄 탤런트 강대성은 버스를 피하다 가로수를 받고 현장에서 숨졌다. 〈불한당〉〈미워도 좋아〉에서 젊음을 뽐내던 박서린(29)이 돌연사했다. 유족은 사인을 밝히지 않았다.

2011년 4월, 이 시대의 소박한 시골 아버지상을 노래한 김인문이 기나긴 암 투병 끝에 스러졌다. 72세로 뇌경색을 극복한 의지도 허무했다.

한 달 새로 〈여로〉의 시어머니 역으로 유명한 박주아가 70고개에서 신우암으로 눈을 감았다.

2012년 10월, 두주불사형의 〈호랑이 선생님〉 조경환도 간암을 안고 갔다. 67세, 자신의 앞날을 알고 있으면서도 태연히 최후를 맞았다. 중국인 역을 도맡아 한 MBC 국정환도 같은 달 70세 문턱에서 떠났다.

TBC 출신 강태기가 2013년 3월, 63세 심장마비로 사망했다. 연극 〈에쿠우스〉로 유명한 배우였다. 같은 해 8월, 탤런트 박용식이 67세로 작고했다. 캄보디아 촬영 때 옮겨온 풍토병을 끝내 못했다. 전두환을 똑 빼다 닮은 죄로 5공화국 7년간 출연금지당했던 시절이 있었다. 12월엔 원로 연기자 이치우가 당뇨병으로 74세의 생을 마쳤다.

2014년에 드라마계의 커다란 두 별이 졌다.

2월에 황정순이 89세로 가고 11월엔 김자옥이 63세로 떴다. 두 연기자는 우리 영화와 드라마 역사를 함께 한 증인이었다. 모두 폐 질환이었다.

2015년 4월, 〈무인시대〉〈여인천하〉 등에서 묵직한 모습을 보여준 박병선(47)이 심장마비로 뜨고, 8월엔 〈대추나무 사랑 걸렸네〉의 터주 대감 격인 김상순이 폐암으로 78세를 마감했다.

2016년 6월, 〈설중매〉의 한명회 역으로 늦음 막에 떴던 정진(75)이 숙환인 담낭암으로 눈을 감았다.

2017년엔 낯익은 일곱 사람이 떠났다.

KBS의 붙박이 탤런트 민욱이 두경부암 선고 2년 만인 70세에 눈을 감았다. 흑백TV 시절에 도톰한 얼굴의 전형적인 미남형이었다.

사극, 시대극에서 노익장을 뽐냈던 이길호(82세)가 뇌출혈로 영면했다. 작가, 연출을 겸했던 목포 토박이는 연극인장으로 치러졌다.

〈전원일기〉의 노아 엄마로 친숙한 이미지(58)가 사망 2주 만에 자신의 오피스텔에서 발견되었다. 신고에 의한 '첫 고독사'로 간주되었다. 〈태조왕건〉〈서울의 달〉 등에서도 진득한 여인상을 보여준 그녀의 사인은 신장 질환, 그간 출연작이 없어서 쓸쓸한 말년이었다.

영화와 드라마를 왕래하며 8도 사투리를 두루 구사한 질박한 할머니, 김지영이 79세로 별세했다. 〈전원일기〉〈6남매〉〈토지〉에서 역할했다. 폐렴으로 몇 년 고생하면서도 마지막까지 카메라 앞에 섰다.

초창기 한국영화를 개척한 윤봉춘 감독의 영애인 윤소정이 패혈증으로 55년 연기생활을 마감했다. TBC 탤런트 1기(1964)로 남편 오현경과 함께 연극과 드라마를 섭렵해 온 73세의 노숙한 연기자였다.

〈모래시계〉의 태수 엄마, 영화 〈변호인〉에서 국밥집 엄마로 유명한 김영애가 결국 66세의 생을 마쳤다. '황토팩' 사업가로 크게 성공했으나 2007년 '유해 중금속'의 시비가 방송에 터지면서 무너졌다. 2013년 대법원 판결로 누명은 벗었으나 장기간 엄청난 스트레스로 심신이 망가졌다. 2012년 수술한 췌장암이 재발하여 고비를 넘기지 못했다. 〈월계수 양복점의 신사들〉(2016)의 안주인 역은 유작이 되었다.

"이눔아, 네가 여기 올 때가 아직 아냐..!"

12년 전에 저세상에 먼저 간 아버지 김무생이 45세로 입적한 둘째 아들 주혁을 보고 통탄했을 것이다. 부군신위 전에 나란히 적힌 부자(父子)의 비극이었다. 〈구암, 허준〉〈떼루와〉〈프라하의 연인〉〈아르곤〉 등에서 선남으로 다가왔던 김주혁이 2017년 가을, 강남대로에서 승용차와 추돌한 뒤 아파트 벽에 부딪쳐 전복사고로 후송되었으나 눈을 뜨지 못했다. '순간 심장마비'는 추측일 뿐, 정확한 사인은 국과수도 밝히지 못했다.

2018년 3월 9일, 청주대학 연극과 교수로 재임 중인 탤런트 조민기 (53)가 자신의 아파트 지하 창고에서 목을 맸다. 다수 제자들의 성추행 폭로가 불거져 사표를 낸 뒤 경찰 소환을 앞두고 있었다.

동년 4월, 92세 원로 배우 최은희가 지병으로 눈을 감았다. TV드라마 초기인 1969년 TBC의 〈124군부대〉, 1974년 KBS의 〈꽃피는 팔도강산〉에 나왔다. 당시 영화배우로서, 황해는 형사극에, 최무룡은 멜로극에, 최은희는 국책 드라마에 출연했다.

9월엔 김인태가 세 가지 질환과 10여 년 투병 끝에 88세의 생을 마감했다. 부인(백수련)과 아들(수현) 모두 탤런트 가족이었다.

라) 흑백영화 시대의 스타 그리고 코미디언

허준호의 부친 허장강이 심장마비로 51세에 쓰러졌다. 1986년은 간암을 앓아온 서영춘이 59세로 잠들었다. 이듬해 1987년 이기동이 53세로 세상을 떴다. 의욕적으로 벌인 사업들의 실패로 그의 숨을 죄었다. 1993년 코미디언 김희갑이 71세로 떠났고 1995년 배우 박노식도 65세의 일기를 마감했다. 1999년은 코미디언 곽규석과 13대 국회의원인 배우 최무룡이 72세로 각각 영면했다.

금연대사 코미디언 이주일도 폐암의 긴 투병 끝에 2002년 숨을 다했다.

2003년 원로 배우 한은진이 85세로, 독고영재의 아버지 독고성이 76세로 이승을 떠났다.

2005년은 1920년생인 장동휘가 85세로 그리고 황해가 84세로 모습을 감추었다. 2007년 이도련이 녹음 작업 중 쓰러져 일어나지 못했다. 간암의 악화였다. 성우로 입문하여 TV드라마 〈공화국〉시리즈에 연속출연, 영화, 외화더빙까지 폭넓게 활약했던 그는 60세를 뒤로 했다.

2009년은 젊은 날의 글래머 스타 도금봉이 79세로 세상을 떴다.

2010년엔 세 사람의 원로 코미디언을 지병으로 잃었다. 백남봉(71세, 폐암) 이대성(74세, 식도암), 배삼룡(84세, 폐암)이었다.

2012년 11월 초창기 성우, 탤런트를 겸했던 원로 연극인 장민호가 88세를 일기로 운명했다. 대한민국 예술상, 국민훈장(목련장)이 쓸쓸히 빈소를 지키고 있었다. 2016년 8월, 구봉서가 폐렴으로 입원했으나 열흘 후에도 일어나지 못했다. 90세의 일기에 웃음만 있었던 것은 아니었다.

그 사이 네 거장 작가가 떠났다. 〈첫사랑〉 〈젊은이의 양지〉등 역대 드라마의 최고 시청률 톱10에 두 작품을 기록한 조소혜가 한창나이인 50세에 숨졌다. 2006년 간암 말기로 밝혀진 지 채 한 달이 못 되서다. 67세의 중진 이철향이 이 해에 교통사고로 비명에 갔다. 〈조선왕조 5백년〉 시리즈 등 대하사극의 태두 신봉승이 2016년 봄, 83세로 영면하고, 2017년 가을엔 전설사극과 야사의 산파역인 임충이 79세로 눈을 감았다. 두 원로는 모두 폐암이었다.

마) 스스로 목숨을 끊은 탤런트

자살은 '루저(loser)들의 것'인가? 풍요와 여유에 비례하여 자살이 늘어나는 현상은 세계적인 추세다. 자살은 오로지 당사자 의식 밖의 대체 불가 행위지만 모든 죽음이 그렇듯 사연은 구구하다. 전문가들은 그 공통점을 세 가지로 압축한다.

첫째는 소속감과 유대감 상실을 꼽는다. 심한 고독감 그에 따른 소외감과 우울증은 자살의 유혹을 쉬이 끈다. 죽음은 자신의 최후의 메시지다. 죽음으로서 자기 항거, 증명, 복수를 표시하기도 한다.

둘째는 존재감의 상실이다. 출연요청이 끊어지면 더욱 심화된다. 자기 통제력을 잃으면서 패열감으로 자신을 무용지물로 간주한다. 절망의 나날들...그래서 실업자, 빚쟁이, 불치 환자에 위험성이 많다.

셋째는 미래 상실감이다. 직업에 대한 절망, 장래에 대한 불안, 초조는 죽음에 대한 유혹을 키운다. 오랜 고통이 몸에 배고 자해의 공포에 무감각해진다. 한마디로 자살은 빗나간 '용기와 홀림'에 빠져버린 결과다.

2000년대 들어 자살로 목숨을 끊은 연기자들이 속출했다. 그들이 세상을 버린 것인가, 세상이 그들을 버린 것인가. 자살은 당사자만의 비극을 넘어 모방과 동반을 재촉하는 묵시록처럼 고리를 물고 나타났다.

2008년 10월 초에 날아든 최진실의 자살 소식은 충격적이었다. 90년대부터 20여 년을 군림해 온 그녀는 41세로 이제 알찬 중년 연기를 기대할 나이였다. 불행은 여기서 끝나지 않았다. 동생 최진영(40)은 2년 후 누나의 죽음에 따른 우울증과 약물과다로, 전 남편 조성민(40)도 자책감과 악성댓글의 스트레스를 이기지 못해 2013년 각각 자진했다.

〈카이스트〉〈불새〉에 출연했던 탤런트 이은주도 우울증 끝에 목을 맸다. 2005년 25세의 푸른 나이었다. 가수를 겸했던 유니도 2007년 26세에 스스로 갔다. 소속사 문제가 발목을 잡았고 성형 부작용은 악성 댓글을 불러 조울증을 키워왔다.

시트콤의 단골 출연자로 잘 알려진 정다빈이 2007년 2월, 의혹의 죽음을 알렸다. 일거리를 잃고 자기 정체성마저 잃으면서 깊어가는 상실감에서 헤어나지 못했다. 2009년에 자살한 장자연은 죽음보다 그녀를 둘러싼 유명 인사들에 대한 복잡한 성상납 편력이 소문의 꼬리를 물었다.

〈겨울연가〉의 한류스타 박용하의 죽음은 일본 팬들을 더욱 놀라게 했다. 2012년 6월 며칠간은 그의 추도가 이어졌다. 불안한 미래에 대한 강박감과 우울증이 원인으로 추측되었다. 안재환은 사업 빚의 무게와 건강 악화를 비관하면서 목숨을 끊었다. 자신의 차 속에 연탄불을 지피고 눈을 감았다.

바) 우울증, 치욕감, 생활고,...슬프고도 안타까운 죽음들

■ **2019년 11주기를 맞는 최진실의 자진은 지금도 황망하다.**

드라마계의 화려한 신데렐라, 파경과 이혼을 겪으면서 40대 두 자녀의 엄마로서 완숙한 제2의 인생의 기대와는 달리 '남매 자살극'이라는 최악의 단초를 제공해서다.

진실의 죽음은 디지털 시대의 독버섯인 댓글 테러에 다름 아니다. 이런저런 프라이버시가 SNS를 통해 즉각 공개되고 그것이 악플로 되돌고, 신상 매도로 증폭되면서 자존을 뭉개고 인내를 무너뜨린 결과다.

연기력과 사생활에 대한 악플에 너그럽고 대범한 연예인은 드물다. 치명상은 물론 때로는 자기 처지를 비탄으로 본다. 동생(최진영)의 동반자살도 이런 스트레스를 헤어나지 못해서다. 표현의 자유도 좋지만 그것이 한 사람의 목숨을 위협하는 폭언으로 둔갑하면 경우는 달라진다. 오늘도 각종 악플은 악령처럼 때와 장소 없이 마구 돌아다니고 있는 중이다.

■ **2009년 3월, 탤런트 장자연(29)이 성상납 등으로 괴로워 하다가 스스로 목숨을 끊고 복수하겠다는 일념으로 장문의 유서를 남긴다.**

"언론사 사장, 재벌과 금융업, 연예기획사 간부, PD들과 감독 등 31명에게 100차례 이상 술 접대와 성상납했다. 부모님 제삿날에도 접대자리에 내몰렸다. 강남뿐만 아니라 수원 룸살롱 등에서 날 노리개로 취급하고 사기치고 내 몸을 빼앗았다..."

상당수의 피의 혐의자들이 거론되었지만 유야무야 끝나버렸다. 그들의 부단한 수사 무력화와 진실은폐 시도의 벽을 넘지 못해서다. 연예인술대접, 성상납은 어제오늘 문제가 아니었다. 소문만 있고 실체가 없는 음습한 관행이기도 했다. 가해자는 고위급 인사거나 관련 권력자들이다. 한 여성이 이를 감당하기엔 엄두가 나지 않았다. 오히려 손가락질만 당하는 2차 피해와 영구 파멸의 두려움도 도사린다.

'진실을 밝혀 달라'는 청와대 국민청원은 마감 닷새 앞둔 3월 23일 공식 답변 기준인 20만 명을 훌쩍 넘어섰다.

'힘없는 사람이 기득권에 희생되어 꽃다운 나이에 생을 마감하게 만드는 사회가 문명국가라 할 수 있는가' 그리고 '어디에선가 제2의 장자연은 없다고 이야기할 수 있는가' '우리의 일상에 잔존하는 모든 적폐는 청산돼야 한다'는 것이 청원의 뜻이었다.

2017년 말에 발족된 검찰의 과거사위원회가 9년 만에 재수사를 하게 되면 다시 '떨고 있는 사람들'이 많아진다. 한국여성단체연합 7개 지부 28개 회원단체는 연대 성명을 내고 "이번 재조사 과정에서는 어느 누구도, 어떤 권력도 예외가 돼서는 안 된다"고 당부했다.(미디어 오늘 2018.3.24.)

■ **2014년 3월 9일, 탤런트 우봉식(43)이 자택에서 숨진 채 발견됐다.**

그의 꿈은 '배우'였다. 1990년 안양예고를 졸업, 작은 역할이라도 최선을 다하면 언젠가는 세상이 알아줄 거라고 믿었다. 2007년 KBS 대하극 〈대조영〉에서 '팔보' 역으로 출연한 후 불러주는 곳이 없었다. 생계를 위해 일용 노동자로 일했다. 꿈이 멀어지는 비정한 현실 속에서 깊은 우울증에 빠졌다. 고향(예산)의 어머니는 아들 걱정이 많았다. 그는 점점 의기소침해졌고 술로 지새우는 날이 많아졌다. 결국 신경정신과 치료를 받으며 이상증세를 보이기도 했다. 극도의 좌절감에 빠진 그는 그날 밤, 서울 개포동 자신의 월세 집에서 세상과 이별했다.

생활고를 못 이긴 탤런트의 죽음은 그 전 해도 있었다.

2012년 6월, KBS의 아침드라마 〈사랑아 사랑아〉에 출연한 새내기 정아율(25세)은 역시 생활고에 우울증으로 스스로 목숨을 끊었다. 당시 어머니는 한 인터뷰에서 죽기 전에는 군대에 있는 남동생에게 돈을 빌려달라고 할 만큼 형편이 어려웠다는 사실을 전했다.

같은 해 8월에 TBC 탤런트 출신 남윤정은 1년 전 남편과 사별한 후, 악화된 지병과 우울증에 시달려 스스로 58세를 마감했다. 유족 측은 자살이 아닌 '과로에 의한 심장 쇼크사'로 주장했다.

2013년 3월, SBS 시트콤 〈순풍산부인과〉에서 이름을 알렸던 김수진(38)이 목을 맸다. 역시 소외감, 상실감과 생활고가 원인이었다. 화려한 겉과 달리 탤런트 세계에 감춰진 그늘을 강변한 메시지였다. '복지예산 100조 시대'는 그들에게 먼 이야기였다. 우리 사회의 슬픈 자화상이었다.

■ **2018년 벽두부터 성추행을 당한 여성들의 폭로가 이어졌다.**

서지현 여검사의 첫 고백으로 시작된 '미투' 쇼크는 차세대 리더인 안희정 충남지사의 검찰 출두로 정점을 찍었다. 법조계와 정계를 비롯, 문학계, 연극영화계, 의료계, 학계, 종교계 등 소위 해당 권력자와 파워엘리트 중심부를 향한 직격탄이었다. 시인 고은, 연극연출가 이윤택, 오태석, 윤호진, 김기덕 감독은 한순간 성범죄의 '괴물'로 변했다. 교육부는 중,고 교과서에 수록된 40여 건의 관련자 작품이나 인물소개 등의 '전면 삭제'를 검토했다.

여기저기서 연일 봇물처럼 터진 폭로 행렬에 드라마계도 예외는 아니었다. 조민기를 비롯, 조재현, 최일화, 오달수, 최용민 등이 이에 휘말리고 출연작 도중하차, 통편집, 퇴출, 계약해지 등 피의조치가 잇달았다. 모두가 30년 경륜을 바라보는 중고참급 연기자였다.

조민기는 탤런트 시험 네 번 실패 끝에 차인표, 심은하와 함께 1993년 MBC에 공채됐다. 2004년부터 모교인 청주대 연극과의 겸임교수로 강단에 선 그는 2006년 SBS의 〈사랑과 야망〉에서 투혼의 청춘상을 보였고 2008년 〈에덴의 동쪽〉에서 냉혈한 신태환 역으로 강한 인상을 남겼다.

연기생활 28년째, 교수 생활 12년, 치욕과 단죄 속의 18일간, 닥친 파국을 감당하지 못한 그는 극단적인 길을 택했다. 최초의 '성추행 가해자 자살'이라는 참담한 기록이었다.

■ 비극은 꼭 스타에만 오는 게 아니었다.

이름도 없고 성도 모른 이른바 '드라마 보조 출연자'에게 뻗쳐온 악마는 연쇄 자살마저 불러왔다.

속칭 '단역배우 자매 자살사건'은 이미 10여 년 전 재판이 끝나 세인의 기억에서 지워졌다. 이것이 '미투' 물결을 타고 재수사를 요구하는 국민청원에 힘입어 14만 명 이상이 참여하자 문제는 다시 불거졌다.

대학원생인 A는 백댄서인 동생의 권유를 받아 드라마 보조 출연자로 알바를 시작했다. 2007년, 장기간 지방촬영 중에 사달이 났다. 드라마 기획사 간부와 스탭들에 집단 폭행을 당한 것이다. 모텔, 차량 내에서 강간과 추행을 일삼은 가해자는 자그마치 12명, 그럼에도 그들의 회유와 협박에 신고를 할 수 없었다. 정황을 알게 된 어머니가 이들을 제소했지만 가해자들과 한자리에서 대질 조사를 받게 하는 힘든 수사방식은 1년을 끌었고 결국 1년 7개월 만에 고소 취하했다.

2009년 한여름, A는 18층 옥상에서 투신했다. 동생도 6일 후에 스스로 목숨을 끊었고 아버지는 두 달 후 뇌출혈로 세상을 떴다. 홀로 남은 어머니는 1인 피켓시위를 벌렸으나 오히려 명예훼손죄로 맞고소 당했다. 수사당국은 오래전 '마무리된 사건'으로 외면했고 가해자들은 오늘도 여전히 그 업종에서 낙낙하게 활동하는 중이다.

■ 어머니 황정순 가고, 꽃누나 김자옥 지다

89세로 떠난 만인의 어머니자 할머니로 살아온 황정순, 그래서 2014년 2월 17일은 '대한민국 모친상'을 당한 날로 기억된다.

일제시대, 한국전쟁 그리고 오늘에 이르는 그 90년 생애는 우리 현대 생활사는 물론 역경의 세파를 이겨낸 어머니상을 함축한다. 유장한 세월 속에서도 연약한 듯 강하고 가련한 듯 기품을 잃지 않은 우리 어머니들의 얼굴을 대신해 왔다. 26세에 결혼, 52세에 남편과 사별, 슬하 1남1녀, 50년 연기생활에 400편 영화와 연극 200편의 출연 기록을 남겼다.

1992년 보관문화훈장, 2006년 여성으로 처음 대한민국 예술원 회원이 되고 신상옥, 유현목 감독에 이어 세 번째 영화인 명예의 전당에 헌액되었다. 동시대 종신 어머니 역으로 쌍벽을 이룬 한은진(1918~2003)이 11년 전 85세로 타계하고 그마저 떠난 빈자리에 '국민 어머니'를 이어갈 후계자가 없는 지금이다.

2014, 11월, 입원 사흘 만에 갑작스런 비보를 전한 김자옥(63)은 고인(故人)의 글자가 아직 낯설 만큼 지금도 우리 곁 어딘가에 해맑은 웃음을

짓고 있는 듯하다.

라디오, 영화, TV드라마, 가요, 악극까지를 두루 벗한 깜찍한 재기는 초등학교 시절부터 발동했다. 음악교사 겸 시인인 아버지의 천예성을 물려받은 덕분인지 다재다능함에서 다정다감함까지 갖춘 만년 소녀로 각인된다. 51년생 토끼띠 동갑내기 한혜숙 김영애와는 흑백 TV시대의 마지막 트로이카로 자리매김했다. 서른 줄에 들어선 이후, 결혼(최백호)과 은퇴, 이혼과 재혼(오승근) 그리고 TV복귀 등 부침을 거듭하면서 아픈 만큼 성숙한 연기를 보였다. 가늘고 여린 음성에 오목조목한 도회적 이미지로 팔색연기를 자랑했던 자옥은 2014년 마지막 해에도 악극 '봄날은 간다'와 리얼리티 예능인 '꽃보다 누나'로 해외까지 뛰면서 중년 여성의 애환을 대변했다. "많은 죽음이 갑작스럽게 일어난다. 하지만 암은 죽음을 준비할 시간을 주는 병이다. 슬퍼하거나 절망적일 필요가 없다"

그녀는 꽃처럼 공주처럼 연기 인생 40년을 살다 갔다.

4-2 첫 TV드라마 PD 최창봉, 그리고 6인 원로 연출가의 승천

최초의 TV방송 설립자며 PD 1호로서 드라마 첫 작품을 연출한 최창봉(崔彰鳳1925년, 평북 청성진 출생)은 2016년 12월에 세상을 떴다. 향년 91세.

이 땅의 첫 텔레비전 방송사는 1956년 5월 12일 첫 전파를 발사한 미국자본의 대한방송주식회사(KORCAD,HLKZ-TV)다. KBS 개국 5년 전이다.

당시 TV 수상기는 약 500대, 서울의 주요 거리 약 40여 상점에 설치되어 오가는 사람들의 발길을 붙들었다. '신비의 상자'인 조그만 통속에 사람들이 나와 떠드는 것이 신기한 구경거리였다.

TV 수상기 시장은 미국과 일본이 엉켜져 치열한 선점전쟁을 벌이는 중이었다. 미국 메이커 RCA가 이승만 정권의 힘을 얻어 개가를 올렸다. 시장석권을 위해 아예 방송사를 설립한 것이다. 방송사명(KORCAD)도 '한국 RCA지사'의 약자였다. 사장은 유태계 미국인 조셉 밀러였다. 일본의 도시바(東芝)와 히타치(日立)의 판매 공략도 만만치 않았다.

당시 17인치 수상기 가격은 34만 환, 쌀 열아홉 가마니에 해당했다 (한가마 1만 8천 환). TV방송은 세계 15번째, 아시아에서는 일본, 필리핀, 태국에 이어 네 번째 보유국이 되었다.

그해 7월, 서울 종로 화신백화점 한구석에서 대한민국 TV드라마의 첫 탄생도 알린다. 원작은 아일랜드 극작가 로드 던세이니의 〈천국의 문〉, 각색과 연출은 최창봉, 조연출 이기하, 방송길이 30분, 출연은 최상현과 이낙훈 두 사람이었다. 작품선정 기준은 길이가 짧고 출연자는 적고 무대가 단순한 것이 전제되었다. 고심을 거듭한 끝에 외국 희곡작품을 택했다. 두 사람의 도둑이 저세상에 만나 지옥의 문으로 들면서부터 서로 회개하는 이야기로 다분히 교훈적이며 계몽적인 성격을 띠었다.

이어 9월에 60분 〈사형수〉가 방송된다. 독일 작가 홀워시 홀 원작, 차범석 각색, 최창봉 연출이었다. 출연은 사형수 최상현, 여동생 이로미, 신부 오사량, 간수장 김경옥, 간수 허규(조연출 겸)로 배역했다. 대학 워크숍 공연에 자주 애용되는 작품으로 극적 완성도가 탄탄하고 전개가 간명한 작품이었다.

고려대학 연극반 출신인 최창봉은 장교로 입대한 후 1954년 국군방송(라디오)에 들어가면서 방송과 첫 인연을 맺는다. 31세에 TV사와 첫 드라마를 만든 이후 60년대 초반에 KBS와 동아방송(DBS)를 창립했고 KBS 부사장을 거쳐 1989년 MBC사장을 맡으면서 한국TV 60년의 산 증인이되었다. 열정적인 삶과 의기충천으로 방송문화를 개척했던 그의 9순 생애에 경의를 표한다. 이젠 이승의 무게를 다 떨치고 '방송계의 대부'로서 부디 영생하길 빈다.

최근 3년 새에 여섯 사람의 드라마 대가(大家)가 불귀의 객이 되었다.
2011년은 〈용의눈물〉의 大PD인 김재형이 75년 생애를 마감했다.
2012년엔 〈나루터 3대〉를 연출한 임학송이 79세로 영면했다.
2013년엔 〈야인시대〉를 연출한 75세의 장형일이 지병으로 운명했다.
12월은 최초 메디컬 드라마 〈소망〉을 만든 최상현이 82세로 별세했다. 2014년엔 KBS의 터줏대감 격인 〈서울뚝배기〉의 김연진과 〈꿈나무〉의 이정훈이 하늘의 부름을 받았다. 모두 70대 중반 고개였다.

최상현은 소박한 연기자로 출발했다.
그리고 연출자로 전향했다.
그의 고향은 연극이다. 일찍이 1953년 대학 연극콩쿠르(고려대) 최우수 연기상을 수상하고 졸업 후 KBS 성우로 활약하면서 〈햄릿〉외 20편의 연극과 〈생명〉 등 수 편 영화에 출연하여 듬직한 20대의 연기자로 이름을 올렸다. 1956년, 이낙훈과 더불어 첫 드라마의 출연자 1호로 기록된다. 연극, 라디오, 영화, TV, 강단 등 다섯 현장을 분망하게 왕래했다.
서른을 넘어 시대적인 부름에 주저 없이 합류했다. 1964년 개국한 TBC에 옮긴 후 10년간 연출자로 두각을 냈다. 1973년 KBS로 옮겨 1989년까지 약 16년간 연예부장 및 제작위원을 역임한 후 1990년대는 한국영상연구소, 강동케이블 등 관련 업체의 사장을 거쳤다. 말년 약 8년간은 서울예술전문대를 비롯한 대학 강단에서 후학 양성에 힘썼다. 훤칠한 키, 중후한 볼륨감, 작업에 임하는 진지함, 그래서 감성보다 지성이 앞선 매사에 합리성을 추구했던 신사였다.

김재형은 한마디로 '사극 대부'다.

TV사극의 원조이자 사극중흥의 역할로 정평을 냈다. 5년 연상인 최상현과 함께 TBC에서 본격적인 연출을 시작했다. 1964년 17회 연속 사극 이서구 작 〈민며느리〉를 시작으로 1970년대는 '이조여인 5백 년 시리즈'를 제작했다. 〈사모곡, 연화, 윤지경, 인목대비, 임금님 첫사랑, 별당아씨, 허부인전〉은 1972년부터 1977년까지 신봉승 작가와 이루어낸 장기 야사 릴레이였다. 1994년 KBS의 105부작 이덕화 주연의 〈한명회〉도 두 사람이 의기투합한 작품이었다.

1996년 KBS의 대하드라마 〈용의 눈물〉은 조선왕조 건국을 배경으로 기록보다는 인물묘사에 충실했다. 사극 크기와 무게, 발상과 전개, 역사 해석과 캐릭터 창출 면에서 뚜렷한 획을 그었다. 1998년 5월까지 햇수로 3년간 159부를 방송하면서 때마침 겹친 15대 대통령 선거(김대중, 이회창 대결)에 역사 교훈을 반영하면서 주말의 화제를 집중했다. 그의 환갑나이에 만든 작품이었다. 까무잡한 얼굴에 우렁찬 목소리는 열정에 찬 노익장의 상징이었다.

1933년생 임학송은 미니시리즈 개척자였다.

예향 광주에서 고교 졸업 후 조선대학 문학부를 졸업하고 대학원 문예비평과를 마친 뒤 1958년 문화공보부 국립영화제작소 감독으로 입신하여 1963년까지 5년간 활동했다. 이어 KBS로 옮겨 1980년까지 드라마를 비롯한 예능과 다큐멘터리를 제작했다. 1971년 〈미스터리 흥분하다〉 〈사랑의 훈장〉 〈하얀꽃〉같은 홈드라마, 고전시리즈 〈허생전〉, 사극 〈임진왜란〉 〈강감찬〉 〈개화전야〉, 문예극 〈KBS무대〉 등 70년대 초반 다양한 연출력을 보였다. 또한 영화의 미학을 TV에 접합한 최초의 연출자였다. 1977년, 광복절 특집 3부작 〈나루터 3대〉는 향후 미니시리즈의 모티브를 제공한 대형극으로 화제를 모았다. 1978년 홍성원 원작, 반공문학 수상작인 〈남과 북〉 7부작도 그의 대표작품이 되었다. 이름처럼 학처럼 고고하고 솔처럼 외로운 삶을 살다 간 그는 학자나 문인에 가까운 체취를 풍겼다.

장형일은 애당초 충무로(영화) 사나이였다.

영화에 미쳐 대학(성균관대 정외과)를 중퇴하고 신상옥 감독 팀에서 10년 내공을 쌓았다. 1971년, 개국 10년 차인 중앙방송국(KBS전신)에 입사하여 TV드라마의 중흥에 자신의 경륜을 접목했다. 그는 〈KBS무대〉같은 문학성이 짙은 단막극에 주목했다. 영화 출신답게 작품의 밀도와 완성도에 충실했다. 역사의식, 주제의식, 예술의식이 확실한 소재에 천착했다. 그의 작풍은 한마디로 돌직구로서 굵고 묵직한 남성적인 메시지를 띄웠다.

1975년 나시찬을 내세운 〈전우〉시리즈는 분대원들의 전투를 다룬 시추에이션 드라마로 KBS의 고유 브랜드가 되었다. 반공극 〈역류〉나 3.1

절 특집극 〈34인〉, 〈안중근〉(96년)도 그의 색깔이 실린 작품이다. 1978년 이후는 역사를 빛낸 인물을 선별하여 3~4부로 묘사한 민족사관 정립극 〈맥〉에 전력투구했다. SBS의 54부작 〈형제의 강〉(1996), 74부작 〈덕이〉(2000) 는 모두 전쟁 후 30년간 어려움을 이겨낸 우리 가족사였다. 124부작 〈야인시대〉(2002)는 협객 김두한을 중심하여 일제 말기부터 정부수립 그리고 자유당 이승만 시절을 거쳐 온 혼란기를 그렸다.

KBS 지킴이, 김연진과 이정훈

두 토박이는 60년대 남산 시절부터 70년대 이후 여의도 시대까지 오로지 KBS를 지켜왔다. 홈드라마와 반공드라마 그리고 사극, 수사극, 문예극 등 다양한 드라마 장르를 섭렵하여 KBS의 드라마 기초를 마련하고 후배들에 디딤돌을 놓았다.

2014년 2월에 떠난 김연진은 독실한 기독교인이자 언론학 박사(성균관대)로 활약했다. 여성과 가족 테마에 강한 면모를 보였다. 1969년 첫 성공을 거둔 일일극 〈행복이라는 것은〉에 이어 1970년 〈아버지와 아들〉은 그해 TBC의 〈아씨〉와 쌍벽을 이루면서 최초의 남성 드라마의 모델을 제시했다. 1973년 〈파도〉는 새 얼굴 이효춘을 발굴했다. 80년대 〈은하수〉와 〈은혜의 땅〉에서 튼실한 관록을 보였고 90년은 일일극 〈서울뚝배기〉로 서민 드라마의 기치를 세웠다.

4월에 작고한 이정훈은 부인 박혜숙(탤런트)과 검사가 된 아들과 함께 노년을 누릴 나이였다. 1970년 〈꽃동네 새동네〉(윤혁민 극본)에 이어 71년은 고교 드라마의 효시인 〈꿈나무〉(한운사 극본)를 히트시켰다. 두 작품 모두 주제가(정훈희/유리시스터즈)가 뜨면서 드라마 성가를 크게 높였다.

외곬 한길로 7~8순을 넘어 명운을 달리한 드라마 원로들, 그들은 연극인, 영화인으로서 입문하여 1960년대 초 TV개국에 참여했고 초창기 방송 드라마의 산파역을 자임했다. 오늘의 한국 드라마 60년의 텃밭은 그들이 어려운 시절, 척박한 환경을 딛고 일궈낸 결과다.

4-3 〈여명의 눈동자〉〈모래시계〉, 금기 소재로 모태수난

김종학 PD 5주기(2018. 7. 23.)를 보내며

역사적 비극 또는 치부로 알려진 '묻힌 사건'은 시대를 막론하고 '들추거나 꺼내는 것'을 금기시해 왔다. 그럼에도 불구하고 김종학이 드라마를 통해 최초로 공개한 현대 사건은 열 개에 가깝다.

〈여명의 눈동자〉에선 위안부 실태 및 731부대, 제주 4.3사건을 들췄고, 〈모래시계〉에선 5.18 항쟁을 영상화했으며 YH사건, 삼청교육대 내부 진상을 폭로했다. 〈인간시장〉에서는 부산 형제복지원 사건을 고발했다.

모두가 '불편한 진실'을 취해 만든 것이었다. '하지 말라'는 소재나 '아직 시기상조'(이건 맨 날 시기상조다)라는 주제, 즉 드라마의 '출입금지' 표시를 걷어내는 용단이었다. 그 자체만으로 엄청난 드라마가 숨어있고 그것을 금기로 묻어버리는 것은 드라마의 본분을 저버리는 직무유기가 아닐 수 없다는 뜻이다. 그의 소명은 '진실 밝히기'로서 드라마 정신을 구현하고 오해와 오욕의 과거 청산을 통해서 미래 사회에 경고를 불어넣는 의도다. 그것은 이단아의 낯선 도전이자 위험한 행보로 나타났다. 제도권과 공권력을 찌른 만큼 일부 파워집단에게 긴장과 불편함을 자극했다. 전(全), 노(盧) 전직 대통령 측, 군(國防部), 정보기관, 검찰과 경찰, 우익단체 등 일테면 권부(權府) 빅 5와의 선전포고였다.

강력 도전만큼 거센 반발을 초래했고 비싼 대가만큼 값진 수확도 있었다. 수난과 고난으로 우러난 열매의 최대 수혜자는 시청자였다. 우린 어떻게 살아왔고 어떻게 살아야 할 것인가를 진중하게 생각게 했다.

1) 5.18민주화 항쟁과 군(國防部)

'80년 그날 광주로부터 15년밖에 흐르지 않았다. 그러나 마치 먼 옛날의 추억인 듯 말하고 있는 현 상황이 놀랍고도 아쉬울 뿐이다. 지난 80년대의 격동기에서 우리가 어떻게 살았는지 얘기하고 싶었다…'

김 PD의 광주항쟁에 대한 드라마 접근 단초다. 발생 후 10여 년간 영상공개는 철저히 차단되었다.

광주항쟁은 〈모래시계〉 전반부 3회에 걸쳐 본격적으로 구상했다. 다큐멘터리로 최초 공개인 1989년 '어머니의 노래'(MBC, 김윤영 연출)과 '광주는 말한다'(KBS, 남성우 연출)에 이어 드라마로서는 처음 시도였다. 6, 7, 8부는 주먹세계를 청산하고 귀향한 후배 진수의 요청으로 광주에 간 태수(최민수)가 시민군에 합세할 때까지, 그리고 진압군으로 투입된 우석(박상원)과 서로 대결 국면으로 돌변할 때까지의 5.18 항쟁 묘사는 현대사의 가장 '아픈 부분'을 들춰낸 작업이었다.

종학은 진압작전에 참여한 하사관 두 명과 사병에게 어렵게 증언을 청취했다. 진상위원회와 5.18 유족회로부터 진실의 일각을 취재했다. 일단의 공수부대원들이 폭력으로 시민을 연행하는 필름을 삽입하여 주목을 끈 후, 광주 그곳에서 촬영하여 장소의 일치성을 살렸다.

'5공화국 고발이 인기 요인 85%' '현대사 성역(聖域)에 호기심 폭발'

이것은 한 일간지의 〈모래시계〉의 사회조사에서 두 면에 각각 띄운 큰 제목이었다. 가장 인상 깊은 장면으로는 광주 민주화 운동을 필두로 (37.5%), 삼청교육대(23.2%), 사랑과 우정(13.4%), 조폭들의 싸움(7.3%), 정치세력들의 부패상(4.8%)를 꼽았다.(중앙일보 1995.2.9.)

'역사에 대한 책임을 느끼면서 보았다'는 의견은 70~80년대에 청년기였던 30~40대 남성층에만 국한되지 않았다. '역사적 책무의 느낌'은 모든 시청자 66.6%가 답변했다. 뉴스 필름과 함께 묘사된 민주화 항쟁은 당시 문민정부임에도 불구하고 지상파에서 수용하기 버거운 소재였다. SBS는 당초 이 민감한 기획안을 승인하지 않았다. 임형두 상무는 '큰 물건'을 놓칠 수 없어서 SBS프로덕션 대주주인 신영균 회장에 제작 주체가 되어 줄 것을 간청했다. 3년 차 신생 방송사의 이미지 업을 위해 그 정도의 리스크는 각오하겠다는 일념이었다. 뜻은 관철되었으나 예상대로 외풍은 거세게 불어 닥쳤다.

국방부(軍)는 방송사(SBS)에 정훈 관계자를 보내 군의 진압장면 삭제를 요청했다. 새 시대에 들어 군의 위상과 역할이 변한만큼 지나치게 자극적인 모습을 묘사하는 것은 군에 대한 국민의 인식에 부정적인 영향을 끼칠 우려가 있다는 것이다.

종학은 '계엄군의 진압과정에 대해 충분히 고증을 거쳤으며 이미 방송분량의 80%가 제작된 상태...' 라며 외부 요구에 의해 내용을 변경할 의향이 없음을 밝혔다.(동아일보, 경향신문 1995.1.21.)

- '삼청교육대'는 5공화국 초기 대표적인 인권침해 사례로 꼽힌다. 1979년 '12·12 하극상'을 계기로 권력을 잡은 신군부는 이듬해 5월, 비상계엄 하에서 국보위(1980.5)를 설치하고 국정을 장악했다. 폭력범과 사회문란사범의 소탕 명분을 걸고 1981년 초까지 수만 명을 영장 없이 체포했다. 그리고 군부대 연병장에서 가혹한 집체 훈련으로 육체적 고통을 가했다. 1988년 국방부 국정감사에서 현장 사망자 52명, 후유증 사망자 97명, 정신장애 등 상해자 2678명이 발생하였음을 보고하였다.

〈모래시계〉에서는 중반 11부에서 13부까지 3회에 걸쳐 순화교육 A급 수감자 중심의 내부 장면을 공개했다. 통나무 어깨 들기와 진흙탕 철조망 통과의 지옥훈련을 통해 교육대 현장이 생생히 묘사된다. 심신 허약한 김 노인의 자살, 교관에 대들다 죽도록 얻어맞는 태수의 상처를 통해서 그곳의 무지몽매함을 표출했다. 군뿐 아니라 5공화국 주요 인사들의 심기를 거스른 장면이었다.

2) 검찰, 경찰 그리고 정보기관의 원초적 불편함

세인의 관심을 모았던 후반부는 강우석(박상원) 검사가 폭력배와 결탁한 선배 검사의 구속여부였다. 서울 중앙지검 부장검사(박영지)는 강우석이 정권 핵심부의 비리를 파려고 하자 회유와 협박으로 그를 광주지검으로 좌천시킨다. 종도와 결탁한 광주 지검장(양재성)도 우석을 눈엣가시 격으로 내친다. 평검사가 부장검사를 구속하는 내용은 마지막 회에서 결국 삭제되었다. 검찰의 입김에 대한 시청자들의 항의는 빗발쳤다. 요즈음과 달라 당시 검찰의 위세는 대단했다. 종학은 검찰 압력에 못 이겨 삭제요청을 수락한 방송사에 맞섰으나 역부족이었다.

- 정보기관에 대한 드라마 기조는 네가티브 설정을 피해가기 어렵다. 실장(김병기)와 장도식(남성훈)은 6공 실세였던 박철언과 엄삼탁을 연상시키면서 그런 전형성을 보였다. '음지에서 일하는..' 정보기관 간부들을 양지로 끌어내 드라마에 직접 노출한 것부터 불쾌했다.

〈모래시계〉 24부 전편에서 사주와 공작을 통해 주요인물을 원격 조정하는 것은 모두 정보부의 손에 의한다. 태수(최민수)의 폭력 사주, 혜린(고현정)의 미행과 체포, 윤 회장(박근형)의 카지노 허가권에 따른 정치자금 상납 관리, 현역 검사(박상원)의 납치, 언론탄압까지 속속 드러난다. YH사태(6부)의 진압작전도 정보부 장도식의 작품이다. 1979년 8월 9일, 가발 생산업체인 YH무역의 여성 노동자 170명이 생존권 보장을 외치며 야당 당사에서 농성을 벌렸다. 경찰 투입으로 백여 명의 부상자가 발생했고, 한 여직공이 추락사하여 정치쟁점으로 불거졌다. 결국 부마항쟁과 10.26으로 이어지면서 유신체제 몰락의 원인이 되었다.

경찰의 모습은 한결같다. 정권을 막론하고 치안과 질서유지를 위해 최 일선에 서야 하기 때문이다. 미상불 주인공들과 대립하고 대척관계에 부딪칠 수밖에 없다. 그러나 '민중의 지팡이 아닌 몽둥이' 또는 '독재정권의 앞잡이'로 묘사되는 것은 여전히 불편하다.

3) 전직 대통령과 여당의 불편함

두 대통령(전두환, 노태우) 측은 신군부와 광주와는 관계가 없다고 못 박고 애써 냉담하게 외면했지만 분위기는 심상치 않았다. 또한 '일본 NHK의 광주장면을 검증 없이 내보냈다' 며 시비가 끝나지 않은 역사의 미묘한 상황을 위험한 상업적 시각에서 접근했다고 화를 냈다. 여당(민자당)측은 '군과 권력을 폭력집단으로 묘사한 것은 현 YS정부가 추구한 5.6공과의 차별화 의도와 같은 맥락에 있다'고 하면서 '염군(厭軍)정서를 심어줄까 걱정이며 결국은 부메랑이 되어 현 정권의 부담으로 돌아올 것...'이라고 압박했다.

더불어 '드라마 방영 시점이 묘하고 현 진행 중인 검찰의 5.18수사에 어떤 파장을 던질지 주시하고 있다' 며 '가상의 드라마가 검찰수사에 영향을 준다면 12.12수사 때와는 달리 이 문제를 정면 대응할 것' 이라고 밝혔다. (중앙일보 1995. 2. 18.)

4) 위안부 실태의 영상 묘사

일본군 위안부 피해자는 수만 명에도 불구하고 정부에 공식 등록된 할머니는 293명에 불과했다. 우선 당사자들의 수치심 때문이다. 고국에 돌아가지도 못하고 가족에게도 말 못 할 사정이었다. 언론에서도 취급을 삼갔다. 피해의식에 따른 사생활 보호차원이었다. 국민적 공분, 한일 간의 역사문제와 보상문제 등 가늠하기 어려운 뇌관도 숨어 있었다.

〈여명의 눈동자〉에서는 여옥(채시라)을 비롯, 세 명의 위안부가 등장하여 일본군에 당한 만행을 폭로했다. 셋은 모두 비명에 죽는다.

여옥은 1927년생에 해당한다. 강제 차출당한 때가 1944년 17세의 나이다. 살아있다면 지금 할머니들과 비슷한 90대다. 겨우 살아있는 할머니는 27명 남짓, 그들은 영화 '허스토리'(민규동 감독, 2018)로 화신하고 있으며 죽은 할머니들은 '평화의 소녀상'으로 환생하고 있다. 일본 대사관과 영사관 앞에 세워진 소녀상은 2017년으로 전국 70곳을 넘어섰고 해외 주요 도시에서도 세워진다. 모두 우리의 잊을 수 없는 과거이자 현재며 계속 풀어가야 할 미래임을 일깨운다.

오비이락(烏飛梨落)인가? 정부가 위안부 문제를 공식적으로 논의하기 시작한 것은 〈여명의 눈동자〉의 방송이 끝난 해인 1992년부터며, 관련 작품들도 1993년부터 본격화된다. 2018년에 들어 아베 정권과 한일 외교의 최대 이슈로 떠올랐다. 2017년에도 우리는 유네스코의 '세계기억(記憶)유산'에 등재해줄 것을 요청하고 있지만 일본은 집요하게 방해공작을 펴고 있다.

5) 제주 4.3 사건

1948년 4월 3일, 남로당 제주도당 무장대는 남한의 단독선거, 단독정부 반대를 내걸고 봉기하기 시작했다. 1954년 9월 21일 한라산이 전면 개방될 때까지 경찰과의 공방은 6년간 이어졌다.

그간 섬에서 발생한 무장대와 토벌대 간의 충돌과정에서 수많은 주민들이 희생됐다. 10월 여순사건, 6.25까지 연동되었다. 대부분의 도민들은 한라산에 피신했다가 반란군으로 오인되어 집단 학살당했다.

기껏해야 '폭동' 아니면 '사건'으로만 알려진 4.3 실체와 공권력의 부당성을 〈여명의 눈동자〉에서 폭로했다. '공비'라고 불리던 사람들 대부분이 사실은 겁에 질린 민간인들인 점, 국방경비대와 무장대의 협상을 깨려는 경찰의 방해공작, 미군의 입에서 흘러나온 '초토화 작전', 도민들이 6·25 당시 정부의 예비검속과 보도연맹 학살 와중에 희생되었다는 정황까지도 언급했다.

4.3의 구성에 가장 어려운 것은 자료 부족이었다. 기존 자료는 대부분 극우 또는 극좌의 입장이어서 정확성을 취하기 어려웠다. 다행히 현지 '제민일보'의 4.3연구 특별취재팀과 4.3연구회에서 상당한 객관적 자료를 받았다. 그럼에도 '좌익 드라마'로 찍히기도 했다. 우익의 잔학함을 부각한 반면 좌익의 잔인성은 축소 묘사했다는 일부 비판 때문이었다.

사건은 50년이 넘도록 베일에 묻혀 있다가 2000년 1월 '제주 4·3사건 진상규명 및 희생자 명예회복을 위한 특별법'이 제정 공포되고 위원회(위원장 국무총리)가 발족하여 진상조사에 착수했다. 드라마로서 공개는 정부가 공식화하기 9년 전이었다. 유해발굴은 오늘도 계속되고 있다.

6) 731부대의 인체실험, 비인간성 폭로

만주 하얼빈에 주둔한 관동군 산하의 731부대는 패전까지 9년간 전쟁 포로를 대상으로 각종 세균실험과 약물실험을 자행했다. 바이러스·페스트·콜레라 등 생물학 무기를 '마루타'라고 불리는 인간에 생체 실험용으로 썼다. 해마다 600명의 '마루타'들이 실험에 동원되어 3천여 명의 조선인을 비롯, 중국, 러시아, 몽고인들이 희생된 것으로 추정했다.

말로만 듣던 얘기를 TV를 통해 처음 접하는 영상이었다. 일본이 범한 가장 야만적인 행위로 오늘날에도 공론화를 꺼리는 대목이다.

발버둥 치며 끌려온 벌거벗은 한 인간에 페스트균을 주입하자 경련을 일으키며 숨을 거둔 장면, 높다란 굴뚝엔 인체를 태운 연기가 악마처럼 솟아오르는 장면, 굴비처럼 엮은 여러 사람을 총탄 한 발로 사살하는 장면, 공포심을 못 이긴 손목 자살자 등 폭력성과 잔혹성에 비난이 따랐다.

그럼에도 '인간말살의 광기와 죄악을 묻어 둘 수는 없는 노릇이다. 되풀이 되선 안 되는 역사에 대한 강한 경고가 필요했다. 일단 리얼한 메시지를 제기했고 시청자 공감을 유도했다. 폭력성과 선정성만 지적할 일은 아니다...' 종학은 적극적으로 해명했다.

7) 부산 형제복지원 사건

1988년 미니시리즈 〈인간시장〉에서 주인공 장총찬(박상원)과 여기자(박순천)의 활약으로 공개되었다.

1975~87년까지 부랑인 선도를 명목으로 장애인, 고아 등을 부산의 형제복지원에 불법감금하고 강제 노역시킨 대표적인 인권유린사건이다. 3천 명 수용 가능한 큰 시설에 무연고자들을 감금하고 학대와 암매장 등 끔찍한 사건을 저질렀다. 운영기간 12년 동안 2014년 3월에 확인된 사망자만 5백 명을 넘었다. 1987년 3월, 원생 1명이 구타로 사망하고, 35명이 집단 탈출하면서 복지원의 만행이 세상에 알려졌다.

8) '고맙다'는 추가 반응에 담긴 뜻

'위대한 김일성 수령 만세' '천리마 운동으로 혁명과업 완수하자'...
〈동토의 왕국〉의 로케 현장에 내걸린 대형 현수막을 목격한 시민들의 신고가 잇달았다. 출동한 경찰의 조사와 자초지종 해명이 엉클어져 촬영 일정이 꼬였다. 〈여명의 눈동자〉는 위안부 능욕 신에 대한 선정성 논란이 일었다. 패잔병으로 굶주림에 방황한 최대치(최재성)가 들판에서 날 뱀 잡아먹는 장면은 혐오감 문제로 시끄러웠다. 필리핀에서 일찍 닥친 장마로 폭파 장면이 겉돌고, 미수교국인 중국에서는 사사건건 공안원의 검열과 만만디 엑스트라와의 드잡이 등은 해외촬영의 함정을 실감케 했다

대저 수난은 방송 중이나 후에 나타나지만 종학의 드라마는 방송 전 또는 촬영 중에 발생했다. 한 작품에 다발성 파상공세를 감내했다. 모태(母胎)수난 격이었다.

수난의 결과는 '재밌다' '감동적이다'의 통상적인 평가를 넘어 '고맙다..'라는 피드백이 추가되었다. 그 반응은 제주도민, 광주시민, YH여사원 등에서 나왔지만 이는 특정지역(인)에 한정되지 않는 보편적인 목소리다. 오랜 세월에 〈은닉된 사실, 억압된 진실〉을 방송으로 알리고 쌓인 억울함을 터줘서 고맙다는 뜻이다. '한풀이'에 화답했다는 반증이다. 또한 이런 사실조차 모른 사람에게 '알게 해줘서 고맙다'는 뜻도 포함한다.

이 배경을 따지면 한국 TV드라마의 애달픈 도그마가 떠오른다. '묻힌 사실, 숨겨진 사건'이 '성역 또는 터부'의 지역으로 매몰되어 온 것은 참으로 넌센스 같지만 1992년까지 군부독재가 지배한 지난 30년간은 그렇게 살아왔다. 드라마 영역을 픽션에만 묶어둘 수 없다는 그의 철학은 확고했다. 요소에 다큐의 삽입이 결코 새로운 형식이 아님에도 불구하고 새롭게 보인 까닭이다. 종학의 노림수는 적중했지만 노림만큼의 사전 취재와 검증이 필요했다. 그 작업은 〈추적고발- 폭로경종- 환기참여〉로 이

어지는 일련의 제작과정을 통해 드라마 저널리즘 기능을 확장했다. 여명..과 모래..의 사전 작업에는 각각 2년을 소요했다. 그리고 매회 방송 직전까지 수난과 고초를 동반했다. 이 수난 소재는 모두 오늘날 국가 사회적 이슈로 부상하고 있다.

4-4 저세상에서 다시 만난 〈수사반장〉의 일곱 수사관

2015년 8월 25일, 탤런트 김상순의 비보가 들렸다. 몇 달 전에 폐암 말기 판정을 받고 병원에서 자택요양으로 옮긴 뒤 가족들과 최후의 순간을 함께 했다는 소식이다. 향년 78세.

한 달이 채 못 된 9월 18일, 여형사 김화란의 교통사고 비보가 울렸다. 어렵게 결심한 남쪽 섬나라 귀촌의 삶도 2년 만인 53세로 마감했다.

이리저리 1970~1980년대 시청자들의 심금을 울렸던 '형사들'은 하나 둘 뜨더니 어느덧 여섯까지 고인이 되었다.

호남형사 김호정(1978년), 여형사 이금복(1999년), 민완형사 남성훈(2002년), 강력형사 조경환(2012년)에 이어 2017년 3월, 수사기록을 제공하고 자문 역할을 해 온 시경 강력부 최중락 총경이 88세로 떠났다. 수사반장의 실제 롤 모델이었다. 이제 남은 건 반장 최불암뿐이다.

북망 길에 오른 채비는 나이순도 아니었다. 칠순 김상순에 앞서 육십대를 넘기지 못한 네 사람도 있었으니 말이다. '장수 프로-단명 배우'의 엇박자는 무슨 운명의 장난이며 참담한 우연인가? 18년 장수한 〈수사반장〉의 드라마 나이로 치면 출연자들은 모두 8순을 넘겨 살아야 셈이 맞

지만 이거야말로 인명재천(人命在天)이 아닌가. 어차피 '먼저냐 나중이냐'
의 차이라지만 생로병사의 굴레서 벗어날 수 없는 섭리가 새삼 도도하고
절절하다. 불귀의 객들은 모두 숙환으로 운명하여 그나마 다행인 듯싶더
니 기어코 한 사람은 교통사고로 비명에 갔다. 성공한 드라마의 저주인
가. 하늘은 왜 하필이면 〈수사반장〉의 고정 출연자만 불러갔나. 죽은 자
를 바라보는 산 자의 마음도 똑같이 안타깝다. '동지를 잃고 홀로 살았으
니 내가 죄인이다' 라는 최불암의 탄식은 결코 남의 일이 아니다.

1) 김호정-39세 뇌출혈, 탤런트 사망 제1호로 기록

1978년 한여름, 드라마 출범 7년째, 인기 절정의 〈수사반장〉에 비보
가 날아들었다. 서 형사 역의 김호정이 서른아홉에 과로로 인한 뇌출혈
로 쓰러졌다. 평소에 몸이 약해 수사 활동도 외근보다 내근이 많은 배역
으로 가닥이 잡혔다. '탤런트도 죽는구나 하긴..' 고약한 범인들은 멀쩡
한데 왜 형사가 죽지...? 죽은 자를 연기하는 탤런트는 드라마에 숱하게
나왔지만 막상 고정 형사의 주검은 매우 생소하게 다가왔다. 더구나 한
창 나이에 아홉수를 넘기지 못한 애잔함이 더욱 진하게 울렸다. 이 부음
은 탤런트 사망 1호로 기록된다. 그리고 근무 중 순직 처리로 묘사하여
'과로사 수사관'의 실제 모드를 상징했다. '경찰관들은 이렇게 밤낮없이
수고한다...'는 메시지를 충분히 환기했다.

2) 이금복-44세 백혈병, 남편과 두 아들 모두 프로야구 선수 가족

김영애, 염복순에 이어 세 번째 여형사 역할로 눈길을 끌었던 홍일점
이금복은 당시 여성의 사회진출을 고무했고 경찰 제복을 입은 모습은 당

당한 전문직 여성을 찬가했다. 1984년 29살에 프로야구 선수 유승안과 결혼하면서 〈수사반장〉을 떠났다. 슬하 두 아들(유원상, 유민상)은 각각 투수, 야수로 포수출신인 남편과 함께 오붓한 야구가족을 이루었다.

호사다마였을까. 급성 백혈병은 7개월 만에 그녀의 행복을 송두리째 앗아갔다. 1999년 11월, 결혼생활 15년째 44살의 한참 나이를 뒤로했다.

3) 남성훈–57세, 불치병 죽음 예견하고 외롭게 맞이한 '쿨 다잉'

그는 이지적이다. 정밀하고 침착하다. 표정은 냉철함과 싸늘함이 묻어난다. 까칠하다 못해 매몰차기까지 하다. 발음은 조곤조곤하고 반듯반듯하다. 여기에 쉬이 타협하기 어려운 날카로운 눈빛을 지녔다. 그의 배역 특성과 실제 성격은 상당 부분 비슷하다. 털끝만 한 뒷소문이 없을 만큼 자기관리에 깔끔했다. 여유와 융통성보다는 기품과 절제를 지켰다.

서 형사 김호정이 요절하자, 그 자리에 남 형사로 합류하면서 〈수사반장〉의 신세대 수사관상을 구가했다. 1968년 TBC 탤런트 7기로 입사한 그는 올곧은 캐릭터에 맞춤형이었다. 동갑내기 조경환보다 10년 앞당긴 2002년, 57세로 세상을 떴다. 다발성 신경계 위축증이란 희귀병이었다. 그는 외로이 지병을 가늠하면서 서서히 죄어오는 죽음의 그림자를 안고 고군분투했다. 누구하고도 말을 섞거나 한자리에 어울리는 일을 삼갔다. 이미 자기 운명을 알고 스스로 '홀로 되기'를 자청한 것이다.

'쿨 다잉'이었다. SBS의 탤런트로 뽑힌 남승민(1976년생)이 그의 외로운 분신이다.

4) 조경환-67세 간암, 24년 전 먼저 떠난 아내 곁에 간 애주가

키 178에 120킬로, 유도와 역도에 보디빌딩으로 다져진 넉넉한 체형, 그의 첫 느낌은 듬직함과 굵직함이다. 언행은 호방함과 당당함이다.

2012년 67세로 가을의 망자가 된 그의 빈자리엔 도톰한 얼굴에 너털 웃음소리가 맴돈다. 고달픈 삶이었지만 떠날 때는 의젓했다.

'너무 살이 빠져 병원에 갔더니...간암 말기라네..'

문득 24년 전에 먼저 가버린 아내 생각에 목이 메었다. 그도 암으로 떠났으니 무슨 업보인가. 그해 8월에 발견, 10월에 작고했으니 고통기간 은 짧았으나 허무함은 길고 오래갔다. 외동딸은 그의 삶의 전부이자 존 재 이유였다. 24년간 홀아비로 살면서도 재혼의 유혹을 물리칠 만큼 아 빠의 정은 애틋했다. 2002년, 아내 역과 친구 역을 해주던 딸을 여읠 때 훔친 눈물은 세 사람 몫이 뒤섞였다. 두 외손자의 재롱이 새로운 낙이었 다. 여행과 낚시는 그다음이었다. '30-30클럽'(폭탄주30잔, 소주30잔은 기본)의 원조로 애주 편력은 전설적인 후일담을 남기고 있다. 명 재촉을 하거나 말거나 세상 술은 혼자 다 마시고 훌훌히 떠났다.

5) 김상순-78세, 폐암, 자택에서 가족과 마지막 순간 맞아

평소 술, 담배를 안 하던 동료라 폐암 사실도 몰랐다는 최불암은 "최 근 통화에서도 내색도 안 하더라. 다리가 아프다고 해서 한번 보자 했는 데 그게 마지막 대화였다"고 슬퍼했다.

항상 시대와 세대의 흐름을 거부한 만만치 않은 '집안 어른'을 대표했 던 옹고집 단골역도 사라졌다. 화려하지도 요란하지도 않는 그래서 배우 같지 않은 1937년생 서울내기는 경기대학 졸업 후 성우로 첫 출발했다.

현역 탤런트 이순재(1935년생), 신구(1936년)와 연년생으로 최불암보다는 세 살 많다. 대표작 〈수사반장〉과 농촌드라마 〈대추나무 사랑걸렸네〉에서 보인 그의 개성은 한결같은 건실함과 무던함이다.

2013년, 건강프로 〈여유만만〉에 출연하여 의사로부터 '나이보다 10살 젊은 체질이다'라는 판단을 받고 흐뭇했다. 그리고 2년 후 선고를 받았다. 7순 후반 나이는 하루하루 장담할 일이 못 되었다.

6) 김화란-53세, 신안군 자은도에서 트럭 전복으로 참변

1980년 MBC 탤런트 12기로 입사했다. 송옥숙, 나영희가 동기다. 김화란은 네 번째 여형사다. 그다음 이휘향에 넘겨주고 이후 윤경숙, 노경주까지에 대물림한다. 생을 마친 자은도는 목포 서북쪽 28킬로에 자리한 면적 52.2km2, 인구 2천 명을 헤아리는 아담한 섬이다. 남편의 보증빚, 암치료 등 이유로 도심을 떠나 귀촌한 지 2년째, 편도 1차선 내리막에서 1톤 트럭이 넘어지면서 현장서 숨지고 운전하던 남편은 크게 다쳤다.

〈전원일기〉와 더불어 한 때를 풍미하며 시청자와 동락했던 인정(人情) 수사극의 여섯 명예경찰들은 이처럼 말없이 쓸쓸히 떠나갔다. 그리고 세인의 기억에서도 서서히 잊혀가고 있다.

제5장

표절, 송사, 파업, IT시대의 수난사

표절, 송사, 파업, IT시대의 수난사

5-1 '베끼거나 훔치거나'... 표절 드라마의 추억들

　'엄마를 부탁해' 등 수많은 베스트셀러를 펴낸 인기 작가 신경숙(52)의 표절 사실이 폭로되었다. 1996년에 발표한 단편 '전설'이 일본의 미시마 유키오의 '우국' 일부를 표절했다는 것이다.

　신 씨의 표절 의혹이 처음이 아니라는 것도 충격적이다. 그녀의 작품 '기차는 7시에 떠나네' 를 비롯하여 '어디선가 나를 찾는 전화벨이 울리고' '작별인사' '딸기밭' 등도 세계 유명 작가의 작품과 일부 유사성 논란을 연달아 일으킨 바 있다. 그간 표절의혹이 유야무야 된 데에는 스타 작가의 단물 빨아먹기와 문학권력의 봐주기 식 '주례사 비평' 관행이 한몫했다는 점도 지적되었다.

　신 씨는 "해당 소설을 읽어본 적도 없고 이런 논란은 작가에게 상처가 되기 때문에 대응하지 않겠다"고 해명했다. 출판사(창작과비평)도 "몇몇 문장의 유사성으로 표절 운운은 문제"라고 변명했다.

　'우주적 궤변'으로 논란이 커지자 양측은 "나의 기억을 믿을 수 없다.." "표절 혐의를 충분히 제기할 법하다는 점을 인정한다.."고 슬그머니 한 발씩 뺐다.

현택수 한국사회문제 연구원장은 신 씨를 사기와 업무방해 혐의로 검찰에 고발했다. '표절 문단을 일벌백계하고 창비와 같은 출판 권력을 바로 잡아 달라'는 주장이었다. 문단의 패거리 의식, 인기 작가 재능의 입도선매, 일부 출판사의 대중 영합주의, 문학권력의 침묵과 카르텔 구조...등 고질적인 문제를 이번 기회에 척결해야 한다는 소리도 들렸다.

연중 다반사가 되어버린 드라마 표절 시비와 논란

2002년 김수현 작가는 MBC 주말극 〈여우와 솜사탕〉에 방송금지 가처분 소송을 제기했다. 1992년 자신이 쓴 〈사랑이 뭐길래〉의 인물설정과 전개내용이 '대본을 옆에 놓고 베낀 것처럼 비슷하다'는 주장이었다. 법원은 표절을 인정하고 3억 원 배상을 판결했다. 방송작가협회는 해당 작가를 제명했다.

원작도용, 소재의 무단사용, 표절여부 등은 국제문제까지 비화하고 있다. 송혜교 주연의 〈황진이〉는 벽계수와 만나는 장면에서 배경으로 나온 서예가 변 모 씨의 족자 글씨를 허락 없이 사용하여 1억 원 배상의 소송을 당했다. (YTN뉴스 2007. 7. 5. 17시)

2005년 11월, SBS 〈올인〉의 원작자(노승일)는 소설 및 만화의 무단 출판으로 자신의 저작권을 침해한 일본 NHK출판사와 고단사(講談社)를 상대로 판매중지 가처분 신청을 도쿄(東京)지법에 냈다. 이는 하나의 콘텐츠당 방송권, 도서출판권, 만화출판권이 각각 별개로서 소송된 한일 간의 사안으로 주목할 만하다.(2005. 11. 5. 마이니치 신문)

최근엔 계약사회가 정착하면서 계약조건과 이행여부를 둘러싼 이해 문제를 야기하고 있다. 배상청구는 다반사다.

2006년 〈궁〉의 후속작으로 전작과 다른 제작사가 기획한 〈궁S〉는 제작중지 가처분 신청 소송을 당했다. 동일 연출자(황인뢰)에도 불구하고 저작권 및 상표도용을 둘러싼 분쟁이었다.

2015년 초여름, KBS2의 월화드라마 〈너를 기억해〉(권기영 극본, 노상훈 연출)가 표절시비에 휘말렸다. 작가 지망생 정다희는 과거 CJ E&M 드라마 공모전에 제출한 자기 작품과 드라마 소재가 너무 똑같다고 주장했다. 인격 장애의 두 형제가 프로파일러 부모 밑에서 오랜 기간 지하실에서 갇혀 산다는 설정, 그리고 '세상으로부터 널 지키고 너로부터 세상을 지켜 낼 거야'의 대사까지 비슷하다는 지적이다.

이에 KBS는 "정 씨가 공모전에 시나리오를 제출할 시점보다 훨씬 전부터 드라마 제작을 논의했다"는 공식 입장을 내놓았다.

다반사로 일어난 표절공방은 개인 대 방송사와의 대결 형국이다.

KBS2의 〈아이리스〉(2009년)는 무단 도용의 혐의를 썼다.

박철주 작가는 10년 전 발표한 소설 '후지산은 태양이 뜨지 않는다'의 저자로 〈아이리스〉의 스토리와 상황 전개가 자신의 소설과 162군데나 비슷하다며 2012년 10월, 제작사(태원 엔터테인먼트)를 상대로 서울중앙지검에 고소장을 제출했다. 박 작가는 "내가 작가이기 전에 학자이자 대학 강단의 선생으로서 남의 작품을 제 것 인양 마음대로 가져다 쓰고 또 그것을 자신의 작품이라고 말해대는 연예계의 잘못된 풍토에 대해 매를 드는 심정으로 고소했다"고 밝혔다. 기각에도 불구하고 원작 소설에 의

한 2차적 저작물이라는 새로운 증거의 제출과 함께 항소심으로 자신의 주장을 굽히지 않았다.

2009년 MBC의 인기 사극 〈선덕여왕〉이 소송에 걸렸다. 미발표작인 뮤지컬 '무궁화의 여왕-선덕'의 제작사(그레잇웍스)의 저작권 침해 주장이 었다. MBC측은 저작권 등록은 물론 출판된 적도 없고, 대중에게 공연된 적도 없는 작품을 어떻게 표절할 수 있는가의 근거를 따졌다. 그리고 다년간 숙의해 온 창작드라마 〈선덕여왕〉을 흠집 내고 방송사에 대한 명예 실추로 판단, 10억 원의 손배 청구로 맞소송을 냈다.

발상의 접근과 실질적 유사성이 중요한 문제로 떠올랐다. 우연히 창작자의 생각이 같을 수 있다는 해석이다. 서울대 '기술과 법 센터'에서는 두 작품의 유사성을 인정하는 결론을 내렸다. 서울남부지법은 저작권 침해가 아니라고 했으나 서울고등법원은 침해를 인정했다. 원작에 대한 '접근' 가능성이냐, '의거' 가능성이냐를 두고 해석이 엇갈렸다.

표절에 대한 기억은 1999년 MBC 장동건 주연의 〈청춘〉으로 돌아간다. 2년 전, 후지TV의 기무라 타쿠야가 주연한 트렌디 드라마 '러브 제너레이션'의 줄거리와 화면구성이 유사했다. 방송위원회에서 시청자 사과명령이 떨어졌고 당초 16부작에서 10부로 단축했다. 표절에 의한 조기종영은 처음 있는 일이었다.

1997년 SBS 〈꿈의 궁전〉은 일본 드라마 '임금님의 레스토랑'과 극의 분위기와 세트가 너무 똑같아 논란을 일으켰다. MBC의 〈의가형제〉도 '돌아보면 그대 모습'을 모방했다는 지적이었다. 이복형제의 관계설정부터 '의술은 인술이다'라는 철학을 가진 형, 병원 인수에 야심을 품은 동생과의 갈등, 그리고 음악을 틀어놓고 가벼운 춤동작까지 곁들며 수술하는 장면까지 흡사했다. 제작자는 의사의 유능함을 부각하기 위한 방법이었다고 말했다.

tvN의 〈나인〉(2013)은 주인공이 시간여행을 할 수 있는 9개의 향을 얻으면서 펼쳐지는 판타지로, 당시 선풍적 '나인 신드롬'을 일으켰다. 종영 이후 기욤 뮈소의 소설 '당신 거기 있어줄래요'와 흡사하다는 표절 의혹을 받았다. 주인공이 과거로 돌아갈 수 있는 알약 10개를 얻으면서 시작되는 내용이다.

표절하기에 '가깝고 친한 나라'—문제 드라마는 거의 일본 작품

방송 전후를 막론하고 표절 시비가 붙었던 드라마들은 수없이 많다.

표절 대상의 드라마는 한 결로 일본 작품들이었다. '멀고도 가까운 나라'는 표절에 관한 한 가깝고 친한 나라가 되었다. 공식적 판권수입 대상도 일본이 가장 많다. 〈꽃보다 남자〉〈공부의 신〉〈수상한 가정부〉〈여왕의 교실〉〈직장의 신〉 등은 일본에서 정식으로 판권 사서 각색한 작품이다.

MBC의 〈앵그리맘〉(2015)은 김희선이 딸을 폭력으로부터 구제하기 위해 학교에 재입학하여 무용담을 펼친다. 2013년 일드 '35세의 고교생'은 어른이 고교생으로 신분세탁하고 위장 편입하여 학교 문제를 해결하는 설정과 유사하다.

〈토마토〉(SBS, 1999)는 만화 '해피'에서, 〈로펌〉(SBS, 2001)은 '히어로'에서 모티브를 따왔다는 후일담이다. 〈로망스〉(MBC, 2002)는 선생님과 제자의 사랑 이야기로 일드 '마녀의 조건'과 비슷했다. 연상 여인과 로맨스를 그린 전도연, 조인성 주연의 〈별을 쏘다〉(SBS, 2002)는 '롱 베케이션'과 닮은 꼴이었다.

교향악단원들의 공동생활을 그린 〈베토벤 바이러스〉(MBC, 2008)는 초입부터 '노다메 칸타빌레'의 판박이라는 소리가 났다.

〈파스타〉(MBC, 2010)는 새내기 이탈리아 요리사의 분투를 그린 '밤비노'와 인물특성과 전개구성이 거의 같은 패턴이었다.

〈상속자들〉(SBS, 2013)은 상류층 부잣집 도련님들의 사랑을 다룬 미드 '가십 걸'과 캐릭터가 모두 어슷비슷했다. 〈주군의 태양〉(SBS, 2013)은 '음침한 캔디'를 본떴다는 지적이었다. 〈별에서 온 그대〉(SBS, 2013)는 웹만화 '설희'와 설정이 똑같다고 했다.

'문화적 식민주의'는 광복 70년을 지나도 여전히 작동하고 있다.

특히 방송에 관한 한 일본에 대해서는 '무저항, 무의식, 무비판'주의다. 예컨대 SONY(소니)는 40년 한국 방송기재 시장을 석권했다. 콘텐츠 부문도 저작권 개념이 없었던 1990년대 초까지 일본제를 따라 했다. 새삼 부끄러운 얘기지만 방송 포맷은 '먼저 베껴먹은 사람이 임자'였다.

예능부문은 퀴즈와 가요공개 쇼, 청백전, 코미디를 흉 냈고 교양다큐도 'oo스페셜과 oo로드' 형식을 모방했다. 드라마 부분도 대하드라마, 아침TV소설, 트렌디 드라마 등 제목마저 그대로 받아썼다.

우리와 유사감성과 공통정서를 지닌 일본작품의 표절 유혹성은 질기고 강하다. 치열한 시청경쟁 환경에서 1차적으로 현지 검증된 작품은 국내 흥행보증에도 안전장치가 된다. 드라마(영화)의 경우에는 아이디어와 컨셉, 주제와 소재 등이 같거나 비슷한 것은 저작권 침해로 주장하기 어렵다. 플롯과 등장인물, 대사도 구체적 유사성이 인정되어야 한다.

'세상 아래 새로운 것은 없다'

세상의 모든 창작물은 기존으로부터 영향을 받았거나, 많든 적든 사람들 생각의 조합의 결과라는 뜻이다. 소재는 끝도 없이 많지만, 반면 한정된 것이 소재다. 소재가 같다보니 캐릭터와 관계설정, 스토리 전개, 대사 등 이런저런 것이 비슷해질 수도 있다. 표절의 범주와 한계가 모호한 부분도 바로 대목이다. 그래서 그 오해를 피하기 위해 기술적으로 짜깁기하고 치밀하게 위장하는 테크닉을 부추긴다.

표절은 이제 양심문제나 도덕윤리 차원을 떠나 명예훼손, 사기혐의, 손해배상 등을 포함한 민.형사의 법적 문제를 동반한다. 창(원)작자가 문제를 제기하기 전에는 법정 분쟁이 성립하지 않지만 최근엔 인터넷 정착과 SNS보급으로 대중이 먼저 의혹을 제기한다.

'창작은 멀고 표절은 가깝다' -표절은 자기부정으로 정당한 대가나 승인 없이 남의 노작을 훔치는 것이며 시청자에 대한 기만행위다.

5-2 조상모독, 뿔난 유족들, 법정에 간 드라마

사극은 문중 종친(宗親)의 항의와 반발을 먹고 산다. 고증, 인물의 행적 그리고 연대기 등에 오류가 발생하면 드라마는 시달린다. 야사(野史)나 퓨전사극을 표방해도 실명(實名)이 등장하면 자유롭지 못하다. 자고로 조상모독과 가문비방에 너그러운 한국인은 매우 드물다. 대부분의 시청자는 역사 드라마를 역사 그 자체로 인식하고 구성상 필요한 픽션 삽입까지도 실제 상황으로 믿는다. 사소한 사건이나 인물묘사, 자막 하나에까지 틀리지 않게 몇 번씩 확인해야 하니 그것에 오히려 스트레스가 크다.

1) MBC 〈박마리아〉–독재의 종말 묘사에 '불편 불쾌'

드라마 60년사에 드러난 유족항의는 숱하다.

일찍이 1970년 MBC의 일일극 〈박마리아〉(한운사 극본, 유길촌 연출)에서 시작되었다. 윤여정이 주연한 이 드라마는 4.19 당시 이기붕 부통령의 부인 박마리아의 일대기로 10년 전 세인의 기억이 채 가시기 전에 비명에 간 실존인물 묘사의 어려움을 예고했다. 그녀는 이대 영문과 수석졸업에서 미국유학, 이대 부총장, 대한부인회 부회장, YWCA회장 등 화려한 경력을 뽐냈다. 장남 이강석을 이승만 대통령의 양자로 입적시킨 뒤권력의 중심부에서 위세를 떨쳤다. 그리고 12년 자유당의 몰락과 함께 끝내 일가족 집단자살로 54년의 생을 마감했다.

박정희 혁명정권은 박마리아를 너무 미화한 것부터 권력구조의 속성이 적나라하게 드러나는 것이 부담스러웠다. 제작국장(이기하)이 모처에 불려 들어가 뿌옇게 닦여 나오고 사장(조증출)도 혼이 났다.

2년 전 1968년 영화화된 한 작가의 〈잘 돼갑니다〉(조긍하 감독)에서도 박마리아 역에 톱스타인 김지미를 배역했으나 상영불가되었다.

작가는 정권에 얽혀 수상한 짓을 하면 인간이 어떻게 되는가를 보여주고 싶었다고 밝혔다. 그러나 '사실 왜곡'으로 유족의 거센 항의와 '권력 묘사'로 당국의 드센 압력을 받았다. 드라마는 시작부터 갈팡질팡했고 원고는 늦어져 생방송이 잦았으며 결국 11월, 28회로 도중 막을 내렸다.

2) 풍산 홍 씨, 고령 신 씨 문중 어른들의 분노

1991년 KBS 사극 〈왕도〉(김항명 극본, 김재형 연출)는 홍국영의 세도정치를 '과격, 일방적으로' 묘사하여 풍산 홍 씨 가문의 모진 항의를 받았다. 역사왜곡, 사실날조, 조상모독의 이유였다.

25세에 과거에 급제, 33세에 생을 마감한 홍국영은 정조의 후광을 업고 여동생을 왕비로 들이고 양자로 왕위계승까지를 획책하다가 하루아침에 제거된 인물이다. 사도세자가 당쟁에 희생된 후, 왕세자(정조)를 끝까지 옹립하여 이조참판에서 도승지(비서실장)까지 고속 출세한 킹메이커이자 개혁가로서 주목을 받았다. 강원도 어촌에서 복귀를 기다리며 비탄 속에 화를 다스리지 못해 요절한 그의 생애는 한마디로 권력무상의 아이콘으로 드라마보다 더 극적이다.

후손들의 불만은 홍국영(김영철)의 개혁의지와 국가관을 접어두고 개인 영달을 위한 행장에만 초점을 맞춘 점이다. 전개는 그의 대의명분 부각보다는 안하무인의 독선과 전횡으로 흘렀다. 하여 정조가 등장한 드라마는 미상불 풍산 홍 씨 가문을 긴장시킨다.

2011년 가을 KBS의 〈공주의 남자〉는 고령 신(申) 씨 문중서 3억 원 배상소송을 당했다. 내용 중 출세욕에 눈이 멀어 죽마고우를 배신하는 비열한 인간이 된 신숙주 차남의 부정적인 행장 묘사에 격분했다.

2005년 KBS의 〈불멸의 이순신〉은 경상도 출신 무장 김완이 엉뚱하게 전라도 사투리를 구사한 점, 그리고 왜란 초기에 무공을 세웠음에도 시종 태만한 사람으로 묘사되어 유족에 심한 항의를 받았다.

임진왜란을 배경 한 드라마는 항상 원(元) 씨 가문의 심기를 불편하게 만든다. 원균은 분명 명장의 반열에 들 수 있는 장군이었으나 이순신과 대척관계에 부정적인 측면이 앞서기 때문이다.

3) 임화수, 최무룡 유족의 명예훼손 소송

2003년 SBS의 〈야인시대〉(이환경 극본, 장형일 연출)는 유족들의 고소와 손해배상이 잇따랐다. 그러나 모두 기각되었다.

임화수 유족은 '배우들을 폭행하고 미군 범죄수사대 신분증을 부정 취득한 장면 등은 명백한 허위사실'로서 명예훼손 소송을 냈다. 임화수(최준용)가 뻔뻔하고 음흉한 정치깡패로 지나치게 경박하고 변덕스런 캐릭터로 희화화된 것도 유족들을 심란케 했다. 기각 판결문은 "드라마 제작진이 원작을 극화하면서 일부 내용이 근거 없이 과장된 것은 왜곡이나 억측이 아닌 창작이 영역에 해당된다.."고 밝혔다.

탤런트 최민수는 부친 최무룡이 임화수로부터 폭행당한 장면이 사실이 아니라며 방송사와 연출자에 손해배상을 청구했으나 패소했다.

판결문은 "드라마에서 표현된 내용이 당시 시대상황과 관련된 각종 자료들에 비춰 볼 때, 상당 부분 사실에 근거하고 있다고 판단되며 또한 시간이 흐를수록 고인이나 유족의 명예보다는 역사적 사실에 대한 탐구 또는 표현의 자유가 더욱 보호되어야 한다.."고 밝혔다

"고인에 대한 명예훼손을 이유로 표현의 자유를 제한하고 '그 표현이

진실이라는 증명이 없다'는 이유로 명예훼손의 책임을 인정한다면 역사적 사실에 관한 재조명은 사실상 불가능하게 되는 결과가 초래될 수 있다.."고 덧붙였다.

4) 무죄판결 받은 KBS의 〈서울1945〉(2006. 8~2007. 2.)

장택상 전 국무총리와 이승만 전 대통령의 유족들에 의해 고인의 명예훼손(손배청구 포함)으로 피소됐다. 그러나 법원은 기각 판결했다.

"이 드라마가 실존인물들에 의한 역사적인 사실보다 가상인물에 의한 허구적인 이야기가 더 큰 비중을 차지하고 있는 것을 고려해 볼 때 이승만과 장택상이 여운형을 암살토록 지시한 것처럼 허위사실이 명확하게 적시됐다고 볼 수 없고 허구를 기본으로 하는 드라마 성격상 예술적 표현으로 허용되는 범위 내에 있다" 본 판시문은 이렇게 밝혔다.(PD저널 510호 2007.5.16)

한편 KBS는 ▷헌법상 표현의 자유는 다른 기본권에 우선하는 최우선적인 기본권이라는 점. ▷이 드라마가 다큐멘터리나 역사드라마가 아닌 순수 '창작 드라마'와 '멜로드라마'라는 점. ▷본 드라마에서 이승만과 장택상은 주인공이 아닌 보조 역할에 불과한 점 등을 집중적으로 부각했다.

그것은 관철되었다. 담당 PD(윤창범)도 '창작과 표현의 자유를 지켜내 다행'이라는 소회를 밝혔다.(PD저널 517호 2007. 7. 4.)

여기서 드러난 사실은 TV드라마에 관한 한, 픽션 드라마(멜로 등)가 역사극이나 논픽션 극에 비해 운신이 자유롭고 창작의 폭도 훨씬 크다는 점이다.

또한 공인에 대해서 현재 살아있는 사람의 헌법상 표현의 자유가 우선적으로 보호된다는 점이다.

드라마의 변론을 맡은 임상혁 변호사는 법은 산 자뿐만 아니라 죽은 자의 명예까지 보호한다는 원칙을 인정하면서도 우리나라 명예훼손 소송에 내재한 구조적 모순을 지적했다. 즉 명예훼손은 사람의 '감정'을 보호하자는 것인데 '죽은 자의 감정'까지 보호하겠다는 점은 아이러니며 그 죽은 사람이 살아있었다면 혹여 참아냈을 표현도 훗날에 이르러 살아남은 자끼리 '새로운 시대'의 '평균적인 감정'을 생각하여 판단한다는 것은 실로 넌센스에 가깝다는 것이다.(PD저널 517호 2007. 7. 4.)

ㅇ '내 죽음을 보상하라..'-법정투쟁과 저작권 소송

▶ 1994년 3월, SBS 주말극 〈일과 사랑〉은 종영 4회분을 앞두고 사라져 버렸다. 작가(홍승연)와 일부 연기자의 불화로 방송사가 작가를 전격 교체(최순식)하자 홍 씨는 송사 끝에 '방송중지' 가처분을 관철했다. 방송사가 임의로 작가 교체하는 것은 드라마 제목에 대한 저작권 및 저작자 인격권의 침해라는 주장이었다. 작가의 성명 표시권, 동일성 유지권 주장과 방송사의 편성제작의 유지권, 개인 임의해석의 부당성, 시청자의 볼 권리 존중 등이 뒤섞여 약 석 달간 첨예하게 대립되었다.

▶ 1981년 시작한 정치드라마 MBC의 〈○○공화국〉시리즈는 25년간 5화까지 이어졌다. 그동안 당사자와 관련자의 제동으로 모진 시련을 자초하였고 초반부터 "그런 사실 없음"의 항의와 반론보도, 해명 및 정정요

구, 고소고발로 얼룩졌다.

1993년 〈제3공화국〉은 5,16혁명 주체의 연명부 항의가 집요했다.

김재춘(당시 6관구사령관) 문재준(포병사령관) 박치옥(공수여단장)등 3인 명의로 제출된 항의서는 '백척간두에 놓인 국가와 민족을 구하기 위해 결사 감행한 혁명주체임에도 불구하고 동지끼리 서로 헐뜯고 불평하는 초라하고 망동한 자로 일방적 매도되는 드라마'에 참을 수 없는 분노를 싣고 있었다.(방송시대, 1993 봄여름호, 방송PD연합회)

2005년 〈제5공화국〉에서도 허화평, 허삼수는 "사실이 아님"을 들어 세 차례의 이의제기와 수정, 반론보도를 요구했다. 김재규에 대한 보안사 수사 시, 구타고문 없었음. 전두환, 미국에 전방위적인 군비를 제안한 적 없음. 정호용은 노태우와 함께 전두환을 대통령으로 옹립 논의한 사실 없음. 이학봉은 전 장군에게 학생시위 진압을 위해 공수부대 조기투입 필요하다고 말한 사실 없음.. 등이 그것이다.(뉴스엠 2005,9,8)

전두환 사령관의 행적 묘사 중 계엄군 자위권 발동 명령한 것, 권력의 일인자처럼 군림한 것, 최규하 대통령을 무시한 언행 등은 모두 사실 날조된 정치 보복이라는 성명서도 잇따랐다. 황영시, 정호용, 박희도, 장세동, 허화평, 이학봉 명의였다.

한편 박철언은 '수지 김 간첩조작 사건' 편에 묘사된 자신의 행적은 전혀 사실과 다르며 책임자 공개사과와 정정보도, 명예훼손 10억 배상을 청구했다. 그와 관련하여 MBC 측에 내린 박철언(원고 측)의 판결문 요약은 다음과 같다.

"특정인에 관한 드라마가 방송될 때 시청자들이 드라마의 묘사 인물이 누구인지 알 수 있고 그 내용에 특정인의 명예를 훼손하는 내용이 포함돼 있다면 그 형식이 다소 허구적인 내용이 포함될 수밖에 없는 드라마라 하더라도 명예훼손의 책임이 있다" "드라마가 현재 생존한 인물을 대상으로 하는 논픽션 성격이라면 시청자들에게 역사적 사실과 일치하리라는 인식을 심어 줄 가능성이 더 크기 때문에 명예훼손 책임이 가중된다"(PD저널 516호 07. 6. 27.)

드라마 속의 실명(實名)은 내용과 형식을 막론하고 시한폭탄이자 자승자박이 될 수 있다. 행적에 대한 선악과 시비를 잘못 가름하다가는 유족들에게 변을 당하고 화를 자초하여 탈이 난다. 드라마 유고 시 '허구의 땅'은 망명지가 되기 어렵다. 창작과 표현의 자유가 드라마의 모든 자유와 안전을 보전하는 장치가 될 수만은 없다는 뜻이다.

■ 탤런트 손창민 '황당한 도중 탈락'에 손배 소송

죽은 자는 돈을 벌 수도, 받을 수도 없다. 드라마에서 등장인물의 죽음은 곧 '출연료 정지'를 의미한다. 회상이나 꿈속 장면 등 사후 출연이 없는 것은 아니지만 한계가 있다. 물론 배역에 대한 죽음은 그 시기와 형태가 사전에 예고된다. 그 약속과 달리 터무니없이 '횡사'하거나 '돌연 실종'되면 문제가 발생한다. 방송기간 5~6개월인 일일극 경우, 초반에 느닷없이 '하차'를 당하면 잘려나간 연기자의 '수입과 스케줄'에 심대한 치명상을 입는다.

MBC의 150회 일일극 〈오로라 공주〉(2013. 5.~12. 임성한 극본)에서 여주인공의 둘째 오빠로 등장한 손창민(48)은 120회까지 출연계약을 맺었으나 39회를 맞아 뜬금없는 '죽음'을 당했다. 황당한 '개점휴업'이었다. 다섯 달 출연계약이 두 달도 못 되어 소멸하면 그 후유증은 일 년까지 갈 수 있다. 그는 노골적인 항의 끝에 제작사인 MBC C&I를 상대로 6억 3천600만 원의 손해배상 청구 소송을 제기했다. 이 금액은 그가 드라마 하차로 지급 못 받은 나머지 출연료의 2배 수준으로 알려졌다. 연기자와 제작사간의 법정다툼은 약 8개월 만에 법원의 '강제조정'으로 마무리됐다. 서울서부지법 제11민사부는 제작사 측이 원고에게 일정액을 지급하고, 양측이 더 이상 민·형사상 책임을 묻지 않기로 하는 내용의 강제조정안을 확정했다.(2014. 5. 6.) 재판부는 '양쪽 의견을 존중하여' 조정 금액은 공개하지 않기로 했다.

한편 법원의 조정금액은 방송사가 일방적으로 계약을 해지하면 출연료의 10% 이상을 지급하도록 명시한 문화체육관광부의 '대중문화예술인 방송출연 표준계약서' 규정을 고려해 산정된 것으로 전해졌다.

■ 보조 출연자는 근로자냐, 개인사업자냐

2012년 4월 18일, KBS 미니시리즈 〈각시탈〉의 보조출연자 31명을 태운 버스가 합천군 논두렁에 굴러 박희석(49)씨가 숨졌다. 망자에 지급된 보상금은 장례비인 2천만 원 뿐이었다.

방송사 KBS, 제작사 팬엔터테인먼트, 보조출연 업체 태양기획, 그 하청업체인 이중기획 그리고 버스회사 동백관광 등 다섯 관련 회사의 입장과 의견은 구구했다. 유가족 모녀는 외로운 투쟁과 시위에 나섰다.

숨진 박 씨는 두 달 전 보조출연업체 '이중기획'에 소속되어 출연료를 지급받아 왔다. 그러나 박 씨 출연료와 관련한 세금은 원청회사인 '태양기획'에서 납부하는 등 '이중기획'이 사실상 '태양기획'에 소속되어 운영돼 왔기 때문에 박 씨의 진짜 고용주는 '태양기획'이라는 것이 유족들의 주장이다. 태양기획은 '이중기획에서 출연자를 모집했고, 박 씨는 이중기획에서 출연료를 받아갔다'고 하고, 이중기획은 '사실상 태양기획이 박씨를 모집했기 때문에 태양기획이 처리해야 한다'며 서로 책임을 미루는 탓에, 유족들은 출연료 지급 관련 서류도 제대로 갖추지 못한 채 서둘러 근로복지공단에 산재신청을 제기해야 했다.

'보조출연자(속칭, 엑스트라)는 근로자가 아니다' 이는 1994년 고용노동부가 밝힌 유권해석이다. 그동안 근로복지공단은 보조출연자의 산재 신청에 대해 이 해석을 일괄 적용해 왔기 때문에 박 씨의 전망도 썩 밝은 편이 못되었다. 그러나 서울행정법원은 2008년 11월, 보조출연자와 산업재해에 대한 판례를 달리했다.

'촬영현장에 일용직의 형태로 고용되어 제작사나 용역 공급업체가 요구하는 바에 따라 노무를 제공하고 그러한 노무제공에 대한 대가로 시간급 보수를 받는 보조출연자는 근로자로 보는 것이 상당하다'며 보조출연자가 '개인사업자'가 아닌 '근로자'라고 판결했다. 근로복지공단은 이를 쉽게 받아들이지 않았다. 이런 문제는 항상 '산재를 신청한 보조출연자에게 근로자라는 근거를 가져오라'고 하기 때문에, 결국 재판으로 넘어갈 수밖에 없었다. '물론 앞선 판결이 있기 때문에 재판에서는 이길 수 있지만 시간이 꽤 걸리니까 대다수가 제풀에 지쳐서 포기한다'는 것이다. 2008년 당시 사건을 담당했던 한국노총 중앙법률원의 K변호사는 다음과 같이 회술했다.

'법원이 보조출연자를 이미 근로자로 인정한 지 오래됐는데 행정관청들은 법원 판결을 받아들이지 않고 있다.' '박 씨의 경우, 회사 측에서 제공한 차량을 타고 단체로 촬영지에 가다가 당한 사고이기 때문에 당연히 산재로 인정돼야 한다'는 것이다.

헛되지 않은 박 씨의 죽음-산재 보험료, 야간수당도 받게 돼

더욱 심각한 것은 '방송사→외주제작사→기획사→보조출연자'의 연쇄 고리 속에서 계약서 한 장 없이 낮은 임금을 감내하며 묵묵히 일해야 하는 현 구조가 개선되지 않는 한 언제든 또 벌어질 수밖에 없다는 점이다.

전국 보조출연자 노동조합은 "근본적으로는 불합리한 방송제작 구조 관행이 문제"라고 지적했다.

'제작비의 40~50%를 스타급 주연들이 가져가고 있는데, 보조출연자들은 똑같이 일하고도 일당 4만 원 정도를 가져갈 뿐이다'

특히 연쇄 고리 속에서 이번 사건은 방송사가 직접 당사자가 아니라고 발뺌하지만 방송사는 현 구조에서 '수퍼 갑'으로서 관리 감독하는 위치에 있고 책임도 있다는 점을 상기했다.

박 씨의 죽음은 헛되지 않았다. 근로복지공단은 이례적으로 산재를 인정했다. 이는 보조출연자가 법적 소송을 가지 않고 공단에서 산재로 인정받은 첫 사례가 되었다. 이에 따라 최근 보조출연자는 근로기준법상 근로자로 인정받기 시작했다. 더불어 업체 측이 산재보험료의 100%, 고용보험료의 일부를 부담하게 됐다. 물론 그간 받지 못했던 야간수당도 받을 수 있게 됐다.

5-3 꽃보다 예능, 드라마보다 예능 만능 시대

'드라마가 시원치 않으면 예능이 뜬다'는 속설은 헛말이 아니다. 픽션 장르가 리얼 장르에 쪽을 못 펴는 형국도 반영한다.

여행을 떠나라, 군대를 가라, 아이와 함께 놀아라, 가짜결혼을 해라, 민박을 해라, 낚시를 해라, 느닷없는 곳에서 한 끼 얻어먹어라, 이국땅에서 한식을 팔아라... 등 예능 프로 속의 신자유주의가 가속화될수록 시청자는 연예인의 부침과 자기 반영적 개그를 보면서, 다양한 정서를 투사하고 때로는 체험을 대신한다. 그뿐이 아니다. 예능프로그램은 콘텐츠를 창출하는 트렌드 세터로서 대중문화를 선도하고 있다. 여가생활은 물론, 삶의 양식과 처세의 기법을 가르치는 교사의 역할도 수행한다.

■ 종편 채널이 주도−장르 파괴와 잡식 전략으로 대세 장악

요샌 시청자에 고민을 요구하면 안보는 풍조다. 잘 짜여진 대본에 의한 리얼 이벤트도 한물갔다. 이젠 대본에도 없는 실제로 부딪치는 리얼 라이프가 대세다. 드라마가 새 지평을 넓히지 못하고 로콤 판타지나 퓨전 사극에서 헤어나지 못하고 있을 때, 예능은 타 장르와의 끊임없는 합종연횡을 통해 고정 한계를 극복하고 자기 지평을 넓혀왔다.

2000년대에 들어 예능의 전통적인 3대 장르인 가요, 퀴즈게임, 코미디에서 벗어나 리얼 바라이어티를 개발했고 최근엔 예능 범주에서 먼 거리에 있는 〈유아, 노인, 병영, 외국인〉에 동물까지를 끌어당기고 있다.

이런 '예능잡식'의 본능은 예능과 비 예능의 장르 경계, 지상파와 비지상파의 채널 경계, 연예인과 일반인의 출연 경계마저 무너뜨렸다. 더불어 대중문화의 패션을 만들어 냈다. 이런 현상을 주도하는 중심축엔 12년이 넘은 〈무한도전〉이 있다. 2011년 출범한 종편 4채널도 지상파가 넘볼 수 없는 틈새전략에서 부단한 가능성을 개발했다.

소녀시대, 원더걸스, 카라 등 한때 우후죽순 격으로 쏟아져 나온 걸 그룹은 인형미와 각선미를 앞세운 집단 댄싱으로 판도를 흔들었다. 음악 콘텐츠는 싱글 아닌 '떼 출연'으로, 오디오 아닌 비주얼 중심이 상종가를 쳤다. '우리 결혼했어요' 같은 엿보기 심리를 건드린 '관찰예능'이 인기를 몰았고 '진짜사나이'처럼 군대라는 배타적이고 폐쇄적인 곳에 집단체험을 공개함으로서 여성 시청자의 눈길을 끄는데 성공했다.

'아빠 어디가' '슈퍼맨이 돌아왔다' '오 마이베이비' '아빠를 부탁해' '난생처음'은 어린애를 끌어들여 '육아예능'에서 업그레이드된 '가족예능'으로 거듭난 예다.

'꽃보다 할배' 시리즈는 노인들을 낯선 여행길에 세워 착오와 실수를 연발하는 이방인을 만들었고 '동물농장' '마리와 나'는 인간 아닌 반려동물을 카메라의 중심축에 놓았다.

'나 혼자 산다'처럼 독신남녀와 1인세대가 늘어나는 요즈음 세태를 반영하는 소위 불혼사회, 불임남녀의 심각한 현상도 예능의 땅으로 건너왔다. '우리동네 예체능'은 스포츠를 예능에 교합시킨 것으로 역시 장르의 경계를 무너뜨린 시도다.

'슈스케'는 오디션 붐을 일으켜 새 얼굴을 개발했고 '불후의 명곡'은 여러 가수들이 다양한 장르의 노래를 자기 방식으로 불러 한동안 침체에 빠진 음악 장르에 새 바람을 넣었다. 복면 하나로 가요콘테스트의 본질과 품격을 바꿔버린 '복면가왕'은 시청의 집중력을 배가했다. 가요계에 한 시대를 풍미했던 옛 가수를 찾아 나서는 '슈가맨을 찾아서'는 복고 예능의 가능성을 타진했다.

김병만을 앞세운 '정글의 법칙'은 세계 오지와 정글 속의 생존투쟁으로 '원시예능'의 모델을 개척했다. 요즘은 정글을 넘어 해저와 사막, 그리고 남극까지 발길을 미치고 있다. '미운 우리새끼'는 연예인의 어머니들이 자식 자랑 반, 흉 반을 수다 속에 실으면서 그들의 모정도 우리처럼 똑같다는 일상 속의 동질감을 던져냈다. '짠내투어'는 연예인 6명이 낯선 외국에 가서 단돈 10만 원으로 관광, 숙식을 해결하는 실속 여행 과정을 담고 있다.

■ 노인, 유아, 동물, 군인, 탈북녀, 외국인, 정치인, 재벌까지 섭렵

딱딱하고 건조한 북한소재는 예능의 틀에 들어와 말랑말랑한 연성 프로로 변했다. '이제 만나러갑니다' '애정통일-남남북녀' '모란봉클럽' 등 탈북녀들의 거침없는 폭로담은 70년 분단의 벽을 넘나들면서 북한정보와 남북 비교 증언을 겸하고 있다.

연예인의 신변잡기는 이제 허드레 소재가 아닌 어엿한 듣거리가 되었다. '아궁이' 황금어장-라디오스타' '호박씨'는 연예인들의 일거수일투족은 물론 학교성적, 과거행적, 부부생활까지 들추어 '남 얘기 즐기는 데' 솔깃한 대중심리를 만족시켰다.

연예인뿐이랴, 정치인, 기업인, 재벌까지도 냉큼 담아내는 '강적들' '썰전' '외부자들'은 노변정담을 대신한 '시사예능'의 꼬리를 달고 나와 세상 돌아가는 궁금증을 풀어 주고 있다.

'건강예능'도 교양차원을 넘어 새로운 예능포맷으로 자리했다. 클리닉, 건강식, 예방치료학 등은 이제 당당한 예능의 땅이 되었다. '내몸사용설명서' '알토란' '천기누설' 등은 시청자의 몰입도와 자발적인 '따라하기'를 유도하고 있다. 생활과 살림의 차원도 예능으로 포장하여 관심을 끌었다. '동치미' '황금알' '토크쇼 안녕하세요' '살림의 여왕-만물상' 등은 단순한 심풀 땅콩을 넘어 일상의 실용가치를 싣고 있다.

소통과 힐링을 주제로 한 김제동의 '힐링캠프'와 '톡투유' 그리고 '동상이몽, 괜찮아 괜찮아'는 본격적인 쌍방향 형태로 정착했으며 한국말 잘하는 14명의 외국인들이 한 테마를 놓고 벌이는 집단 토크쇼 '비정상회담'은 6대주 인종의 글로벌 시각에 의한, 글로벌 차원의 디스커션 쇼의 가능성을 열었다. 1인 방송 포맷을 창출하여 인터넷과 지상파 TV를 결합한 '마이리틀 텔리비전'은 시청자와 새로운 만남이라는 독특한 윈도우를 창출했다.

2015년은 파워 콘텐츠가 부활한 '시즌제'가 눈에 띄었다. 강호동의 '스타킹', 양준혁의 '남남북녀'도 시즌2를 보냈다. '히든싱어'는 시즌4를, 'SNL코리아'는 6을, '수퍼스타K'는 7을 각각 맞았고 직장 시트콤 '막돼먹은 영애씨'는 시즌14를 방송했다. 끝나도 끝난 게 아니라 다시 태어나는 '예능불사'의 예를 보이고 있다.

장수(長壽)연예로는 30년을 넘은 〈전국노래자랑〉(1980년~)과 〈가요무대〉(1985~)를 비롯, 20년 전후인 〈출발 비디오여행〉 〈순간포착, 세상에 이런 일이〉 〈개그콘서트〉가 건재하고 있다. 2018년 가을, 15년 만에 끝난 〈콘서트 7080〉은 중장년층을 얼렸고, 700회를 눈앞에 둔 〈생활의 달인〉은 작은 기술이나 재주도 열정과 노력으로 오랫동안 갈고닦으면 훌륭한 전문가가 될 수 있다는 서민들의 '희망연예'를 대신한다.

tvN의 〈알쓸신잡〉은 유시민, 황교익, 유현준, 유희열 등 일단의 나그네들이 발길 닿는 곳의 풍류와 향토음식을 즐기면서 잡스런 인문학적 정보를 두서없이 풀어 매긴다. 〈도시어부〉는 프로급 이덕화와 넉살꾼 이경규 콤비가 바다낚시의 진수를 보여주고 열대에서 알라스카까지 원정한다.

〈영재발굴단〉은 수학천재, 골프신동, 암산수재, 검도소녀 등 숨어있는 10대 천재들의 실연을 통해 한국의 '리틀 아인슈타인'을 소개하는 '발굴 연예'다. 〈마이웨이〉는 30년 이상의 경륜을 가진 연예인들의 삶을 한 사람씩 압축하여 매회 드라마보다 더한 인생 질곡을 보여준다.

이서진, 차승원 등 유명 연예인들이 출연한 〈삼시세끼〉는 탈도시와 탈 일상을 전제로 시골에 묻혀 살아가는 과정을 담았다. 자연에서 세끼 식재료를 사냥하고 마당에서 조리하는 '수렵 예능'을 보인다.

〈한끼 줍쇼〉는 이집 저집 무작위로 초인종 눌러 밥 한 끼를 앵벌이 하는 해프닝을 담는다. 거절과 문전박대, 그리고 창피함과 무안함 끝에 소원을 이루는 장면이 그대로 노출된다. 효리네 부부가 민박으로 내놓은 제주도 한 곳에 손님들이 와서 이런저런 일상과 휴식을 즐기는 〈효리네 민박〉도 시즌2를 지났다. 〈숲속의 작은 집〉에서는 가끔은 자기성찰이 필요한 바쁜 현대인을 위한 완전 쉼표를 대행한다. '자발적 고립'을 내세운 미니멀 라이프와 슬로 라이프로서 나뭇가지로 옷걸이를 만들고, 책 보다 졸리면 자고, 하루 한 반찬으로 밥 먹기 등 멍 때리기 삶이다.

〈선다방〉은 아담한 카페에 네 연예인이 맞선을 주선하고 그들의 대화와 표정을 엿보는 내용이다. 2시, 4시, 7시에 등장한 세 커플의 선남선녀를 훔쳐보는 맛이 설렌다.

2018년 3월, 13년 만에 휴업한 장수예능 〈무한도전〉의 예를 보자.

출발은 미미했다. 2005년 4월, MBC 〈토요일〉의 한 코너인 '무(㊟)한도전'으로 시작했다. 열매는 창대했다. 이제는 하나의 사회문화적 현상이자 권력으로 자리매김했다. 엇비슷한 포맷을 자가 복제 해왔던 한국 예능시장에 '리얼 버라이어티'라는 굵직한 새 획을 그었다.

저력은 다(多)소재, 무(無)형식'이다. 유재석 등 6명 멤버들의 오리지널 캐릭터들은 모두 8%가 모자란 친구들이다. '대한민국 평균 이하' 비주류를 자처한 팔푼이들의 행진으로 쓸데없는 고생을 사서 한다. 그것이 되레 치열한 '노동연예'의 수범으로 나타난다. 사회의 요구와 달리 반듯한 스펙 하나 없는 신분에서 조그마한 즐거움을 만끽할 줄 아는 젊은 세대는 '보통이하'를 자청하며 어이없게 웃음을 만들어내는 멤버들을 보며 자연스레 팬덤을 형성했다. 시청자 게시판과 관련 댓글에는 "나의 청춘을 함께 버텨준 무한도전, 고맙다"같은 인사가 올라온다. 그 유전인자는 〈1박2일〉〈패밀리가 떴다〉〈런닝맨〉 등 타 프로에 고스란히 전수되어 연예인들의 집단 미션(체험)을 유도하는 콘텐츠를 낳았다.

목하 예능 대세에 예능 만능시대다. 드라마가 제구실을 못하니까 예능이 상대적으로 뜨고 있다.

5-4 노조파업, 탤런트 파업으로 멍든 드라마 나날들

2014년 늦은 봄, '세월호 공정보도'에 대한 시각차로 길환영 사장의 퇴진을 주장해 온 KBS의 두 노조는 전면파업을 단행했다.(5월 29일~6월 5일) 파업은 즉각 드라마 방송의 차질을 초래했다.

주말극 〈참 좋은 시절〉과 일요극 〈산너머 남촌에는〉은 녹화가 취소되었고 6월 9일 첫 방송 예정인 일일극 〈고양이는 있다〉도 비상이 걸렸다. 대하극 〈정도전〉과 새 연속극 〈뻐꾸기 둥지〉는 간부급 PD가 긴급 투입되어 파행을 면했다. 예능프로 〈해피투게더〉〈개그콘서트〉〈불후의명곡〉은 대체 인력으로 '펑크'를 때웠고 '세월호 참사' 영향으로 아예 5주째 불방중인 〈가요무대〉〈열린음악회〉〈뮤직뱅크〉는 계속 휴업상태였다.

2012년, MBC 역시 김재철 사장의 퇴진을 내세워 파업 170일 최장기록을 세웠다. 그 와중에도 탤런트 김수현의 출세작 〈해를 품는 달〉(20부, 2012. 1. 4~3. 15)을 비롯, 〈무신〉〈신들의 만찬〉등 외주제작 드라마는 큰 차질 없이 방송했다. 특히 〈해.품.달〉은 시청률 42%를 넘어 파업을 무색케 했다

탤런트 투쟁사와 파업사는 일찍이 70년대 말부터 시작되었다. 원인은 모두 '출연료 인상'이 배경이었다.

〈1차 투쟁〉 1979년 3월, TV방송연기자 협회(회장 이낙훈)은 출연료 현실화가 되지 않으면 4월1일을 기해 '일괄 출연 거부'를 하겠다고 선언했다. 전문직으로서 존립은 물론, 생계유지에도 위협을 받는다는 백서도 발표했다. 3사 TV에서 활동한 382명의 연간 평균 수입은 260만 원대로 월평균 26만 6천 원이었다. 한국노총이 발표한 최저생계비(5인 가족 기준)

22만 원에 미달하는 연기자가 277명(72.5%)에 달했다. 월 5만 원 이하의 출연자도 100명이 넘는다고 했다. 그래서 부업이나 전업 또는 휴업이 속출했다.

화려한 인기는 겉뿐이고 내일 없는 밤샘 작업에 고액세금, 택시비, 분장비, 의상비, 미용비, 교제비, 자료연구비, 하루 용돈(5천 원쯤) 등 직업상 보이지 않는 기회비용은 너무 많다. 상여금, 퇴직금, 의료보험의 혜택도 없는 단세포적인 직업이다. 연간 1천만 원이 넘는 연기자는 13명뿐으로 전운, 이순재, 이낙훈, 김순철, 김성원, 노주현, 정해창, 김동훈, 정혜선, 강부자, 사미자, 여운계를 들었다. 최불암과 이정길은 9백만 원대에 머물렀다. 25분 일일극의 월평균 광고액은 1억 6천8백만 원인데 출연료 비율은 5%에 불과해 방송사가 엄청난 연기자 혹사로 폭리를 취하고 있다는 사실도 알렸다. 등급제로 규정된 출연료 지급기준(KBS 13등급, TBC 24등급, MBC 44등급)을 10등급으로 일괄 하향, 노예 전속제의 폐지, 작품 당 쌍방 계약제 추진 등 대안도 제시했다. 요구는 관철되지 못했다.

〈2차 투쟁〉 1980년 4월 21일, 출연료 60% 인상요구가 막히자 드디어 출연거부에 돌입했다. KBS 대하드라마 〈토지〉는 기약 없이 밀려났고 TBC의 〈야,곰례야〉 〈동녀 미사〉도 녹화중단이 불가피했다. MBC의 〈고운님 여의옵고〉 〈청춘의 초상〉 〈홍변호사〉도 예정일을 맞추지 못했다. 결국 8일 만에 35% 기본인상 선에서 파업을 풀었다. 단막극과 특집극은 60% 추가, 야외수당 및 철야수당은 5천 원에서 1만3천 원으로 합의했다. 양측은 서로 명분과 실리를 반반씩 취하는 선에서 해결을 보았다. 전권을 위임받은 측은 홍두표 TBC전무, 탤런트 집행부 이낙훈, 김인태, 남일우, 그리고 방송사 대표로 KBS 신구, MBC 박근형, TBC 김성원이 참석했다.

〈3차 투쟁〉 1980년 언론통폐합으로 TBC 탤런트를 비롯, 민방의 연기자들은 모두 KBS로 이동했다. KBS는 외인부대의 집합소로서 거대한 공룡이 됐다. 이 해 '흑백 종료, 컬러TV 개시'로 급변화가 이루어졌다.

탤런트 협회는 시대의 급물살을 타고 출연료 현실화를 위한 10개 항의 건의문을 내고 대폭 인상을 요구했다. 예년과는 다르게 컬러TV 전환에 따른 35% 추가 인상이었다. 제작시간의 증가와 의상. 분장, 미용비 급등이 배경이었다.

■ 1988년 봄, 탤런트 전면파업으로 20여일 드라마 단절

1988년 3월 21일부터 4월 10일에 이르는 약 20일간은 TV드라마가 없는 날이었다. 출연료 인상 협상이 원만치 못해 '탤런트 전면 파업'이라는 강수를 둔 것이다. 서울 올림픽 6개월을 앞둔 시점이었다.

당시 드라마 방송채널은 KBS1, KBS2, MBC 세 개뿐이었다. SBS 개국 3년 전, 케이블 방송 등장 7년 전의 일이었다.

그 해 3월 19일 양사 탤런트들의 모임인 한국TV방송연기자 협회(회장 오현경, 52)는 출연료 60%, 야외촬영 수당 35% 인상을 요구했으나 무산되었다. 방송사측은 협회의 처사가 일방적임을 밝히고 출연료 인상폭을 '20% 이하'에서 타결할 것을 요청했다.

그러나 협회는 매년 인상률이 10%의 소폭에 그쳐왔기 때문에 방송사

대안이 현실적인 타개책이 될 수 없음을 밝혔다. 엇갈린 주장이 팽팽한 가운데 양측은 감정적인 충돌까지 벌어져 기약 없는 나날이 계속되었다.

드라마 없는 약 3주간에 여러 의견이 쏟아졌다. 무엇보다 여론과 시청자의 반응은 탤런트에 호의적이지 못했다. 인기와 선망을 받고 사는 화려한 직업인은 곧 공인임을 상기해주길 바랐다. 대중의 사랑을 망각하고 수입증대를 목적으로 실력행사를 함으로써 방송질서와 약속을 무너뜨리는 것은 시청자를 너무 가볍게 본다는 비난의 소리도 뒤따랐다.

당시 세 채널에서 한 주일 방송한 드라마 작품 수는 총 22편이었다.

탤런트 협회에 등록된 연기자는 724명(KBS 500명, MBC 224명)으로 등급 체계의 구분은 6등급에서 17등급까지였다. 초년 6급에서 시작하여 고참이 될수록 승급하는 시스템이다. 양사의 전속 연기자 700여 명 중 출연 탤런트는 줄잡아 300명 선이어서 절반 이상은 항상 대기 상태에 머물러 있는 형편이었다.

출연료는 등급에 따라 차이를 보였다. 주말극(50분 1회)에 등장한 최고 17등급(MBC 최불암 김혜자)의 경우 한 달 출연료는 256만 5천 원, 최저 6등급은 68만 원 수준이었다. 일일극 경우 17등급의 한 달 출연료는 241만 8천 원, 6등급이 46만 2천 원이었다. 야외촬영을 할 때는 한 끼 식대 2천 5백 원, 그리고 하루 숙박비는 1만 5천 원이었다.

막후교섭을 통해 '23% 일률인상'에 합의한 것은 그나마 다행이었다. 이에 따라 월간 출연료는 17등급 315만 원, 최저 83만 6천 원으로 올랐다. 등급에 관계없이 지급되었던 야외수당은 등급별로 차등을 두었다. 6~8등급은 50% 인상된 4만 5천 원, 9~11등급은 4만 8천 원, 12~14등급은 5만 1천 원, 15~17등급은 80% 오른 5만 4천 원으로 각각 상향 조정되었다. 당시 조사에서 밝힌 자료에는 1987년 한 해 양사가 방송한 드라마 누적 편수가 360편에 99,920분으로 총 방송편성 시간의 12%를 차지한 것으로 나타났다. 주 시청 시간대인 오후 7시에서 11시 사이의 드라마 편성 비율은 평균 36.5%로 우리 TV방송의 드라마 의존도가 지나치게 높다는 점을 상기했다.

■ 드라마 공급 없는 20여 일, 비상책과 엇갈린 시청자 반응

드라마 공급이 끊기자 MBC 비상편성은 외화 시리즈와 기존 드라마 재방송을 마련하여 제작 단절의 20일간을 채비했다.

장수프로 〈전원일기〉는 이미 방송된 내용을 정선하여 앙코르 형식으로 화요일 밤 8시대를 꾸렸고 월화 미니시리즈와 수목극 〈조선왕조 5백년-인현왕후〉편은 〈풍운의 섬-할렘〉〈멀고먼 낙원〉〈랭스터의 밀러사건〉 등 외화로 메웠다. 주말극 〈세 여인〉은 24회 백상예술상 중계 등 특별편성으로 대체했다. 일요 아침극 〈한지붕 세가족〉은 단막극 〈MBC베스트셀러극장〉의 재방송으로 깔았고 그 본방 시간은 한국영화와 코미디 특집으로 처방했다. 〈수사반장〉은 프로야구 특집인 〈스윙! 88〉로 대신했다. KBS 역시 MBC와 비슷한 패턴으로 '꿩 대신 닭'을 채우는 편성이었다.

3주간, 드라마가 실종된 안방에서 시청자는 의외의 반응을 보였다.

드라마가 없어서 허전 섭섭하다는 사람들과 교양 프로와 건전한 내용의 외화가 채워져 오히려 더 볼만했다는 부류로 나누어졌다. 드라마 없는 편이 더 유익했고 의미가 있었다는 의견이 의외로 많았다. '드라마 중

독증'에 빠진 사람들이 드라마 없어도 그만이라는 생각을 스스로 갖게 된 것을 주목할 만한 사실이었다.

이런저런 생각을 가진 시청자들의 의견은 각 일간지에 빠짐없이 게재 되었는데 이들은 단순히 탤런트에 대한 반감이나 방송사 입장의 동조에 서 비롯된 것만은 아니었다. 그동안 지적되어 온 드라마의 저급한 통속 성과 역기능 등 문제점들을 상대적 비교를 통해 인지했기 때문이다. 따 라서 시청자들은 드라마가 오락기능의 충족만으로 채워지는 것이 아니 라 공공재로서 사명감과 내실 있는 개발 투자 과제를 인식해야 하는 교 훈까지 확인시켜 주었다.

TV드라마 없는 나날은 하나의 파동을 넘어서 방송사, 탤런트, 광고 주, 시청자 모두에 드라마 정책의 허실을 성찰하는 계기가 되었다.

5-5 '먹방, 쿡방'에 앗긴 '드라마 방'

'꽃보다 드라마다'는 옛말이다. 요즘 뜨는 예능의 중심부엔 요리 열풍 이 일고 있다. 소위 먹방, 쿡방은 오락, 교양, 정보 부문까지 장르와 포맷 을 가리지 않고 출몰하고 있다. 2015년, 닥치고 상을 차리는 콘텐츠는 무려 46개나 된다. 노출 빈도는 이미 뉴스나 드라마를 능가했다.

바야흐로 TV는 볼거리보다 먹거리다. 그리고 우리는 살기 위해 먹는 것이 아니라 먹기 위해 살고 있음을 우겨대고 있다. 시청자가 유명 셰프 의 래시피를 따라 할 수 있는 유일한 예능 리얼리티다. 하여 먹방은 스튜 디오를 거대한 식탁삼아 힐링과 소통의 공간까지 만들고 있다.

-2018년 4월 27일, 판문점 남북회담에 김정은이 던진 '평양냉면'은 대번에 수요 폭발을 자극했다. 냉면은 곧 역사적 회담에 대한 시민들의 공감과 체험적 참여를 상징한 매개체가 된 셈이다.

■ **먹방이 많기보다는 모든 프로그램의 '먹방화'가 문제**

하루 세 끼 이상 먹는 일상 속에 먹는 즐거움은 원초적 본능의 회귀를 뜻한다. 여기엔 무슨 시비와 타박이 있으랴.

옛날엔 먹는 장면은 매우 절제했다. 드라마에서 식탁 신은 고역이었다. 소품 담당자는 음식 주문과 위생 그리고 선도를 유지하는 것이 일이었고 연기자는 때 없이 먹는 연기와 대사를 겸하는 것이 불편했다.

2000년대 들어 웰빙 신드롬의 선두는 단연 건강식, 보양식 그리고 효능식이 차지한다. 식약동원(食藥同源)의 사상으로 음식은 보약이자 영양학, 건강학의 기둥이 된다. 저성장과 불황의 반사작용으로 쌓인 스트레스는 '먹고 뜯고 씹고 마시는' 행위로 해소한다. 4대식 기본에다 요즘은 유럽식, 인도식, 태국식, 라틴식이 추가되고 이들 간의 퓨전까지 개발되어 백가쟁명을 이룬다. '더 맛있게, 더 새롭게, 더 푸짐하게' 는 언제든 환영이다.

문화수준 향상에 비례하여 먹거리 관심은 라이프 사이클에 큰 비중으로 편입되었다. 미식과 식도락 차원을 넘어 레저 붐과 외출외박 빈도는 집밥보다 외식에 점을 찍는다. 계절별, 지역별, 이벤트별로 새로운 맛과 분위기를 달리해 준다. 먹방은 제작비가 저렴하고 제작방법과 절차가 간단하다. 오붓한 실내에서 알뜰한 행동 선에 따라 압축제작, 연속제작이 가능하다. 섭외가 용이하다. 남녀노소의 낯가림이 없다. 일반인이나 연예인 심지어 외국인까지 포용한다. 출연에 거부감과 부담감이 없는 것도 큰 장점이다. 식탁은 말이 필요 없는 조그만 우주가 된다.

쿡방은 화면효과가 일품이다. 지성의 입구인 눈과 귀보다 입의 감성은 훨씬 원초적이다. TV영상은 미각에 앞서 시각에 치중한다. 식재료가 갖는 다양한 빛깔과 모양새가 어우러져 환상적인 색상의 조화를 이룬다. 무지개빛, 오방색을 두루 갖춘 한식의 색동효과는 오감까지를 자극한다.

예로부터 우리 민족은 음식 앞에서만은 관대하고 여유로운 심성을 지녔다. 먹을 때는 개도 건드리지 않는다. 밥상은 동질감과 동등감을 주는 공간으로서 곧 친화와 안식을 의미했다.

먹방은 이런 덕목을 창출하는 관통재자 중간재며 또한 마감재다. '먹자판'으로 마감하는 것은 가장 개운하고 자연스럽다. 〈6시 내고향〉이나 〈VJ특공대〉〈정글의 법칙〉도 이 속성을 충실히 따르고 있다. 〈나는 자연인이다〉는 산과 들에서 채취한 무공해 먹거리를 함께 나누는 곧 '나는 자연식'이다. 〈내몸사용설명서〉〈천기누설〉〈알토란〉등은 생로병사와 건강문제를, 일상식품에서 재발견하고 응용토록 한다.

독신시대, 1인 세대는 스스로 끼니를 해결해야 한다. 핵가족 시대는 어른의 어깨너머로 요리를 배울 계기와 기회를 앗아갔다. 지금의 가이드라인은 남녀불문하고 '두잇 유어셀프'에서 곧 '쿡잇 유어셀프'다. 그것은 래시피 차원을 넘어 만들어 먹는 실용적인 즐거움을 조장한다. 이젠 무얼 먹냐와 어떻게 먹냐에서 누구랑 먹냐와 어디서 먹냐로 다변화되어 간다. TV는 온통 식사며 식단이며 식탁으로 리셋 되고 있다.

■ 최근 신드롬, 셰프의 스타화와 백화쟁명의 쿡방 먹방

음식 프로는 2011년 종편(4개 채널)의 출범 이후 다양한 패턴에 우후죽순의 출현을 보이고 있다. 전국에 산재한 맛집과 해외 유명식당을 찾는 방문형이 가장 많다. 지상파의 '잘먹고 잘사는 법' '식사했어요' '생생정보통' '찾아라! 맛있는TV' '오! 이맛이야' 올리브TV의 '테이스트 로드', Y스타의 '식신로드', TV조선의 '백년식당' 등이 여기에 속한다.

"고소해요, 담백해요, 아삭해요, 살살 녹아요.." 출연자는 연예인, 일반인을 막론하고 미리 짜놓은 표정 연기와 호들갑을 쏟아낸다.

그다음은 유명 셰프와 출연자가 요리 조리를 함께한 뒤, 맛 체험과 품평을 곁드는 포맷이다. '최고의 요리비결' '집밥 백선생' '마이 리틀텔리비전'이 그것이다. '냉장고를 부탁해' '한식대첩'은 요리 만들기의 한판 대결형이다. '닥터의 냉장고' '기적의 밥상' '구원의 밥상' '힐링의 품격'은 건강과 체질에 따라 요리를 맞춰가는 맞춤형이며 '오늘 뭐먹지' '집밥의 여왕' '한 끼의 품격'은 자신만의 독창적인 요리를 선보이는 도전형이다. '앞치마 휘날리며'는 6명이 고급호텔 주방에서 구박을 받아가며 메뉴를 익히는 실전형이다. '주문을 걸어'처럼 시청자가 원하는 메뉴를 만들어 배달까지 해주는 쌍방향 형까지 등장했다.

tvN의 〈수요미식회〉는 음식에 대한 다양한 해설과 품평 위주의 인문학적 접근으로 새로운 면모를 보인다. 음식에 대한 해박한 유래와 역사, 그리고 사회 문화적 비평을 교차한다. 전현무, 신동엽의 진행에 유명 셰프, 미식가, 요리 연구가, 비평가 등이 출연하여 전문성을 더 한다.

〈한국인의 밥상〉은 유일한 다큐멘터리로 현장 음식과 밥상을 통한 한국, 한국인의 재발견 시리즈다. 재래음식의 정체와 내력을 풀어낸 푸드 다큐로 신토불이 사상을 겸한다. 토속적인 식재 채취, 고유 식에 서린 공동체 의식, 옛 전통적 조리 방식, 맛의 원류를 지키는 촌부와 아낙들에서 우리 식단환경의 정수를 발견할 수 있다. 2011년 초부터 KBS1의 오랜 프로로 자리한 것은 우리 밥상에 대한 정통성과 과학성을 부여한 스토리텔링 그리고 최불암의 친밀한 현장 진행 덕분이다.

2014년 채널A에 등장한 〈서민갑부〉는 돈까스, 만두, 매운탕 등 오로지 자기만의 일품요리로 성공한 전국 식당주인을 찾아가 그 비법을 엿본다.

2017년에 등장한 〈윤식당〉은 스페인 남부 섬(테네리페)의 한 마을에서 한식당을 연 쿡 윤여정과 서버 이서진의 실전기다. 갈비구이, 닭강정, 비빔밥, 잡채, 김치볶음밥 등 메뉴는 세계 관광객의 별미식으로 눈길을 끌어 시즌 3까지 이어지고 있다. 〈아내의 맛〉은 유명 부부의 독특한 식단과 요리솜씨를 털어놓는다. 〈미식클럽〉은 김구라 등 배고픈 댓 명의 연예인들이 동네 베스트 맛집을 찾아 골고루 시식한 뒤 즉석 품평을 전한다. 백종원의 〈푸드트럭〉은 소자본 창업에 맞는 메뉴를 내세워 영업비밀을 알려주는 멘토 역을 자처한다. 트럭에서 골목 상권 활성화로 변신한 〈골목식당〉은 후미진 골목의 숨은 맛집과 그들의 차림을 검증한다.

■ 요리 드라마, 〈대장금〉 기폭제, 전문직 캐릭터로 등장

일찍이 2002년 〈대장금〉은 한식의 세계화에 이바지했다. '섞고 비비고, 싸고 삭히는' 한식의 특성을 제시하고 음식에 음양오행과 절기를 조화하여 식문화의 가치를 높였다. 이제 K푸드는 한류문화의 핵심을 이루고 있다. 뿐만 아니라 요리드라마 기획의 원활한 통로를 마련해 주었다.

정준, 손예진의 〈맛있는 청혼〉(MBC 2001)은 홍콩반점을 무대로 중화요리에 대한 청춘의 열정을 그렸다. 한채영의 〈온리유〉(SBS 2005)는 식당 주방장 도우미로 출발, 연회 플래너와 파스타 가게 꿈을 가진 히로인의 도전기다. 김래원, 남상미의 〈식객〉(SBS 2008)은 최고 음식점 운암정의 대령숙수 자리를 둘러싼 세 남자의 자존 대결이다.

공효진, 이선균의 〈파스타〉(MBC 2010)는 이태리 레스토랑의 일류 요리사를 꿈꾸는 청춘 성장기다. 송일국 박진희의 〈발효가족〉(jtbc 2011)은 한식당 배경으로 발효식품인 다양한 김치개발을 주제로 했다.

성유리, 서현진의 〈신들의 만찬〉(MBC 2012)은 한식당의 두 여성의 전통요리 대결을 그렸다. 박선영, 한재석의 〈불후의 명작〉(채널A 2012)은 3대째 설렁탕집을 중심으로 요리 명장의 후계와 비법 전수를 둘러싼 갈등을 그렸다. SBS 김승우 셰프의 〈심야식당〉은 찾아온 손님과 음식에 의한 힐링을 주제로 하고 있다. 토요일 자정에 시작하여 드라마 내용과 동등한 시간대의 유지로 현실감을 높이고 있다. 잔치국수, 열무국수, 비빔국수만을 고집하는 여인들의 캐릭터도 재밌다. 2018년 봄, SBS 〈기름진 멜로〉는 중화요리에 노련한 세 남녀의 불꽃 같은 맛 경합과 사랑을 다뤘다. 음식, 사랑, 추억을 한데 버무려 청춘남녀의 힐링을 노린 〈식샤를 합시다〉는 2018년 여름에 시즌 3을 채비했다.

이처럼 '음식 드라마'는 2000년대 이후에 새로운 트렌드로 등장했다. 음식장르는 한식이 대세다. 양식은 고기류가 아닌 이태리의 '파스타'가 급부상했다. 드라마는 '요리+연애'를 주축으로 유명 음식점의 후계다툼과 자리계승을 둘러싼 라이벌 구도가 주류를 이루었다.

일본의 경우는 '여행+온천+현지요리'의 3합으로 일찍이 50년대 TV 초창기부터 연착륙했다. 현지 요리는 기행프로의 기본을 이루고 있으며 요리 드라마, 영화, 만화까지 합하면 매년 100편을 헤아린다. 골동품 수집가로 지방 맛집을 혼자서 순례하는 〈고독한 미식가〉는 시즌 7을 맞아 2018년 봄, 마침내 한국에 상륙했다. 주인공(마츠시게 유다카)는 전주 비빔밥과 떡볶이의 빨간 맛에 혀를 내둘렀고 청국장과 돼지갈비의 깊은 맛에 고개를 끄덕였다.(J채널 방송)

'당신이 먹는 게 바로 당신이다'

음식은 사람 따라, 경우 따라 다르다. 때론 인격화되어 신분과 계급의 심벌이 된다. 그래선지 어느덧 이미지 정치의 상징도 되었다. 선거유세 때 시장음식 먹기는 지역정서를 포용하는 중요한 코스프레다. 국밥은 서민과의 친근성을 강조하고 김밥은 젊은 활동성을 나타낸다. 국방부는 군 취사병 출신에 요리사 자격을 부여할 방침이다.

'금강산(드라마)도 식후경(먹방)이다'

바야흐로 보는TV 보다 먹는TV가 먼저다, 제작구조가 단순하고 만드는 기대감과 먹는 즐거움은 영원하다. 현대인이 먹고 있는 것은 외로움, 우울증, 불안감, 그리고 스트레스도 함께 한다. 그래서 드라마를 밀어내고 그 자리를 빼앗고 있다. TV는 '바보상자'라는 이론을 상기한다면 쿡방은 한술 더 떠서 '비만상자'를 채근하는 중이다. 영혼의 결핍을 폭식 포만으로 때우려 함인가? 먹자판에는 셰프, 연예인, 진행자, 시청자의 역할 구분이 따로 없는 동격인이 된다.

먹방은 일시적 신드롬을 넘어 '먹학(學)'으로 롱런할 기세다. 요리는 생리학으로 출발하여 의학, 사회학, 심리학을 거쳐 예술철학까지를 포함하기 때문이다.

5-6 무너지는 드라마 원점, 틀의 붕괴, 터의 상실시대

TV드라마는 틀의 산물이다. 틀 안에서 탄생되고 틀 위에서 소비된다. 틀은 다섯 가지다. 조직의 틀, 예산의 틀, 시간의 틀, 화면의 틀, 가정의 틀이다. 드라마는 틀에 의한 창조, 틀에 대한 제공이다.

첫째, 드라마는 조직의 틀 속에 있었다.

당초 조직에 의해 결정되고 운용되며 또한 통제된다. 개인영상이 아니라는 점이다. 설령 개인에 의해 연출되고 개인에 의해 극본이 써져도 그것은 개인영상, 개인작품으로 간주할 수 없다. 연출자는 거대한 조직 속의 한 부속품이며 이 부속은 조직의 질서와 원리에 함께 엇물려 기능할 뿐이다. 그는 다수로 구성된 팀을 통솔하면서 소속 조직의 본분을 수행하고 평가를 받는다. 조직이란 개인에 비해 둔탁하고 보수적인 반면, 훨씬 거대하고 막강하며 지속적이다. 개인 창의는 조직이 허용하는 범위 내에서 이뤄진다. 영화가 개인에 의한 절대 창조임에 비해 드라마는 조직에 의한 선택적 창조물이다.

오늘날 드라마 생산의 조직체는 하나가 아니다. 외주 제작사와 연예기획사, 협찬사와 공동 투자사 등 생산 주체는 다원화되었다. 복잡다단

한 생산과 판매라인에 외국의 자본, 플랫폼 사업자들이 '빅 머니 게임'를 걸어온다. 연출자는 조직 간의 이해를 조율하는 별도의 기능이 요구된다. 여기에 유통라인과 소비라인도 '에프터' 조직의 논리로 드라마의 틀에 영향력을 미친다.

둘째, 드라마 크기는 예산의 틀에 의했다.

이제 드라마 예산은 일원화된 방송사의 장부 틀 속만 머물지 않는다. 예산의 성격은 버젯에서 펀드개념으로 변했다. 예산의 주체도 복합적이다. 법인, 개인, 기업, 해외투자가 열려있다. 돈의 흐름은 원웨이의 고정예산에서 멀티웨이의 유동예산으로 가변성이 넓어졌다. 규모 역시 공룡 아니면 도토리다. 제작사 범주와 제작비 조달은 국경을 넘는다. 조직과 자금운용에 순혈주의를 고집할 수도 없다. 중국, 홍콩의 큰손들은 멀티 사업과 우월적 지분참여로 국내 제작사들을 공략 중이다.

하나의 드라마는 하나의 별도 조직체(예, 유한회사)로 분리되어 운용되기도 한다. 제작비에 대한 '페이 올'(완불)이 '페이 썸'으로 변하고 나머지는 PPL을 비롯한 협찬으로 메우는 식이다. PPL을 전제하면 작품당 20군데 전후의 현물 참여가 가능하다.

지상파 미니시리즈 한 회 제작비(4억 전후)가 기준은 아니다. 획일화된 길이의 틀이 무너지면서 작은 형태의 드라마 탄생에 따른 제작비의 규모와 출원은 다양해진다. 유튜브나 모바일 등 유통창구의 다양성은 드라마 형태의 다양성과 직결된다. 이에 따라 드라마는 무료 시청에서 유료의 땅으로 이전한다. 자유시청과 시간의 선택만큼 편리함의 대가를 치르는 것이다.

웹을 비롯한 N스크린 시청자는 '몰아보기'와 '쪼개보기'에 익숙한 세대다. 광고는 매체별 전략이 보다 선명해지고 오디언스 타깃도 간명해진다. PPL은 보다 줄기차게 진입할 것이며 드라마의 옷을 입은 각종 홍보물도 교묘히 출현할 수 있다.

셋째, 드라마는 시간의 틀에서 호적과 현주소를 받았다.

시간 틀은 드라마의 편성과 순환의 원리다. 이것은 시청자에 대한 약속이며 질서다. 드라마의 절대가치는 그것이 나타나는 시간에 의했다. 아침 드라마, 프라임 타임, 주말극, 심야 드라마...등 시간대는 드라마의 위상과 체급을 평가하는 기준이 되었다.

오늘날 드라마 방송은 요일과 시간대가 종횡으로 교차된 정위치의 제약을 걷어차고 있다. '본방사수'가 무너지고 '재방송, 앙코르 방송'도 강제력을 잃고 있다. 시간대에 의한 구속력을 상실된 까닭이다. 그 자리에 VOD라는 낯선 용어와 함께 '다시보기'와 '몰아보기'가 들어서 있다. 아침저녁이 따로 없고 평일 주말의 구분도 엷어졌다. 시청자는 자기편의대로 시간을 이동, 조정, 압축, 변환하고 있다. 2014년 방송매체이용 행태조사에 따르면 유료방송 시청자 중 17.3%가 일주일에 한 번 이상 VOD 서비스를 이용하고 있다. 스마트폰 이용자의 25.8%는 일주일에 한 번 이상 스마트폰으로 TV프로그램을 시청하는 것으로 나타났다. 2014년 방송사업자의 VOD매출은 약 5400억 원으로, 2012년의 2989억 원에 비해 81%나 늘었다.(중앙일보 2015. 7. 20.) 이런 추세라면 2018년은 1조 5천억 대를 넘볼 수 있다. 특히 광고주가 주목하는 2049세대의 VOD 이용이 급증하고 있다.

드라마는 고유의 요람지인 TV에서도 해방되었다. 개인이용에 따른 PC, 모바일, 태블릿 같은 디지털 기기는 '때'를 없애 버렸다. 드라마는 작은 윈도우의 여러 콘텐츠 중 하나로 편입되어 때 없이 나타난다. 시청자 개념에서 이용자 개념으로 이전하면서 시간을 초월한 것이다. 이제 중요한 것은 콘텐츠 자체의 경쟁력이다.

넷째, 영상은 틀(frame)**에 의해 자기 메시지를 형상하고 절취했다.**

그리고 축적하고 연계했다. 종횡비 4:3의 화면비율에서 오늘날은 파노라마형인 16:9로 확장되었다. 수상기는 붙박이 거치형에서 벽걸이형을 거쳐 포켓 휴대형으로 진화하고 있다. 드라마의 테이크아웃 시대다. 모바일 화면은 축소된 만큼 고성능화 그리고 다목적화 되었다. 또한 휴대와 저장을 가능케 하여 드라마의 '이동시청' '막간시청'을 창출했다. 이에 따라 웹 시스템에 맞춤형 드라마가 활발히 기획된다. 타깃 공략에 적합한 소재는 젊은 세대의 감각에 맞는 로맨스, 코미디, 모험, 판타지 등이 환영받는다. 연애 에피소드, 청춘로망, 사회 적응기와 성장통, 직장 시트콤도 좋은 먹거리다.

작은 화면은 속성상 드라마의 길이와 횟수를 단소화 한다. 2039세대의 라이프 사이클과 시청행태에 적응하기 위함이다. 시간 개념도 종전 분 단위에서 초 단위로 밀도를 높인다. 30초 CF에 메시지의 기승전결이 압축되어 있음을 상기하면 5~10분은 충분하고도 넉넉한 길이다. 등장인물은 최소화되고 구성은 단순화된다. 다수와 다세대가 출연한 가족드라마는 배제된다. 전개는 땅콩처럼 야무지고 앵두처럼 탄탄해야 한다. 드라마의 연출과 연기도 변한다. 광고와 드라마의 연기 연출이 각각 다

르듯 '작은 드라마'에 걸맞은 연출과 연기도 별도로 개발해야 한다. 짧은
만큼 주의집중과 몰입을 유도해야 하기 때문이다.

끝으로 TV는 가정의 틀과 동행해왔다.

가정은 드라마에 관한 한 매우 비(非) 드라마적 장소다, 여기에는 방송
윤리의 틀이 버티고 있고 보편적 가정 정서라는 검색의 틀도 도사린다.

오늘날 가정구조는 1인 가구, 싱글세대가 급증하고 있다. 전통가정의
해체와 함께 불혼(不婚)시대, 불임(不妊)세대의 증가는 주거 형태와 TV접촉
행태도 변화시킨다. 소위 2039세대의 드라마 노출은 거치형 수상기보다
휴대형을 선호하는 편이다. 모든 정보와 새로운 세상은 '손가락과 손바
닥'에 의해 즉각 수렴한다. 미지의 세계는 한두 번의 터치와 클릭으로 열
리고 실시간 정보는 개개인의 손바닥에서 논다. 종전 라디오 매체가 누
린 특권처럼 다른 일을 하면서 막간에 볼 수 있다(watching drama while doing
something eles)

인체공학상 긴 시간, 집중력을 요하지 않고 어수선한 주위에서 시선
을 끄는 작법과 전개가 필요하다. 이동공간, 틈새공간, 휴게시간의 노출
에는 가볍고 단순한 에피소드가 바람직하다. 작지만 경쾌해야 좋고, 짧
지만 유쾌해야 한다. 포맷은 노 포맷이다. 내용과 형식면에서 자유롭다.
연기는 과장되고 공간은 비약하며 전개는 압축된다. 때로 시간은 생략되
고 행위는 비틀거나 튀어야 한다. 보는 사람은 뷰어다. 시청자 아닌 사
용자다. 연속 스토리보다 매회 시추에이션을 중시한다. 캐스팅은 첫눈,
한눈에 개성을 드러내야 한다. 오디오 효과와 특수효과의 비중이 커지며
비주얼 합성과 편집은 절대적인 요체가 된다.

이처럼 셋톱박스형(케이블TV, 위성TV, IPTV 포함)을 묶는 재래의 터는 허물어졌고 드라마의 생산과 소비를 관장했던 다섯 틀도 무너지고 있다. 그 힘의 중심축은 모바일이다. 시대는 바야흐로 '모바일 퍼스트'를 넘어 '모바일 온리'가 되고 있다. 종전 큰 드라마보다 모바일에 상응한 맞춤형 작은(small)드라마가 고개를 든다. 드라마의 큰 덕목인 공공성이 밀려나면서 사업성이 우선하고 부가가치를 앞세운 시장의 원리가 강화된다. 이른바 '스낵 드라마'의 탄생이다. 스낵의 단위는 개인시간이며 자유시간이다. 그 특징은 채널파워보다 콘텐츠와 플랫폼의 파워에 의한다.

향후 드라마 시장은 메이저리그와 마이너리그쯤으로 양분된다. 넷플릭스, 애플, 아마존 같은 해외 플랫폼 사업자들은 드라마 투자에 호시탐탐이다. 국내 1위 드라마 제작사인 '스튜디오드래곤'의 2018년 24부작 〈미스터 션샤인〉의 400억 제작비 중 넷플릭스가 300억 투자했다는 것은 놀랄 일이 아니다.

전통 드라마가 중후장대(重厚長大)했다면 웹 드라마는 경박단소(輕薄短小)로서 '큰 드라마'와 대칭하는 새 모델이 된다. 마이너리그에서는 웹툰과 웹소설, 웹드라마를 삼각 축으로 웹문화가 정착하고 있다. 유료방송 플랫폼은 일종의 '포털사이트' 역할을 하고 막대한 가입자 정보를 바탕으로 광고시장을 주도할 수 있다. 노출의 다양한 창구, 시청시간의 임의선택, 손바닥 화면, 개인 미디어로서 정착 등은 원래의 보금자리를 잃은 드라마 생태계의 변화를 계속 촉구하고 있다. 문제는 마이너리그가 메이저에 비해 매체 영향력, 세대 구매력, 미래 확장력이 훨씬 좋다는 점이다.

5-7 인공지능 AI가 드라마를 쓰면, 방송작가 사라진다

'봄은 세월 보낸 강가로 살그머니 찾아온다. 봄바람은 겨우내 잠든 나무를 흔들어 깨운다. 나무는 꽃을 피워 행복한 봄의 미소를 보내네...'

 – 이것은 인공지능(AI. Artificial Intelligence)이 지은 시(詩)다.

입력한 단어는 '꽃, 봄, 행복, 바람' 네 개였다. 몇몇 대학생들에 읽혔더니 B-평점이 나왔다. 케임브리지 대학의 인공지능 연구소는 컴퓨터와 채팅을 통해서 새로운 '감정의 통합' 능력을 개발하고 있다. 즉 인간감정의 주입과 조율을 거쳐 통합하는 기능이다. 기쁨, 슬픔, 분노, 실망에서 유머까지 조합하는 시도다. AI는 연주는 물론 작곡도 했다. 요청받은 빠르고 강한 비트 음악 한 곡을 즉각 만들어 들려주었다. 지능 칩엔 각종 노래가 수천 곡이 입력되어 있고 명령을 받은 AI는 관련음악의 음정과 박자, 리듬을 선별 종합하여 화답했다. 요리도 했다. 인간의 요리를 학습한 로봇이 주어진 래시피를 뭉긋이 조리하여 접시에 깔끔히 올려놓았다. 사회자가 즉석에서 먹어보면서 미소를 띠고 고개를 끄덕였다.

AI는 기사도 작성했다. AP통신은 스포츠, 날씨, 증권, 주식 등 데이터 분석을 위주로 한 아이템엔 놀라운 필력을 보였다.

이상은 TV조선이 2016년 4월 초 방송한 특집 '인공지능, 인간을 넘다'에서 나온 장면들이다.

로봇 저널리즘에 이어 예술분야에 본격 도전하는 인공지능

미국 IBM이 개발한 인공지능 '왓슨'이 2011년 미국 퀴즈쇼 '제퍼디'에서 인간을 꺾고 우승했다. AI 변호사로 개발한 '로스'는 2016년 뉴욕 로펌에 취직했다. 사람의 일상 언어를 이해하고 초당 10억 장의 법률문서를 분석하여 질문에 맞는 답변을 냈다. 미국인의 80%가 변호사가 필요해도 형편이 어려워 고용하지 못하는 점, 그리고 변호사들이 통상 전체시간의 30%를 자료수집에 소비하는 점을 상당 부분 해결했다. 인공지능 알고리즘이 기사를 작성하는 '로봇 저널리즘'은 이미 현실이 됐다. '유엔 미래보고서 2045'는 30년 후 AI에 대체될 위험성이 큰 직업으로 의사, 번역사, 회계사 등과 함께 변호사를 꼽았다.

2012년 미국 경제지 포브스가 처음 도입했고 CBS, LA타임스 등도 일부 기사를 AI에 맡기고 있다. '워드스미스'라는 AI는 2014년에만 10억 개의 기사를 쏟아냈다. 결론은 지적 노동이 자동화되면 대량생산화가 가능하다는 점이다. 이는 그만큼의 일자리를 AI에 뺏긴다는 뜻이다.

AI는 인간의 고유 영역으로 여겨져 오던 음악, 미술, 문학 등 예술 분야에 도전장을 내고 있다. 인간의 창의력 분야까지 넘보는 것이다.

예술품을 창작하는 인간과 AI의 근본 차이점은 '영감'과 '모방'이다.

AI는 모두가 기존의 데이터를 분석, 조합해 만들어내는 모방의 결과물에 불과하다. 그러나 처음부터 완벽하게 영감을 얻어 창조하는 능력을 축적해가고 있다. 인간의 뇌에서 전기신호로 정보를 보내는 신경망을 흉내 낸 프로그램을 갖춘다. 그리고 다양한 이미지를 인식, 저장한 뒤 그 특징들을 뽑아내 나름의 형상을 재구성하는 것이다.

작곡의 영역은 '곡조'나 '곡의 길이' 등을 입력하면 자동적으로 작곡을 하는 시스템이다. 미국 예일 대 컴퓨터공학 교수가 개발한 AI '쿨리타'는 저장된 음악 자료들에서 규칙을 분석하고 음계를 조합해 곡을 만든다. 녀석은 바흐의 음악적 요소를 조합해 새로운 곡을 만들어 냈다. 헤비메탈과 모차르트의 음악을 섞은 곡을 작곡하는 것이 다음 목표다.

영국의 BBC는 마이크로소프트와 네덜란드 기술진이 공동 개발한 AI 가 렘블란트의 화풍을 그대로 재현한 그림을 그려냈다고 보도했다. 그림은 900만 원에 팔렸다는 소식이다.

AI는 먼저 화가의 여러 작품을 입력해 분석하고, '딥러닝' 기술을 통해 그림의 특징들을 학습한다. 얼굴인식 기술을 활용해 그림 속 사물의 위치와 구도, 사용된 미술도구 등을 분석하면서 그림의 특징을 터득했다. 알파고가 유명 기보들을 통해 바둑 고수들의 특징을 학습한 것과 동일한 원리를 탑재한 것이다.

2016년 3월, AI가 쓴 소설이 일본 공상과학(SF)소설의 대부로 불리는 호시 신이치(星 新一)문학상의 1차 심사를 통과하여 이목을 끌었다. 총 1400편의 공모작 중 11개 작품은 인공지능이 쓴 것이었다. 심사위원들조차 소설을 작성한 것이 AI라는 점을 알아차리지 못해 더욱 큰 충격을 안겼다. 하코다테 미래대학의 로봇이 쓴 이 단편은 "컴퓨터가 소설 쓰는 날"이라는 제목으로 인공지능인 주인공의 생각과 감정을 묘사하는 스토리를 담았다. A4용지 3매 분량이다.

"그날은 구름이 드리운 우울한 날이었다. 방 안은 언제나처럼 최적의 온도와 습도였다. 요코(洋子)씨는 씻지도 않은 채 카우치에 앉아 시시한

게임을 하며 시간을 죽이고 있다." 이는 도입 부분의 표현이다.

'이번 쾌거에 인공지능이 20%, 인간이 80%의 기여를 했다'고 지적했다. 즉 AI가 100% 소설을 쓰는 단계는 아니지만, 수천 자의 글을 쓸 수 있었던 것은 의미있는 성과라는 것이다.

선진국은 벌써부터 AI의 작품에 대한 저작권 문제를 논의하고 있다. 그것은 시스템 창안자와 개발자에 귀속되어야 한다는 논리다.

바둑의 알파고에 이어 드라마 인공작가 '감마고'의 등장

미국의 AI '벤자민'은 8분짜리 SF영화 "선스프링"의 시나리오를 써냈다. 입력된 공상과학 영화 1천 편의 대본을 바탕으로 단어와 문장을 분석한 결과다. 대사의 연결력이 부족하다는 평이 나왔다.(2016.6.15 KBS 9시 뉴스)

이런 흐름 위에서 드라마의 인공작가 '감마고'를 상정해보자.

인공지능을 인공지혜로 업그레이드하면 AI는 드라마 작가를 탄생시킬 수 있다. 즉 '감마고'가 드라마 대본을 쓰는 것이다.

우선 기본 데이터 작업으로 수천 편의 유명 드라마 작품 얼개와 내용을 입력한다. 작가별 특성, 포맷의 종류, 스토리 구조, 캐릭터 예시와 장르별, 내용별, 회차별로 구성과 전개를 분석한다. 드라마 코드와 지수를 세분화하여 입력한다. 홈드라마, 멜로, 액션, 사극, 막장, 로콤, 수사극, 판타지, 미스터리…등 포맷 분류에서 삼각관계, 시한부 인생, 파란만장, 신분상승, 출생비밀, 외도불륜, 배신복수, 기억상실…등의 코드, 그리고 감동지수, 흥분지수, 유쾌지수, 로맨틱지수, 폭력지수, 공포지수 등의 지수까지 분류한다.

사랑, 갈등, 충돌, 위기, 파국, 이별 등의 기승전결과 반전, 화해 등 변곡점 항목도 설정한다. 시청률 등 시청자 반응과 인과관계도 분석하여 입력해둔다. 희로애락의 감정처리는 매우 까다롭고 복잡한 '관계의 수'를 파생한다. 수만 가지 라인이 방사선처럼 얽힌다.

감마고에 '슬프고 아름다운 멜로드라마 16회분 미니시리즈'를 주문한다. 시놉시스 작성부터 회수별 주요 내용도 요약토록 한다. 출력자료를 분석하여 캐릭터 설정과 줄거리 구성에 밀도를 보완토록 명한다.

제작비 과다에 상관하는 변수를 조정한다. 작업이 일단락되면 대본 작성을 명한다. 장면 설정은 물론, 대사와 지문까지 주문한다.

각 상황에서의 감동여부와 흡인력 강도를 체크하여 수정토록 한다.

작품 스타일에 가령 제2의 김수현이나 노희경을 낼 수 있고 김은숙과 조소혜를 섞을 수도 있다. 원작 소설의 각색 능력도 갖추게 된다.

감마고는 전속금이나 원고료 투정을 하지 않는다. 몇 번씩 수정을 요구해도 못쓰겠다고 토라지지도 않는다. 한밤에 불러 작업을 시켜도 한마디 불평하지 않는다. 단, 초창기의 인프라 작업과 빅 데이터 구축 그리고 시스템과 네트워크 운용에 상당한 투자를 해 놓아야 한다.

알파고는 분석과 계산이 능한 반면 직관과 통찰력이 약하다. 3감(감성, 감각, 감정)이 결핍된 녀석이다. 드라마는 이분법적 승패의 대립이 아니라 감성의 교감이자 변주다. 이런 디지털의 한계가 과연 오욕칠정(五慾七情)으로 복합된 '드라마 라이팅'을 감당할 수 있을까? 인공지능은 로고스 차원에 능할 뿐, 파토스적이지 못하기 때문이다.

로고스(logos)는 철학용어로 사물의 존재를 한정하는 보편적인 법칙,

행위가 따라야 할 준칙을 인식하고 정량화, 원론화 된 것을 따르는 분별적 이성(理性)을 뜻한다. 사물의 이유와 근거, 정밀 수학과 과학적 분석을 제공하는 회로는 잘 발달되어 있다. 계량적인 경우의 수는 무한히 수용한다. 해서 컴퓨터에 적합한 덕목이다.

파토스(pathos)는 정념, 충동·정열 등으로 번역되며 로고스와 상대되는 말이다. 협의로는 '인간마음의 상태'를 의미한다. 상황에 따라 변하는 감정, 정서를 총괄하여 표현한다. 요새는 희로애락의 가변성을 뜻한다. 불안, 초조, 낙담 그리고 투지와 집념도 이 지역에 있다.

이 맥락으로 보면 인공지능은 기술이나 원칙기준을 요하는 일, 또는 반복을 요하는 직업을 호시탐탐 빼앗는 괴물이 된다. 의사, 판사, 변호사, 교사, 기사, 비행사, 감별사, 설계사, 세무사 등 사(士, 師)항렬이 쉬운 공략대상이다. 반면 가(家)항렬의 직군에는 취약하다. 예술가 즉, 작가를 비롯, 화가, 작곡가, 음악가, 소설가 등 정념과 상상으로 창작하는 직업은 쉽게 넘보지 못한다. 그러나 이 경계마저도 무너지고 있다.

신인류 감마고가 드라마를 쓸 수 있는 조건과 자격

인간이 드라마 정보와 코드를 웬만큼 입력해 두면 기계가 스스로 정보를 모으고 일일이 분화시켜 학습하는 것이 감마고의 기본 원리로 작동한다. 뇌신경세포의 신경망 구조를 모방한 인공신경망 방법을 쓰는 것이다.

인공지능은 신경망 층수는 100만 층, 1000만 층까지 확대 가능하다. 이쯤 되면 드라마의 정보와 인식체계를 얼마든지 담보할 수 있는 용량이다. 감마고 덕분에 드라마 제작과정이 편해진다고 해도 직관과 순발력에 의한 '사람의 속도'를 따르지 못하는 경우도 생길 것이다. 이런 경지에서는 사람이 기계를 어찌 부릴지 고민하는 자의식을 가져야 한다.

기호로 표현 못 하는 90% 정보, 즉 우리 '감성과 직관'이라는 비 정량화 된 요소를 학습하는 인공지능 개발은 오늘도 급물살을 타고 있다.

그렇게 되면 감마고는 감정을 수용, 분석하고 구별, 대응하여 이를 언어와 행동으로 전환하는 능력을 갖추게 된다. 주제의 유지, 소재의 구사, 장소 설정, 상황의 선택, 스토리 진전, 성격의 창출 등 복합적 인자를 순간 종합하여 드라마를 구성하며 전개하는 능력이다.

시간과 길이를 연산하고 대본의 쪽수와 배분을 정확히 산출한다. 대본 검토과정에서 재미와 감동 지수, 공감의 폭 등에 수정 요청을 받으면 즉각 대처한다. 인공지능의 대시를 인간에 대한 위협이자 자존심 상하는 '괴물'로 치부해서는 안 된다. 알파고나 감마고를 만든 사람도 어차피 인간이므로 본질은 인간의 결실이 된다. 인공지능의 진화를 막을 수는 없다면 차라리 둘의 상생과 공존이 과제가 될 것이다.

우리 뜻에 관계없이 판도라의 상자는 열렸다. 비 정량화된 정보를 학습하는 '딥러닝' 기능이 구축됐으니 그 개발과 활용은 시간문제다. 감마고도 '딥라이팅' 기능을 확대하여 드라마 영역에 새로운 지평을 열려고 할 것이다. 기존 드라마의 모조품나 유사품의 시비에 휘말리지 않고 얼마만큼 독창적인 드라마를 낼 수 있느냐가 과제가 된다.

결국 감마고의 핵심 목표는 휴머니즘의 개발이다. 분석력보다 통찰력에 비중을 두고 직관과 감성에 의한 창의력으로 인간성을 창출하는 것이다. 그의 드라마 작업은 의식과 무의식까지를 통합하여 구사하는 인문학의 지평이 된다. 감마고의 기본적 IT(정보공학)에다 미래 기술인 NT(나노공학)와 BT(생명공학)를 결합하면 개인의 두뇌 전체를 생체 로봇에 다운받아 어엿한 인공 라이터(작가)가 태어난다. 터미네이터처럼 '로봇 라이터'가 현실로 등장한다. 뇌 안에 나노 로봇을 넣어 인공지능 시스템에 업로드하는 기술을 현실화한다. 로봇이 감정을 소통하고 시청각, 후각 및 촉각 분야의 융.복합에 성공하면 인간의 단순한 보조장치 수준에서 벗어나 스스로 판단하고 창조할 것이라는 전망이다. 감마고는 이런 드라마 공학을 숙지하여 인간 발상과 설정에 대한 맞춤형 쓰임새 역할을 수행하는 것이다.

인간이 유일하게 지능을 가진 존재라는 자부심은 자꾸 무너지고 있다.

인문학자들은 여전히 혼(魂)과 자아는 인간만 가질 수 있다고 말한다.

그랬으면 좋겠다. 하지만 감마고가 스스로 정신력과 독립적인 사고를 갖게 되면 인간이 제어할 수 없는 '강력 알고리즘(algorithm)'을 발휘하여 콘텐츠를 만드는 순간, 드라마는 황량한 국면에 직면하게 될 줄 모른다. 이런 '포스트 휴먼시대'의 신인종 드라마 역사는 전혀 다른 차원으로 변할 것이다. 분명한 것은 감마고의 조정자는 역시 인간이라는 점이다.

〈결론〉

최다, 최악의 수난 PD와 작가

신봉승은 사극에서 조상모독과 사실(史實)여부를 둘러싸고 후손들의 항의와 종친회의 고발에 속을 앓았다. 다년간의 수난에 대응하기 위해 작가와 PD는 조선왕조실록과 연려실기술 등 철저한 공부로 무장했다.

김기팔은 현대사 드라마에서 좌우 이념과 정치 이데올로기 문제로 관계기관에서 모진 질타를 받아 건건이 조기종영 처분을 받았다. 50회 예정의 〈땅〉은 불과 15회에서 폐기당하고 9개월 만에 세상을 떠났다.

김수현 작가는 홈, 멜로극에서 불륜과 외도 그리고 부적절한 언어로 방송위원회에서 수차례 징계를 받았다. 빗나간 남녀관계 설정과 전개, 막말로 엮은 대사는 '화제와 비난'의 양면을 동반했다.

고석만PD은 정보기관의 감금과 심문으로 당한 모멸감 때문에 '...다 버리고 이민가고 싶을 정도..'의 상처를 입었다. 〈야망의 25시〉와 〈땅〉은 사실상 두 대통령(전두환, 노태우)이 내린 중단 지시로 도중 폐지된다.

드라마 수난은 인기와 화제의 폭에 비례했다. 이들 드라마의 공통점은 각 계층에서 열띤 주목과 칭송을 받았고 높은 시청률을 획득한 점이다. 수난의 후유증은 징계, 사과방송에서 연출자 교체, 고소고발, 그리고 도중 폐막, 심지어 죽음까지 연유했다.

신봉승 사극, 문중 항의 40건으로 시달려

〈조선왕조 5백년〉 시리즈의 8년 방송은 한마디로 문중 항의와의 전쟁이었다. 신봉승 작가(1933~2016)와 이병훈PD가 1983년 '추동궁 마마' 부터 1990년 '대원군'까지 8년간 당한 크고 작은 40여 건의 수난은 최다 수치다. 조상에 대한 설정과 묘사가 조금이라도 빗나가면 문중 이름을 걸고 결사항전대를 투입하는 식이다. 몇 가지 예를 들어본다.

- 세종조의 '뿌리깊은 나무'(1983)의 집필 시, 어느 날 한 촌로가 나를 찾아와 제발 자기 조상의 얘기를 빼달라고 읍소했다. '매우 나쁜 짓을 했다'고 실록에 기록된 조상 집안의 15대손이었다. 가져온 보따리 속에 현금 2천만 원이 들어 있었다. 6백 년 전의 할아버지 일이 창피하여 빼달라고 돈을 쓴 후손이 어디 있을까. 세계에서도 유례가 없는 일이다. 좋게 말해서 숭조(崇祖)사상, 나쁘게는 씨족(氏族)사관 즉, 자기 가문이 제일이라는 생각이다.

- 단종 복위 음모가 드러나 성삼문 등 사육신이 죽임을 당하고(1453년 계유정란) 신숙주는 살아 돌아오자 부인 윤 씨는 '왜 함께 죽지 않고 살아오십니까' 하고 침을 뱉었다. 그 다음날 윤 씨는 대들보에 목매 자진했다....박종화 소설의 이런 내용은 고2 교과서에 인용되기도 했다. 그런데 윤 씨는 정란이 일어나기 4개월 전에 죽었다. 이미 죽은 여자를 살려 놓고 신숙주를 역사의 죄인

으로 만들어 4천5백만 국민이 배신자 낙인을 찍고 '숙주나물은 안 먹는다'
는 식의 왜곡은 참으로 놀라운 일이 아닐 수 없다.

– '조선왕조실록'에 한명회는 무려 170번 등장한다. 나쁘게 언급한 것은 한
  군데도 발견할 수 없다. 다만 칠삭둥이로 태어나자 이불에 말아 한구석에 버
  렸는데 이튿날 하인이 들춰보니 살아있었다는 대목뿐이다. 이를 바탕으로
  후세 사람들이 '추악하고 간교한 한명회'를 만들기 시작했다.

나는 신숙주와 한명회 관련 드라마 4편을 통해서 그들이 제대로 돌아
올 때까지 쓰고 또 썼다. 극작생활 40년 동안, 두 사람이 그렇게 간신도,
악인도 아니라는 사실을 알렸던 것은 큰 업적으로 생각한다.

이 예문들은 신봉승 작가가 2000년 9월 8일 문예진흥원에 행한 '역사
드라마와 고증' 강연의 일부 내용이다.

5백년 시리즈는 매 왕조마다 수난이 돌출했다. 후손, 문중뿐만 아니라
사학계, 종교계, 시청자의 집단항의까지 집요하고 끈질겼다. 하여 총 11
화 538회 방송종료까지 속을 앓았다. 예컨대 3화 '설중매'는 수양대군의
평가문제로, 4화 '풍란'은 조광조의 행적문제로 각각 사관을 달리한 시
청자에 시달렸고, 5화 '임진왜란'은 승병활동의 묘사부족을 들어 불교계
에서 거센 항의를 받았다. 실제로 신 작가는 '조상 모독' 죄로 네 번이나
고소당했다. 그는 한글 번역본이 나오기 전의 '조선왕조실록'을 9년에
걸쳐 완독한 최초의 극작가다. 해석이 막히면 남산골 옛 한학자들을 찾
아가 묻고 또 물었다. 이런 열정과 내공이 사극의 대가를 만든 것이다.

"〈조선왕조 5백년〉 시리즈는 당분간 같은 내용으로 TV드라마화되기 힘들 것이다. 이 시리즈에서 많은 오류가 발견된다면 역사 드라마의 발전적 측면에서 바람직한 일이 될 것이며, 적은 오류가 지적된다면 오늘 우리의 노력에 성과가 있었다는데 대해 자부심을 갖게 될 것이다."

이는 10년간 이 드라마에 전심을 쏟은 이병훈 PD의 후 노트다.

〈김수현〉작가의 화제몰이 겸 징계몰이

김수현의 40년간 드라마에는 평범함과 순탄함은 별로 없었다. 작품마다 인기몰이와 화제를 생산했고 높은 시청률에 따른 연장방송은 성과급처럼 따라다녔다. '안방 대통령'의 칭송은 단순한 수식어가 아니었다.

70년대에 400회를 넘은 장수 일일극 〈새엄마〉(1974), 한류 드라마 수출 1호를 찍은 〈사랑이 뭐길래〉(1991), 대가족 홈드라마의 전형을 예시한 〈목욕탕집 남자들〉(1995), 21년 터울에 리메이킹한 〈청춘의 덫〉(1978, 1999), 불륜의 시대적 변화와 양태를 그린 〈안녕〉(70년대), 〈모래성〉(80년대) 〈내남자의 여자〉(2000년대), 색다른 자매극와 형제극을 교합한 〈사랑과 진실〉(1985) 〈사랑과 야망〉(1987,2006), 종편(jtbc)에서도 위력을 떨친 〈무자식 상팔자〉(2012), 남자의 동성애를 과감히 띄운 〈인생은 아름다워〉(2010), 주부탈퇴와 반란을 선언한 〈엄마가 뿔났다〉(2008), 조기종영을 당한 〈그래 그런거야〉(2016) 등 작품마다 화제를 몰고 다녔다.

김 작가는 우선 소재 면에서 앞서가는 행보를 취했다.
여자헌신과 남자배신의 구도, 혼전임신과 원조교제 등은 일찍이 70년대에 도입한 코드였다. 사건사고의 틀로 처리한 외도와 혼외정사, 남녀 마찰과 부부갈등에서 우러난 여성우위론, 천륜의 파행을 통한 가족충돌을 비롯하여 최근엔 계약결혼, 황혼이혼과 노인재혼, 동성애 등 현대 트렌드를 발 빠르게 녹여냈다.

이러한 코드는 안방TV 윤리와 원초적인 마찰을 초래했다. 언어의 연금술사에서 폭력 대사로 일변하고, 〈신부일기〉(1975)로 방송대상 수상자에서 막말꾼으로 오갔다. 평가는 롤러코스터처럼 양극을 왕복했다. 경쾌 발랄한 대사와 예리하고 직설적인 화법은 녹슬지 않았다. 방송작가협회 이사장(1987), 은관문화훈장(2012)과 수많은 극본상과 작품상, 그에 비례해서 내려진 각종 징계와 시청자 항의는 모두 그의 양면적인 아우라를 대변하는 것이었다.

그의 사전에서는 '화제와 수난'의 경계가 모호하다. 수난이 화제를 몰아오고 화제가 수난의 씨앗도 되었다

고석만 PD의 이민 결심, 김기팔 작가의 죽음

1981년 6월 어느 날 김기팔 작가와 고석만 PD가 남산(안기부)으로 끌려간다. 〈제1공화국〉의 정치드라마 자체가 못마땅한 차제에 12화로 방송된 '여간첩 김수임' 편에 '간첩 미화 죄'로 빌미가 잡혔다. 4박 5일간의 심문이 강제되었다.

'...내 나이 33세, 〈제1공화국〉을 기획하면서 어렵게 김기팔 작가를 섭외하고 첫 만남을 가졌다. 젊은 애송이가 정치드라마를 하겠다고 하니 기가 막혔던지 쳐다보지도 않았다. 김 작가와 진지한 대화를 통해 세상

을 들여다보고 새롭게 역사를 인식하면서 정치 드라마의 방향성에 눈을 떴다. 기관에 잡혀가 심문과 고초를 당하면서, 아! 이제 방송 일은 끝났구나, 이럼 이민도 못 가겠지, 배추장사나 하면 살아야 하나...하며 모든 걸 포기할 각오였다. 나는 운동권도 아니었고 그쪽은 오히려 문외한이었다. 정치적 이해관계가 없었기에 겁 없이 할 수 있었던 같기도 하다..,'

정치드라마는 혹독한 통과의례를 치렀다. 그것은 어떤 형태로든 '비화'의 폭로에 따른 해석이 가해진다. 숨겨진 사실에 대한 공개, 잊혀진 사실에 대한 재구성은 상대집단과 이해득실이 엇갈린 관련자의 악세스가 얽혀 있어 역사 평가와 해석은 적어도 50년 이후에야 타당하다는 소리도 들렸다. 그것은 '역사는 반복된다'는 사실과 '역사는 조금도 발전 안 된다'에 대한 확인이었다.

고석만은 이후 경제드라마를 표방한 〈거부실록〉(1982), 〈야망의 25시〉(1983)를 내놨으나 역시 '문제작, 문제아'로 찍혀 조기 종영됐다.

재벌 성장사를 다룬 〈야망의 25시〉는 오히려 해당 재벌들에 의해 수난을 당했다. 정주영은 호의를 보였고 김우중은 이리저리 쟀다. 이병철은 당초 불쾌해했다. 방송 중 압력을 넣고 농간도 부렸다. 집요한 간청에 마지못한 만남의 자리에서 재벌 간부는 빼곡한 '돈 자루'로 공세를 폈다. '우리 회장님 잘 봐 달라..'는 뜻이었다. 박차고 일어났으나 나중에는 어떻게 알아냈는지 어린 딸의 생일날을 챙기는 걸 보고 고 PD는 소름이 끼치기까지 했다. 모 기업은 은밀히 대본을 챙겨 읽고 '총수의 대사'를 꼬치꼬치 따지며 하나하나 수정을 요구했다. A기업에서는 '회장님'의 초기 동업자 관계와 1960년대 물의를 빚었던 모종의 사건이 구체적으로 등장하는 경우 '고소할 수밖에 없다..'고 으름장을 놓기도 했다. 1983년 6월, 잘 나가고 있던 재벌 드라마는 제 발이 저린 정경유착의 힘에 의해 돌연 중단 선고를 받는다.

고석만의 수난은 질과 강도 면에서 다른 그것과 차원을 달리했다. 기관에 끌려가 직접적인 체벌과 압박을 당하면서 헤어나기 어려운 내상을 입었다. 그의 드라마 그릇은 오락을 담는 데만 그치지 않고 거대 담론의 장으로 확대했다. 그 동력은 역사와 인물에 대한 팩트 검증과 재평가를 통한 드라마 저널리즘의 가치를 제고하는 것이었다.

정치드라마, 남성드라마 그리고 경제드라마... 이는 80년대 초, 생경한 '선구 장르의 개척'이었고 첨병 역을 전제했다. 이는 빤히 불어올 역풍을 안았고 역풍은 태풍이 되어 그의 몸과 맘을 강타했다. 미완의 장으로 끝난 작품이 많은 이유다.

김기팔 작가는 지사적(志士的) 동반자였다. 두 사람이 의기투합한 드라마는 1981년부터 91년까지 10년간 12작품을 헤아린다. 상기한 〈제1공화국〉〈거부실록〉〈야망의 25시〉를 비롯, 5대에 부를 축적한 집안의 내력을 다룬 〈부의 조건〉(5부, 1981), 한국인재발견시리즈 〈단재 신채호〉(1982), 〈엄복동〉(1983), 〈백선행〉(1985), 다큐드라마 〈북위 38도선〉(1984),

3대 여인을 통한 가족사 〈억새풀〉(57부, 1985), 〈백범일지〉(4부, 1989), 〈땅〉(1991)까지며 주로 해방 전후 사회혼란의 질곡을 들춰냈다.

드라마 방향은 승자와 강자 입장에서 쓰인 현대사의 행간을 통한 인간 찾기와 진실 찾기다. 대립과 반목으로 얽힌 현대사의 갈등을 정반합

(正反合)적으로 가름해야 하는 시대적 당위와도 맞물렸다. 그 문법은 끊임없이 시청자의 각성을 촉구하여 역사의 맥락과 소통하는 것이었다. 사필(史筆)이 정사곡직(正邪曲直)을 가리지 못하면 드라마는 시비선악(是非善惡)을 판별해야 한다. 하여 자연스레 고발과 폭로형식을 취하면서 감성보다는 논리에 호소하고 픽션과 논픽션의 경계에서 자기 목소리를 뚜렷이 실었다.

탕! 탱! 땡! 이 된 〈땅〉

1991년, 50회로 기획한 〈땅〉은 두 사람의 마지막 작품이 되었다. 무조건 15회로 중단하라는 것이다. 종전처럼 외압 통고가 아닌 방송사 '자진중단'의 형식을 취했다. 고석만은 스튜디오에서 '비장한 종막'을 알렸다. 출연자 전원이 들고일어났고 PD연합회도 항의했고 각 신문도 전례 없이 한 주에 걸쳐 중단의 부당성을 지적했다. 그리고 그만이었다.

9개월 후, 김 작가 생명도 중단되었다. 홧병에 술병이 겹쳤다. 향년 55세, 언노련이 수여한 제1회 민주언론상은 비목처럼 쓸쓸했다.

김승수(MBC PD)는 TV저널(1992. 1. 15.)에서 그의 추모사를 폈다.

"...지난 30년간 그의 드라마는 목마른 자에 한 바가지의 샘물이었고 답답한 사람들에겐 실컷 떠들 수 있는 소줏집이었다. 그는 일곱 번째로 방송중단을 당하고 꼭 38주년 만에 세상을 떠났다.

그가 처음 '넘어진' 것은 라디오 정치 드라마의 효시였던 동아방송의 〈정계야화〉였다. 1972년 10월 유신으로 붓을 꺾은 그는 1979년 10.26이 터지자 다시 '정계야화'를 잡고 글을 쓰기 시작했다. 또 방송이 중단되었다. 마침내 신군부에 의한 언론통폐합에 따라 동아방송이 없어지면서 프로그램도 없어지고 말았다. 첫 TV 정치드라마였던 MBC〈제1공화국〉으로 그는 다시 일어섰다. 역사의 인물들이 다시 살아났다. 1981년 초여름, 그는 다시 기관에 소환되어. 네 번째 큰 타격을 입었다. 그는 수난의 정조준을 피하기 위해 극의 주제를 정치에서 경제로 옮겼다. 모두 도둑이라는 뜻의 '민나 도로보데스네' 때문에〈거부실록〉의 '공부갑부 김갑순' 편은 방송윤리위원회로부터 제지를 받았다.

그는 꺾이지 않고 또 썼다. 현대, 삼성, 대우, 한국의 3대 재벌 이야기를 풍자한〈야망의 25시〉도 압력을 받고 쓰러졌다. 그가 정치 경제의 테마를 묶어〈땅〉을 쓰려했던 이유는 직선제 대통령(노태우)의 6공화국에 대한 상대적 신뢰 때문이었으리라. 그러나〈땅〉또한 쓰러지고 말았다.

1960년 서울대 철학과 2학년 때 KBS 공모〈해바라기 가족〉으로 당선되고 기팔(起八)이란 필명을 내놓았다. 그는 일어나며 쓰러졌고 쓰러지면 또 일어났다. 그리고 이름처럼 일곱 번 다 일어났다. 이제 그는 그동안 늘 그래왔듯이 여덟 번째도 일어날 것이다. 그가 일어나면 또다시 무엇으로 우리를 뜨겁게 할 것인가? 그는 갔다. 그는 여덟 번째 부활의 몫을 우리에게 남긴 채 긴 잠 속으로 들어갔다. 깊이깊이, 그러나 우린 그의 부활을 믿는다. 그의 칠전팔기(七顚八起)를 믿는다."

"...그리던 북녘 고향 저만큼 보이는 곳에서 님이여, 아직도 걷히지 않는 어둠을 지켜 다가올 대낮으로 증거하시라." 1992년 고양시 통일공원에 건립한 추모비의 마지막 구절에 김지하는 이렇게 썼다.

고석만의 수난은 그것으로 끝나지 않았다. 보이지 않은 힘에 의해 유럽 영화제와 미국 필름마켓, 중국 방문 등 '반강제 출국 명'을 받는다.

〈땅〉 요절 후, 외부와 언론 접촉으로 행여 불거질 후유증이 두려워 누군가가 미리 손을 쓴 것이다. 석 달 남짓한 외유 중 특히 중국에서 만난 님 웨일스가 쓴 '김산의 아리랑'의 현장은 먹먹한 가슴을 번쩍 트이게 했다. 김산은 일제시대 중국대학을 졸업한 엘리트 민족주의자로 모택동을 움직인 인물이다. 1984년 첫 출간된 소설은 판매금지되었다. 고 PD는 드라마를 구상하고 중국TV와 공동제작 일정까지 마련했으나 계약 일보 직전에서 '취소' 당하고 말았다.

본사를 떠나 MBC프로덕션에서 미국 이민사와 한국인 마피아 '제이슨 리'의 행적에 몰두했다. 1930년대 알 카포네와 더불어 미국 암흑가를 군림한 전설적인 〈제이슨 리〉의 일대기는 두렵고 엄숙한 오래전의 프로젝트였다. 역시 또 무산되었다.

'드라마 한편 제대로 만들지 못한 이 현실, 하늘이여 이래도 됩니까'

고석만은 또다시 탄식했다. 그는 20여 년 만에 MBC를 떠날 채비를 한다.

픽션과 현실의 동가(同價)인식 차이

'픽션'장치는 TV드라마의 안전핀인가

−드라마는 오직 드라마일 뿐입니다. 그냥 드라마로 봐 주십시오

−드라마는 어디까지나 허구의 세계, 가공된 것 아닙니까.

−드라마를 현실로 착각하지 마십시오. 드라마라니까요, 드라마 모르세요?

이상의 뜻을 강변하는 측은 드라마 방송사, 제작자 집단이다.

물론 픽션은 드라마 자체의 본질이다. 문제는 드라마 앞에 TV가 붙었을 때다. TV드라마에 유고(有故)가 발생했을 때 '오로지 허구와 가공의 세계'를 주장하여 드라마 안전을 담보할 수 있는가에 대한 물음이다.

이에 대한 해법은 드라마 자체에서 도출하기 어렵다. 오히려 TV의 속성과 매체의 환경을 통해 규명해야 한다. TV드라마는 현실을 반영하고 현실을 바탕하는, 즉 현실과의 불가분한 구조관계에 기초하고 있다. 현실은 복잡하고 애매하게 보이지만 또한 엄연하고 냉엄하다. 미상불 '허구의 땅'은 드라마 유고 시(時) 망명지가 되기 어렵다. '창작과 표현의 자유'가 드라마의 모든 자유와 안전을 보증하는 장치가 될 수 없다는 뜻도 된다.

일반적으로 소송은 원고가 모든 것을 주장, 입증해야 하는 것이 원칙이다. 그러나 TV드라마의 명예훼손 소송에서는 원고가 명예를 훼손당하였다고 주장만 하면 오히려 피고(제작자)가 적극적으로 나서서 각종 증거를 들이대며 표현의 의도와 배경을 설파해야 하는 것이 작금의 현실이다. 즉 드라마 소송은 일반과 달라 원고, 피고의 입장이 뒤바뀌어 있는 것이다. 결과적으로 우리나라의 법은 명예훼손이라는 제도를 통해, 표현하려는 측에게 역사학자와 사회학자 수준의 정확한 지식을 요구하고 있으며 따라서 소송에 대비하여 모든 자료를 정리해서 가지고 있을 것을 강요하고 있는 셈이다.(PD저널 517호 2007. 7. 4. 임상혁 칼럼)

시청자 대다수의 시청욕과 흡인력에 비례하여 문제와 쟁점, 그리고 사고(트러블)을 동반하고 있다. 이른바 'TV드라마 유고'의 대부분은 드라마와 실제의 동가(同價)인식 현상에 근저하고 있다.

즉, 시청자는 대부분 드라마 안의 현실(픽션)과 드라마 밖의 현실(실제)을 동일시하고 있는 것이다. 이것은 결코 새삼스러운 이론이나 발견이 아니다. 그럼에도 불구하고 '유고'된 드라마의 행보는 매양 새삼스럽게 세간의 이목을 끌었다. 유고 드라마는 그 내력이 어찌하던 '조치'되어야 하기 때문이다. 도중교체, 조기종영, 손해배상, 법정송사까지 그 조치는 드라마의 자위권을 위한 갖가지 노력에도 불구하고 갖가지 고생을 면치 못했다. 드라마는 종료 때까지 자체 보전성에 대한 법적 제도적 검증을 수반해야 한다. 안 그러면 무너지거나 부러지거나 시름시름 앓다가 실명(失命)한다.

수난 전후의 대응은 네 가지 관점에 의한다.

첫째는 소재의 적확한 준거와 객관성을 기하는 검증(자료의 관점), 둘은 극의 얼개, 전개, 인물설정의 기본 틀(구성의 관점), 셋은 상황묘사와 제시, 전달의 방향(표현의 관점), 넷은 일단 유사시 이에 대응하는 시스템과 소통(대응의 관점)이 그것이다.

뉴스나 다큐와는 달리 드라마는 '픽션'의 재구성이란 유보지역이 있으나 그것은 시절 따라 상황 따라 변한다. 미필적 고의에 따른 사고를 운으로 탓할 수 없다. 관행 탓으로 돌릴 일도 아니다. 민감한 문제, 복잡한 관계일수록 사전점검은 필수적이다. 드라마의 안전장치가 빈약한 현실에선 개인의 말 한마디와 조직의 시스템이 주요 변수다. 결론적으로 드라마가 무고(無故)하기 위해서는 처음부터 잘 포장하기보다 잘 무장해야 하는 시대다.〈完〉